FÉLIX RÉMO

Le
Pélerinage des Existences

CHAQUE VIE EST UN SONGE ENTRE DEUX INFINIS

> Écrit en souvenir pieux de ma femme bien aimée qui, je n'en doute pas, m'a, de l'autre monde, dicté ces pages, en attendant l'heure bénie où j'irai la retrouver.
> La mort l'a cueillie comme on cueille une fleur, pour porter aux anges une compagne.
> Puissent les trésors de son cœur renaître en fleurs souriantes de la terre qui couvre sa tombe !
> Seul, depuis que ma compagne de toutes les heures m'a été ravie, il me semble que c'est moi et pas elle, qui suis dans la nuit du tombeau, pendant qu'elle est dans les glorieuses lumières de la vie céleste.
> Vivante elle a ensoleillé ma vie, morte elle m'a enseigné la vérité.

PARIS

LIBRAIRIE DES SCIENCES PSYCHIQUES | AU BUREAU DU JOURNAL
42, Rue Saint-Jacques | Le Monde Invisible

1918

Le Pélerinage des Existences

CHAQUE VIE EST UN SONGE ENTRE DEUX INFINIS

FÉLIX RÉMO

Le Pélerinage des Existences

CHAQUE VIE EST UN SONGE ENTRE DEUX INFINIS

> Écrit en souvenir pieux de ma femme bien aimée qui, je n'en doute pas, m'a, de l'autre monde, dicté ces pages, en attendant l'heure bénie où j'irai la retrouver.
> La mort l'a cueillie comme on cueille une fleur, pour porter aux anges une compagne.
> Puissent les trésors de son cœur renaître en fleurs souriantes de la terre qui couvre sa tombe !
> Seul, depuis que ma compagne de toutes les heures m'a été ravie, il me semble que c'est moi et pas elle, qui suis dans la nuit du tombeau, pendant qu'elle est dans les glorieuses lumières de la vie céleste.
> Vivante elle a ensoleillé ma vie, morte elle m'a enseigné la vérité.

PARIS

LIBRAIRIE DES SCIENCES PSYCHIQUES
42, Rue Saint-Jacques

AU BUREAU DU JOURNAL
"Le Monde Invisible"

1918

Aux mères, aux veuves, aux orphelins,
A tous ceux qui ont perdu des êtres chers,
Qui souffrent et qui pleurent,
Puissent ces pages leur apporter la Lumière
Qui sera leur consolation !

C'est la minute sombre et troublante de l'agonie, du silencieux recueillement en face de l'imposant mystère de la mort.

Il est là, sous nos yeux, l'être aimé qui vient d'emporter, avec son dernier soupir, un lambeau de notre cœur. Il n'a laissé à la terre qu'un pauvre corps meurtri par la souffrance. Il n'entend plus nos appels et ne voit pas nos larmes.

Alors, un sursaut de révolte surgit du fond de nous-mêmes pour nous crier : « Non, la vie ne peut pas finir comme cela ! »

Mais bientôt les traces de douleur s'effacent de ces traits si chers, une expression de calme reposant semble refléter une vision de béatitude.

Un vague sourire, sur les lèvres qui ne parlent plus, nous dit tout bas : « Je ne souffre pas, séchez vos larmes, je suis heureux maintenant. Je ne vous ai pas quittés pour toujours, la mort n'est que le réveil à la vie éternelle. Vous croyez mon âme envolée et mon corps seul être resté près de vous. Détrompez-vous, amis : mon âme est là, plus près que jamais ; c'est mon corps qui est parti, qui va vous quitter pour toujours, pour aller dormir sous la terre, pendant que je veillerai sur vous. Mais il n'a pas emporté mon souvenir et mes affections ; ils vous enveloppent, en attendant que nos âmes se retrouvent dans un monde où l'on ne se sépare plus. »

ROUTINE DE LA MENTALITÉ

> Nous ne pourrons pas dire ce qui est impossible jusqu'à ce que toute chose nous soit connue.
> W. CROOKES.

Un ami à qui je parlais des questions psychiques, me répondit : « Je ne connais l'existence du psychisme que par les banalités qui circulent à son sujet, mais je ne serais pas fâché de savoir en quoi il consiste pour apprécier ce que ma raison me permet d'accepter et rejeter ce que mon intelligence refuserait d'admettre. »

Je laisse la parole à l'histoire, elle répondra plus éloquemment que moi.

Toutes les grandes découvertes, telles que la vapeur, les chemins de fer, l'électricité, le télégraphe, le téléphone, l'hélice, les bateaux à vapeur, la rotation de la terre, l'éclairage au gaz, la circulation du sang, les métiers à tisser, le phonographe, le magnétisme animal, l'homéopathie, la navigation sous-marine et aérienne, etc., furent traitées d'utopies, bafouées, ridiculisées, combattues pendant, quelquefois, de longues années, et leurs auteurs malmenés, maltraités et parfois même emprisonnés ou enfermés comme fous ; tout cela, parce que, disaient les savants, et le public à leur remorque, la raison ne permet pas d'accepter de pareilles illusions que l'intelligence se refuse à admettre.

Fiez-vous alors à votre intelligence et à votre raison, facultés bien fragiles pouvant à peine saisir ce qui est, et noyées, incrédules, dans une complète obscurité à l'égard de ce qui n'est pas encore, à l'égard des lueurs nouvelles arrachées aux merveilles inconnues de l'Univers, qui nous dévoileront les découvertes de demain. Car, l'état actuel de ce que nous savons par rapport à ce que nous ne savons pas, est comme la lumière d'une veilleuse à côté du soleil.

NÉANT OU SURVIVANCE

> L'Au-delà ?...
> Un mur derrière lequel il se passe quelque chose !
> V. Hugo.

Plus nous descendons dans l'intimité du lien mystérieux qui unit l'être moral à l'être physique ; dans les insondables replis de notre pensée et les élans de notre cœur ; dans notre double nature consciente et subconsciente, moins nous les comprenons.

Plus nous arrachons de nouveaux secrets aux sciences et entrevoyons leur insondable profondeur ; plus nous avançons dans l'étude de l'essence insaisissable des fluides, dont chaque découverte nous révèle l'incompréhensible et subtile puissance, moins nous les comprenons.

Plus nous pénétrons dans les mystères de la création et dans les lueurs révélatrices de l'Au-delà, moins nous les comprenons.

Nous ne pouvons pourtant nier ces troublantes énigmes comme on a nié Dieu, parce que, ne le voyant et ne pouvant le comprendre, il était plus facile de le supprimer que de l'expliquer.

Alors, que sommes-nous, d'où venons-nous, où allons-nous dans le tourbillon effréné et irréfléchi de nos existences ? Sont-elles livrées à l'injustice du hasard ou mystérieusement guidées par l'inconnu, entourées d'influences occultes ?

La raison ne nous dit-elle pas tout bas que tout doit être réglé par des lois éternelles, immuables, de sagesse et de progrès ?

Nous découvrons tous les jours de nouvelles merveilles dans

la création ; les horizons qu'elles ouvrent, que nous reculons sans cesse, semblent nous dire : Vous n'êtes qu'à l'aurore de ce que vous avez à apprendre.

Tout cela s'épanouit et rayonne. La nature n'anéantit rien qu'elle ne fasse renaître.

Serions-nous seuls destinés au néant, nous, hommes, la seule création sur la terre qui semble avoir en soi une étincelle de la Divinité, nous qui, assoiffés de vérité, sommes attirés malgré nous par le grand Inconnu que nous sentons derrière toutes ces merveilles ?

Nous nous penchons sur l'infini pour le comprendre, avec une vague sensation qu'il nous appartient, par le passé, par l'avenir et par les aspirations du présent. Serions-nous seuls condamnés à périr, à retomber dans l'oubli, quand toutes ces choses autour de nous doivent vivre ?

C'est comme si la création redoutait de nous voir pénétrer ses mystères, alors qu'elle nous a armés pour les conquérir.

Non, certes, elle ne l'a pas voulu, car à quoi bon cette harmonie grandiose des mondes qui peuplent l'univers, si nul ne doit le connaître que comme un point dans l'espace, à des milliards de lieues ?

Devrions-nous périr alors que nos œuvres, nos découvertes restent là pour attester cette parcelle divine de génie qui constitue notre être supérieur et mystérieux, cette puissance créatrice qui nous rapproche de la création même et semble nous faire pressentir, nous rappeler que nous en émanons ?

Quel serait le but de la création en frappant de mort et d'oubli cette lumière mystérieuse qu'elle a mise dans notre être ? Quelle serait l'utilité de vouer au néant le monde de l'intelligence, le monde du sentiment, pour ne laisser subsister qu'un chaos de choses matérielles sans lien et sans nécessité entre elles ?

Devons-nous donc, après que l'on a éveillé nos convoitises en nous révélant l'existence de tous ces mondes, de cet infini de merveilles qui fait bouillonner, dans notre cerveau en éveil, d'actives curiosités, devons-nous subir cette cruelle déception d'emporter avec nous l'oubli de ces désirs palpitants ? A quoi bon alors cette anxiété qui grandit en nous à mesure que l'assiduité de nos études et de nos recherches nous fait plus profondément pénétrer les mystères de la science et les secrets de la nature ?

Pourquoi nous donner un avant-goût de cet inconnu et nous mettre la tentation sous les yeux si c'est pour nous défendre d'y toucher ? N'eût-il pas dès lors été plus juste, plus humain et plus charitable de nous laisser dans notre ignorance, comme les animaux, au lieu de nous animer de désirs qui sont comme des promesses, qu'on nous retire à l'heure de les réaliser ?

Ces révoltes instinctives qui bouillonnent dans notre être contre le retour au néant, cette aspiration que nous éprouvons d'aller toujours en avant, tout cela n'est-il pas une preuve de cette vague intuition d'autre chose de plus grand encore, d'un idéal de vérité et de justice, de ce besoin d'aller voir ce qu'il y a derrière le rideau impénétrable de la mort ?

Le grand mystère qui met en œuvre toute cette sublime organisation, la force qui crée et maintient l'harmonie des mondes ; le sanctum de la justice pour tous avec l'oubli et le pardon pour les égarements involontaires d'êtres qui se meuvent sans guide dans les ténèbres de la vie ; le retour à la lumière qui montre à l'égaré les fautes passées et les lui fait expier par la souffrance ou le remords que lui dicte sa propre justice ; tout cela surnage vaguement en nous et un instinct nous poursuit du besoin de soulever le voile mystérieux. Tout nous dit : « Non, le tableau qu'il vous cache n'est pas la fin misérable qu'entraîne avec lui un cadavre sans lendemain, mais une aurore nouvelle, éblouissante, vivifiante et infinie de bonté, de justice et de béatitude, où vous retrouverez tous ceux que vous avez aimés!» S'il y a un Dieu, peut-on admettre qu'il ait si cruellement traité les créatures à qui il a donné la vie ?

S'il n'y en a pas, qui a créé (dans quel but et pour qui ?) tous ces insondables mystères ?

QUE DEVENONS-NOUS
LORSQUE SONNE L'HEURE DE LA MORT ?

> Quel homme ne s'est demandé l'explication de ce mystère, et, pendant la veillée lugubre, dans ce tête-à-tête solennel avec la mort, a pu ne pas songer à ce qui l'attend lui-même (1)
> LÉON DENIS.

Le matérialiste nous dit : La mort n'a pas de lendemain et l'âme est une fiction poétique que le corps entraîne avec lui dans le néant.

Le catholicisme affecte de croire à une vie unique, suivie de rétribution ou de récompense sans fin, dans un autre monde plus inique encore que le nôtre.

Le spiritisme affirme et prouve la multiplicité des existences, la communion des vivants avec les morts et l'évolution, dans l'éternelle justice, vers la béatitude finale pour tous.

N'imitons pas les ignorants qui jugent de tout sans examen et ne nous imaginons pas que nous sommes arrivés à la limite du possible. Qu'auraient dit nos pères, il y a seulement un siècle, si on leur avait prédit nos découvertes modernes ? N'en sera-t-il pas de même pour nous dans un autre siècle. Aussi, ne nous hâtons pas de rien rejeter. Les progrès infinis de la Création n'ont de limites que dans notre ignorance.

MATÉRIALISME

> L'Univers m'embarrasse et je ne puis songer
> Que cette horloge existe et n'ait pas d'hor-
> [loger.
> VOLTAIRE.
>
> Ou les astres sont de grands géomètres,
> Ou l'Éternel géomètre a arrangé les astres.
> VOLTAIRE.

Nous traversons une vague de matérialisme, comme celle qui avait avili la France morale sous le régent d'Orléans et préparé l'hydre révolutionnaire. Nous avons tout matérialisé, et les religions elles-mêmes, imprégnées du mouvement, sont devenues une boutique, où, comme la Bourse des valeurs, l'Église est devenue la Bourse des consciences. L'or, qui assouvit tous les instincts bestiaux, prime tout ce qui ne se traduit pas en écus sonnants. C'est une orgie d'appétits d'argent et d'appétits charnels.

Le matérialisme nous assimile aux animaux et considère la mort comme la fin de l'être, du sentiment, du moi, de la conscience, des facultés morales et intellectuelles. Il se refuse à dégager ce qui est éternel de ce qui est passager et porte en lui une dégradante saveur de bestialité.

L'idée de cette fin nous fait reculer avec un sentiment d'instinctive appréhension. L'activité intelligente, si pleine d'aspirations, vers un idéal latent qui semble planer mystérieusement sur la vie, se dresse en nous contre cet anéantissement, comme un pressentiment d'immortalité.

Certainement un aussi impérieux besoin ne nous aurait pas été donné pour en arriver à être étouffé par la tombe.

A moins que, comme le pensent Hœkel, Taine, Soury, Nietzche, Strauss, Renan, Auguste Comte et l'armée des matérialistes et des positivistes, notre corps, ainsi que tout ce qui nous entoure, ne soit pas l'effet d'une prévoyante Création, mais l'objet du hasard !

Dans ce cas, pourquoi le hasard nous aurait-il mis au cœur cet ardent désir de connaître des choses qui, selon le matérialisme, n'existent pas ?

Un vague besoin ou une sensation d'infini, dit Metzger, nous apparaît loin, toujours plus loin, d'une puissance d'autant plus absolue que la source en est plus mystérieuse.

Peut-on admettre que tous ces génies, ces apôtres, ces martyrs, ces pionniers, ces novateurs de toutes sortes, soient les enfants du hasard ?

Vit-on jamais la matière produire l'intelligence ? Le mécanisme de notre être, si parfait soit-il, peut-il produire l'âme ? L'âme ne peut être un attribut de la matière, car, alors, elle serait matière elle-même. C'est bien simple, on en fait une fiction décorative, inutile à la théorie instable que gênent et inquiètent toutes ces *hypothèses*.

Et la pensée, image et manifestation de l'âme, la pensée qui ne connaît aucun obstacle, qui brave les soleils de feu, la matière et les éléments, qui se transporte instantanément aux confins du monde, est-ce encore le hasard ou une hypothèse ? La mémoire, le sentiment du devoir, de la justice, le remords, sont-ils une floraison du néant ?

Si tout était l'objet du hasard, tout irait à la débandade, car on ne peut pas demander au hasard d'avoir de l'ordre, d'agir avec intelligence ; et nous voyons au contraire que tout suit des lois admirables et immuables. Le hasard ne fait pas de lois. Il en est l'antithèse. L'idée de loi est inséparable d'une cause intelligente, car il n'y a pas d'effet sans cause, et l'effet intelligent comme dit Kardec, a forcément une cause intelligente.

Le hasard pourrait créer certaines rencontres fortuites, mais accidentelles, et qui ne pourraient se reproduire avec la merveilleuse régularité que nous offre l'obéissance des choses aux lois de la Création.

D'ailleurs le hasard n'existe pas, il n'est que l'effet de causes qui nous échappent. Tout ce que nous lui attribuons, *parce que nous n'en voyons pas le pourquoi*, est la conséquence naturelle de raisons que nous ne percevons pas. La Providence n'a rien pu laisser au hasard, ce serait mettre en défaut sa prévoyance et en deviendrait de ce fait la négation.

A cette idée d'une mort définitive se mêle une étrange hantise de notre *moi* conscient. On se dit : je meurs ; donc je ne sais plus rien et ne m'inquiète plus de rien ; mes douleurs et mes préoccupations sont finies. Cependant je serais bien aise d'avoir encore un coup d'œil sur la terre pour savoir comment ma mort a arrangé les choses, quelles en ont été les conséquences, si l'on a respecté mes volontés.

Puis, malgré soi, l'on pense : mais comment pourrais-je avoir conscience de mon état, constater que je ne suis plus, que tout est bien et que je peux dormir tranquille ?

Il semble qu'on sente, malgré soi, le besoin de cette constatation.

A quoi bon aussi le culte des morts s'il n'y a plus rien, si leur ombre ne peut être éveillée par notre hommage posthume ? Et alors, pourquoi Auguste Comte, l'apôtre du positivisme, observait-il si religieusement le jour des morts, contradiction flagrante, en l'honneur de Clotilde de Vaux, sa chère disparue ?

Mais, laissant de côté toutes les considérations sentimentales, le raisonnement accule, peu à peu, le matérialisme à l'évidence de son inconsistance.

Un vieil adage nous a appris que rien ne se perd, que la nature a horreur du vide, et que le néant n'existe pas. Il serait même impossible à notre esprit de le concevoir, car comment définir un espace négatif, ne contenant rien, ni air, ni éther ; ou la destruction absolue d'une chose. Rien ne peut être anéanti,

il n'y a que transformation. Rien non plus ne peut sortir d[e]
l'univers, car il faudrait d'abord pouvoir lui assigner des bornes[,]
des limites, ce qui est plus difficile à concevoir que son infini.

On se demanderait ce qui peut constituer la continuation d[u]
point où il s'arrête. Et si c'est le néant, c'est là que nous serion[s]
bien embarrassés pour définir le vide, pour arrêter et supprime[r]
l'espace.

Quand la mort nous prend, nous savons ce que devient notr[e]
corps, mais que devient la partie spirituelle qui l'animait ? Le[s]
vers ne peuvent ronger la pensée, la conscience, les attribut[s]
moraux. A ceux qui disent qu'ils s'éteignent tout simplemen[t]
comme conséquence de la mort du corps, nous allons poser l[e]
dilemme suivant :

Comme nous l'avons dit, quelle que soit l'harmonie de se[s]
parties, un corps matériel ne peut engendrer un corps spiritue[l.]
L'inconscience ne peut engendrer la conscience, la matière ne peu[t]
engendrer la raison.

C'est comme si l'on disait qu'une machine parfaite peut s[e]
passer de la main qui la fait mouvoir, peut concevoir et conduir[e]
à elle seule l'ouvrage qu'on attend d'elle.

Il faut bien en conclure que l'esprit, se trouvant indépendan[t]
du corps puisqu'il n'a pas été créé par lui, s'en détache et rest[e]
quelque part, et c'est sous cette forme qu'il constitue ce qu[e]
nous appelons l'âme, c'est-à-dire la partie de nous qui survit a[u]
corps et qui ne meurt pas.

A ceux qui croient que l'harmonie du corps peut en produir[e]
la partie spirituelle, je demanderai : Comment se fait-il qu'u[n]
corps parfaitement sain, donc en pleine harmonie, puisse, san[s]
recevoir aucune lésion, voir son esprit atteint de maladies comm[e]
les amnésies totales, la folie, les hantises et autres aberration[s]
mentales ? Elles ne devraient pas exister dans un corps sai[n,]
car si c'est le corps qui engendre l'esprit, comment, s'il peu[t]
l'engendrer, ne peut-il pas le guérir ?

Comment, d'autre part, se fait-il que le corps puisse être malad[e]
dans toutes ses parties, au point que l'harmonie, l'équilibre soien[t]

complètement détruits et que la mort s'en suive, alors que jusqu'à la dernière minute l'esprit reste sain et lucide, sans perdre aucune de ses facultés morales ? Si le corps doit produire l'esprit et que ce corps soit malade, cette disposition morbide devrait avoir un contrecoup sur l'esprit.

Bien au contraire, nous voyons celui-ci devenir plus lucide encore à mesure que le corps se meurt, au point qu'à la dernière minute, l'esprit dégagé déjà en partie des liens du corps, a des visions et des prémonitions qui prouvent son indépendance et sa vitalité.

A moins de parti-pris, on ne peut s'empêcher de reconnaître qu'il y a là deux êtres distincts unis en un, et que les maladies de l'un n'ont pas d'influence sur l'autre.

Or, si l'âme et le corps sont distincts l'un de l'autre, il n'y a pas de raison pour qu'ils meurent en même temps, et cette âme lucide, jusqu'à la dernière minute, n'ayant plus besoin de rester dans un corps qu'elle ne peut plus animer, doit nécessairement s'en échapper et se réfugier quelque part.

Les matérialistes trouvent plus facile de faire mourir l'âme avec le corps, parce que cette attache d'une âme à un autre monde, nécessairement supérieur, les trouble et dérange leur rêve terrestre, dont ils sentent malgré eux la bestialité.

Une seule existence, c'est comme si les monuments que nous construisons ne devaient durer qu'un temps limité, puis être détruits. Nous cherchons au contraire à conserver la vie à nos œuvres le plus longtemps possible. Dieu aurait-il fait moins bien que nous en ne nous bâtissant que pour être un jour anéantis ?

Quoi ! l'homme aurait lutté à travers l'existence, passé sa vie à acquérir des connaissances, à travailler, à aimer, à rêver, tout cela pour aboutir à cette fosse, où, grands et petits, bons et mauvais, justes et injustes, riches et pauvres, redeviennent égaux dans la mort ! après avoir jeté sur la terre une rapide étincelle qui n'a épuisé ni sa pensée, ni son cœur, ni ses souvenirs, ni sa conscience ! Et vous voudriez que tout finît avec cette préface à une vie plus haute, cet avant goût de l'idéal rêvé et entrevu !

Ce serait accuser la Providence d'un bien cruel usage de sa puissance créatrice. Elle n'en eût donc fait usage que pour nous torturer, quand elle pouvait aussi bien nous convier aux joies d'un autre monde.

Non, vous êtes injustes autant qu'illogiques ; vous êtes les bourreaux de vous-mêmes. Baissez les yeux dans votre confusion, puisque vous ne voulez pas les élever vers le ciel libérateur qui vous tend les bras.

L'attraction vers une autre vie est instinctive, c'est la nostalgie de la patrie perdue. C'est sans doute pour y attirer notre pensée que la mort ne reprend pas en même temps ceux qui s'aiment, mais les cueille l'un après l'autre !

Vous voyez la larve, la chenille, après s'être ensevelie dans la tombe de sa chrysalide, quitter cette guenille qu'elle laisse à la terre pour secouer la poudre de ses ailes et, brillant papillon, s'élancer comme un souffle dans l'azur, ivre de lumière et de liberté. Cet exemple qu'il nous donne n'est-il pas l'image de la métamorphose qui nous attend ?

Homme, qui regardez la création comme un domaine dont vous êtes le roi, seriez-vous moins privilégié que la larve rampante qui devient ailée, comme nous dit Rufina ?

L'âme est affamée de justice et de liberté, elle aime ! Et vous en faites l'esclave de forces aveugles, implacables dans leur matérialité brutale (1).

Mais je n'ai pas fini l'examen des arguments auxquels vient se heurter le matérialisme.

Limiter ainsi notre existence serait singulièrement diminuer l'étendue de la puissance créatrice. Il serait bien cruel, quand nous perdons des êtres chers, de nous enlever la consolation de les revoir un jour. Et puis comment expliquer, dans le cours de notre vie, ces imprévus, coups de théâtre qui se manifestent au moment psychologique, ces événements inattendus qui lui ouvrent une nouvelle voie ? Ils ne laissent place à aucun doute sur une intervention occulte et il serait difficile de s'en rendre

---

(1) RUFINA NOGGERATH, *La Survie*.

compte autrement, même par le grand et le seul argument des matérialistes, qui attribuent au hasard toutes les solutions embarrassantes. De même que c'est l'apanage des ignorants de nier ce qu'ils ne comprennent pas, ils sont comme les habitants de la vallée dont la vue est circonscrite par leur entourage. Qu'ils écoutent la voix de la raison qui leur crie, du haut du sommet de la montagne : « Montez plus haut, venez où nous sommes et vous apercevrez le magnifique panorama de la nature. »

Cela rappelle ce mot de Newton qui, parlant, il y a déjà plus de deux siècles, de nos existences matérielles, disait : « Je me compare à un enfant jouant sur la plage, quand il y a devant moi une immensité de vérités inexplorées. »

Mais la grande objection à la dissolvante théorie du matérialisme, gît dans le sentiment de la justice qui lui donne son coup de massue.

Regardons autour de nous. Que voyons-nous ? Partout l'inégalité et l'injustice ; des riches et des pauvres, des forts et des faibles, des êtres favorisés dans leur organisation physique et intellectuelle, vivant heureux dans des milieux opulents où les a jetés leur naissance, des enfants gâtés de la fortune et des honneurs, des privilégiés qui apportent avec eux un bagage artistique ou scientifique, à côté des déshérités, des contrefaits, de toutes les épaves de l'échelle sociale et morale. Nous voyons des nullités encensées et des génies incompris, des dévouements sublimes et des jouisseurs égoïstes, des souffrances ignorées, de grandes douleurs imméritées, puis l'injuste sort des esclaves, des persécutés, des martyrs, des suppliciés et de tant d'innocents !

Que dire aussi des tyrans qui font des hécatombes de leurs semblables, qui envoient à la mort tant d'impuissantes victimes ; des assassins introuvables, des pirates, des brigands, des guerriers exterminateurs ?

Quel épouvantable arbitraire s'il fallait admettre la mort comme une solution à toutes ces révoltantes inégalités, sans châtiment pour les coupables, sans compensation pour les éprouvés.

Ce serait à désespérer de la sagesse de la Création. Ce serait l'œuvre d'une puissance aveugle ; et une puissance aveugle aurait-elle pu créer toutes les merveilles qui nous entourent ?

Non, pareille injustice ne peut pas être considérée comme une des lois de la Création, loi monstrueuse qui romprait tout son équilibre, car la Création, pour être l'immensité qu'elle est, doit être la justice même, justice éternelle, absolue, infinie, qui plane sur les êtres et les choses.

Aucun méfait ne reste impuni, aucune souffrance ne reste sans réparation. La raison même nous crie qu'il ne se peut pas que tout soit fini avec la mort. Non, le monde n'est pas l'expression d'une fatalité aveugle.

La dette, une fois payée, sera oubliée.

« Et alors qu'un matérialisme démoralisateur, tuant l'idéal et effaçant l'avenir, pousse l'homme, dit Metzger, à l'assaut des jouissances, sans souci des moyens à employer pour les conquérir, alors qu'une orthodoxie étroite et surannée a créé l'incrédulité qui nous envahit, il y a urgence à combattre le néantisme. »

Mais l'heure viendra, où le matérialisme envahissant rencontrera bientôt, dans son chemin, une vague d'idéalisme qui le submergera.

Lorsque l'heure sera venue de dire adieu aux jouissances matérielles, aux honneurs et à la gloriole qui ne miroiteront plus devant les infirmités de l'âge que comme des satisfactions illusoires, lorsque votre cœur, en deuil de ses affections, cherchera autour de lui un refuge aux sinistres appels de la fin, que restera-t-il de vos doctrines pour consoler l'inquiétude de vos derniers jours ? Sans foi, sans espérance, sans autre perspective que le vide, derrière cette tombe qui vous attend, le vide dans votre âme, vous vous sentirez peut-être, à cette dernière étape de la vie, envahir par un immense frisson d'incertitude que jettera en vous l'erreur volontaire de toute une existence. Votre matérialisme tombera, comme devant une instinctive révélation que vous sentez avoir refoulée au fond de votre conscience et qui remontera peu à peu, en un regret et un remords.

Prévenez cette heure fatale où vous sentirez tout crouler sous vos pieds, sans pouvoir vous raccrocher à aucune espérance.

Il en est temps encore. Et derrière ce rideau baissé que vous n'avez pas voulu soulever, vous entreverrez la consolante aurore d'une vie nouvelle de béatitude et d'amour, au lieu du sépulcre glacial d'une nuit éternelle.

LA SURVIVANCE
AU POINT DE VUE DU CATHOLICISME

Nous avons beau avancer dans tous les domaines de la science, le catholicisme a toujours fait *machine arrière*. Il ne croit qu'à une seule vie, comme il se refuse à admettre qu'aucun autre monde que le nôtre puisse être habité.

Il ne faut pas s'en étonner : l'Église qui a, peu à peu, enlevé à Dieu toutes ses prérogatives, a voulu lui épargner une besogne trop accablante, en restreignant à une seule terre les devoirs que lui imposerait la pluralité des mondes habités.

Elle admet une seconde vie, mais en la façonnant à ses besoins de terrorisation, en créant un ciel inabordable, réservé à ses créatures pour les besoins de sa cause, et un enfer où il précipite le reste de l'humanité, au nom d'un Dieu clément, juste et bon.

Nous avons consacré à cet épouvantail, aussi cruel que grotesque, un chapitre spécial que l'on trouvera plus loin.

Cela ne vaut guère mieux que le matérialisme et ne résoud pas le problème de justice que nous lui avons opposé. Le matérialisme a d'ailleurs été enfanté par les absurdités, l'intolérance et l'ignorance du catholicisme. Dès les premiers mots de son enseignement, il expose cette ignorance à laquelle les siècles n'ont pas fait faire de progrès, puisque, aujourd'hui encore, il débite les mêmes puérilités.

Je n'en veux comme preuve que la première ligne de ses manuels : Dieu créa le monde en six jours.

Mais les jours n'existant que par l'évolution de la terre autour du soleil et le soleil ainsi que la terre n'existant pas, il n'y avait pas encore de jours. Cercle vicieux comme toutes les autres légendes enfantines de l'ancien testament.

Que diraient les éducateurs sacerdotaux si les illustres astronomes, égarés sous la soutane, venaient leur apprendre que la seule formation de notre monde tel qu'il est aujourd'hui, a demandé des centaines de milliers d'années ? Que diraient-ils notamment de cette prétention que la terre soit le pivot de l'Univers et que les astres, avec tout le firmament, se meuvent autour de nous, point fixe, accroché dans l'espace, (ils ne disent pas comment) de sorte que ces étoiles qui sont à des milliards de lieues de nous, font le tour de la terre en vingt-quatre heures ? Vous voyez d'ici le joli cercle qu'elles auraient à décrire.

Mais, sans sortir de notre système solaire, se rend-on compte de la gigantesque orbite que cela créerait à ses mondes et de la vitesse vertigineuse avec laquelle ils auraient à la parcourir ; car, en supposant, par exemple, que de lointaines planètes comme Uranus, et surtout Neptune, qui est à plus de quatre mille millions de kilomètres de nous, doivent évoluer autour de la terre en vingt-quatre heures, il leur faudrait atteindre la vitesse de la lumière et de l'électricité. Ce frottement incalculable sur l'éther les aurait depuis longtemps enflammées, ainsi que leurs satellites qui, de ce fait, deviendraient visibles à l'œil nu, alors qu'actuellement il faut de puissantes lunettes pour les apercevoir. Plus probablement elles seraient volatilisées.

Les planètes, par le sillage de feu que leur vitesse sèmerait à leur suite, nous apparaîtraient comme des comètes, que l'œil pourrait suivre dans leur course ; car, pour couvrir une pareille orbite en vingt-quatre heures, elles n'auraient pas de temps à perdre.

Et je ne parle pas du rôle humiliant qui serait infligé au soleil, dont le pouvoir calorique, par la vitesse et le frottement, prendrait des proportions inquiétantes.

Cette convergence de foyers de chaleur autour de nous nous

aurait probablement enflammés à notre tour et, en tout cas, n'aurait jamais permis à la croûte terrestre de se former ; nous serions toujours à l'état d'incandescence liquide.

A l'instar du sifflement des vents rapides à travers l'air, le hurlement frénétique que déchaînerait la vitesse vertigineuse de tous ces mondes par leur frottement contre l'éther, produirait une cacophonie sauvage qui nous assourdirait.

Tout ce qui existe dans l'Univers a été créé uniquement pour nous, déclare pompeusement l'ignorant orgueil orthodoxe.

Mais à quoi bon alors avoir semé dans l'espace des archipels d'astres que nous ne voyons pas et auxquels il faut des millions d'années pour nous envoyer leur lumière ?

A quoi serviraient de prodigieux soleils comme Canopus, de l'hémisphère australe, qui nous apparaît comme un grain de sable lumineux et dont la surface dépasse de dix-huit mille fois celle de notre soleil, avec un diamètre cent trente-quatre fois plus grand et un volume de deux millions quatre cent vingt mille fois celui de notre astre.

Rien que dans notre système solaire, nous sommes un des plus petits mondes. La planète Jupiter est mille deux cents fois plus grosse que nous, avec cinq satellites, dont l'un, Ganymède, a le volume d'une planète. Saturne a huit cents fois notre volume et possède, indépendamment de son merveilleux anneau, huit satellites dont l'un, Titan, égale en dimension Mars lui-même. Uranus et Neptune ont cent fois le volume de la terre.

Songez aux milliards de mondes que contient notre seule voie lactée, celle au moins que nous voyons, car il peut y en avoir une multitude d'autres. Songez que chaque nébuleuse nous révèle d'immenses et inénarrables agglomérations de soleils.

Pourquoi, si ce n'était là qu'une simple mise en scène, un simple décor, ne pas s'en être tenu aux trois mille étoiles visibles de nos deux hémisphères ?

Il a fallu la suprême ignorance qui préside partout aux légendes bibliques, pour oser avancer d'aussi monstrueuses erreurs.

Mais redescendons sur la terre, que l'orthodoxie prétend [seu]le habitée, et, de l'infiniment grand, pénétrons dans l'infiniment [pet]it.

Pourquoi n'avoir pas laissé à son néant ce monde micros[cop]ique, inutile, d'après leurs théories ? Si tous les animaux ont [été] créés pour l'homme et en vue de l'homme, cet autre animal [si] somptueux, le Créateur aurait pu s'épargner la peine de [peu]pler d'une faune et d'une flore mystérieuses le fond inaccessi[ble] des mers ; de semer la vie dans des régions inhabitables et [au] sein même de la terre ; de créer le monde des infiniments [pet]its, dont les limites défient nos conceptions.

Je ne ferai pas un pas de plus dans ce bourbier d'absurdités, [et,] pour répondre à cette orgueilleuse prétention de l'*humble [bêt]ise*, je me contenterai de dire avec Léon Denis :

« Et c'est pour cet atome que nous sommes dans l'immensité, pour [ce p]etit monde qui vogue sur les flots de l'éther comme un oiseau dans [l'es]pace, comme un moucheron dans la lumière, que serait fait ainsi que [l']imaginent des âmes naïves, tout l'immense Univers ! »

Je ne peux résister, comme conclusion, à citer ces quelques [lign]es de Sage qui résument bien l'aberration religieuse.

« Pouvait-il y avoir quelque chose de plus orgueilleusement enfantin [que] de concevoir l'homme et le grain de poussière sur lequel il évolue [com]me le centre de l'Univers, que de concevoir un Dieu dont l'homme [est] le plus bel ouvrage, un Dieu qui a besoin de la fumée de l'encens [et d]es louanges de ses créatures, un Dieu qui a besoin de prêtres comme [inte]rmédiaires ? Concevoir ainsi Dieu, c'est un immense blasphème. Le [Die]u de l'Église romaine et de toutes les Églises est une monstrueuse [créa]tion du prêtre. Ce n'est pas l'homme qui est fait à l'image de Dieu, [c'est] ce Dieu là qui est fait à l'image du prêtre. Il ne faut donc pas [s'éto]nner s'il est aussi grotesque et aussi méchant (1). »

Nous venons de voir que le matérialisme est le vaste éteignoir [qui] plonge l'humanité dans le néant.

L'Église admet la survivance, mais pour la régler à son gré,

M. SAGE, *La Zone Frontière*, 42, rue Saint-Jacques.

la limitant, pour les besoins de son prestige et de sa dominat[ion]
aux récompenses et aux châtiments éternels.

Sortons de l'ornière où sont emprisonnées nos concepti[ons].
Montons plus haut, élargissons nos vues et nous commencer[ons]
à entrevoir que nous ne connaissons rien des merveilles [de]
l'Univers.

Dételons-nous de la routine pour nous atteler au prog[rès]
et nous verrons, au milieu d'étonnements toujours croissa[nts],
que, derrière notre horizon, s'en étend une infinité d'aut[res]
toujours plus vastes, et qu'il y a pour notre intelligence, [...]
qu'ici tenue en tutelle par cette routine, de nouveaux mor[ndes]
à explorer.

LA PLURALITÉ DES EXISTENCES

> Une idée ne traverse pas les âges et n'est pas acceptée par des intelligences d'élite, sans avoir un côté sérieux.
> G. Delanne.

Si la vie a un lendemain, quel est cet autre monde qui nous attend ?

Il n'est pas hors de propos de remonter le cours des âges et de voir quelles ont été les croyances des peuples à cet égard. Aussi loin que nous pouvons sonder le passé, nous y retrouvons le principe des réincarnations successives, comme base de la foi.

L'époque la plus reculée à laquelle nous puissions pénétrer dans cette Inde mystérieuse qui fut le berceau des religions, est celle des Védas ou livres sacrés des Hindous, qui datent d'une très haute antiquité, puisque cinquante-huit mille ans avant notre ère, l'astronome Souryo-Shiddhanto les considérait déjà comme très anciennes. Or, depuis les Védas, en passant par le Brahmanisme, le Bouddhisme, le Christianisme, le Druidisme et l'Islamisme, on retrouve cette doctrine comme base de toutes les croyances. Les Chaldéens, les Hébreux, Jésus-Christ et les premiers chrétiens, les Évangiles, les philosophes grecs, Pytagore, Esope, Platon, Aristote, les Pères de l'Église, Origène, Clément d'Alexandrie, l'avaient inscrite comme le dogme fondamental de l'évolution universelle.

Seul, le Catholicisme, pour assurer à l'Église la domination, lui substitua une vie unique, avec la légende du ciel et de l'enfer, pour couronnement.

Le Brahmanisme et le Bouddhisme comprennent encore aujourd'hui en Asie six cents millions d'adeptes, et nous retrouvons, parmi eux, Krishna, Le Bouddha, Zoroastre, Hermés, Confucius et tous les grands inspirés de cette époque de la foi qui a créé les Esséniens, à l'école desquels s'est formé le Christ.

Tous affirment la grande loi de progrès par l'évolution des âmes, la loi des vies successives de l'homme jusqu'à ce que, d'incarnation en incarnation, il arrive à cette perfection morale qui lui ouvre les béatitudes éternelles.

L'Inde, le Thibet, le Mongol, la Chine, le Japon, l'Egypte, toutes ces peuplades isolées les unes des autres, avaient les mêmes croyances.

Les Hindous disaient : « Les corps ne sont que des vêtements, l'âme en revêt des milliers, l'âme est éternelle. »

Le fils du célèbre roi bouddhiste Kounala, à qui sa belle-mère avait fait arracher les yeux, s'écria après son supplice : « J'ai commis jadis des fautes et c'est pour les expier que je suis revenu en ce monde ; mes yeux en sont la rançon ! »

C'est à cette consolante certitude d'une vie meilleure, que les Japonais et les Ottomans doivent de braver la mort avec une si profonde insouciance.

Les philosophes grecs avaient comme devise : « Nous mourons, nous renaissons, comme la sève qui sans cesse meurt et renaît. »

La vie n'est qu'une escale, une heure de passage et non un but, a dit le philosophe.

De tout temps, les grands artisans de la pensée ont eu de ces cris du cœur ; en voici quelques-uns :

Notre âme existait quelque part avant d'être dans cette forme de l'homme. Voilà pourquoi je ne doute pas qu'elle soit immortelle. — PLATON.

Ce qui a été c'est ce qui sera. — L'ECCLÉSIASTE.

L'avenir est un passé qui recommence. — Mme DE ROCHEFORT.

Nous mourons plus d'une fois et, comme nous ne sommes que des parties de cet Univers, nous changeons de forme pour reprendre vie ailleurs, ce qui n'est point un mal, puisque c'est un chemin pour perfectionner son être et arriver ainsi à un nombre infini de connaissances. — CYRANO DE BERGERAC.

Voici l'épitaphe que l'illustre Benjamin Franklin composa pour sa propre tombe : Ici repose, livré aux vers, le corps de l'Imprimeur Benjamin Franklin, comme la couverture d'un vieux livre dont les feuillets sont arrachés, et le titre et la dorure effacés ; mais à part cela, l'ouvrage ne sera pas perdu, car il reparaîtra, dans une nouvelle et meilleure édition, revue et corrigée par l'auteur.

La mort, écrit Leibnitz, n'est, comme la naissance, qu'une transformation. La vie de chaque créature n'est qu'une suite d'états, tous liés entre eux comme une chaîne dans laquelle l'existence présente est un anneau, mais, néanmoins, lié à toute la chaîne.

Le philosophe Fichte, disciple de Kant, dit aussi : Chaque mort est une renaissance. La nature me fait mourir parce qu'elle doit me faire revivre. Cette vérité est dans mon esprit depuis que ma raison a été développée.

Mon âme a vécu déjà sous une forme palpable et elle vivra encore. Elle ira gravissant l'échelle ascensionnelle de l'agrandissement intellectuel. — Maxime Ducamp.

Notre présence sur la terre est la simple station d'un long voyage que nous accomplissons à travers les mondes. Avant de naître sur la terre, nous avons déjà vécu dans le corps d'un animal d'abord, puis à l'état d'homme. Notre existence actuelle n'est que la suite d'une autre, — Louis Figuier (le Lendemain de la Mort.).

Jésus Christ lui-même n'avait-il pas dit : Pour entrer dans la maison de mon père, il faudra naître de nouveau.

En y songeant, je me demande si je ne traîne pas la chaîne de quelque grand coupable condamné dans une existence antérieure. — Proudhon.

Je ne sais ce que j'ai fait de bon, soit dans ce monde, soit dans les mondes où j'ai vécu avant de venir dans celui-ci, mais Dieu a pour moi des faveurs spéciales. — Alexandre Dumas, père.

La Vie et le Temps :

> C'est ainsi que le temps par Dieu même conduit
> Passé, pour avancer, sur ce qu'il a détruit.
> . . . .
> La vie est un degré de l'échelle des mondes
> Que nous devons franchir pour arriver ailleurs.
>
> Lamartine.

L'invisible est réel, les âmes ont leur monde où sont accumulés d'impalpables trésors.
Alfred de Vigny (dans *La Maison du Berger*).

> Mon fils, dit le vieillard, tu vois ici paraître
> Ceux qui, dans d'autres corps, doivent un jour renaître,
> Et dans le long sommeil des passions humaines
> Boivent l'heureux oubli de leurs premières peines...
> Un Dieu vers le Léthé conduit toutes les âmes,
> Elles boivent son onde, et l'oubli de leurs maux
> Les engage à rentrer dans des liens nouveaux.
>
> VIRGILE *L'Enéide*. Livre VI. Traduction de DELILLE.

J'emprunte à Victor Hugo, dans les écrits duquel il n'y a qu'à puiser pour y trouver de nombreuses allusions à ce sujet, les réflexions suivantes :

Shakespeare dit : « La vie est un conte de fée qu'on lit pour la seconde fois. » Il aurait pu dire pour la millième fois, car il n'y a pas de siècle où je ne voie passer mon ombre.

Vous ne croyez pas aux personnalités mouvantes, c'est-à-dire aux réincarnations, parce que vous ne vous rappelez rien de vos existences antérieures. Mais comment le souvenir des siècles évanouis resterait-il imprimé en vous-même quand vous ne vous souvenez plus de mille et une scènes de votre vie présente! Depuis ma naissance, en 1802, il y a eu moi dix Victor Hugo! Croyez-vous donc que je me rappelle toutes leurs actions et toutes leurs pensées?

Je sens en moi toute une vie nouvelle, toute une vie future. Je suis comme la forêt qu'on a plusieurs fois abattue. Les jeunes pousses sont de plus en plus fortes, plus vivaces. Je monte, je monte vers l'infini. La terre me donne sa sève, mais le ciel m'illumine des reflets des mondes entrevus.

Vous dites que l'âme n'est que l'expression des forces corporelles. Alors pourquoi mon âme est-elle plus lumineuse quand les forces corporelles vont bientôt m'abandonner? L'hiver est sur ma tête, mais le printemps éternel est dans mon âme.

Plus j'approche du but et plus j'écoute autour de moi les immortelles symphonies des mondes qui m'appellent!

Quand je me coucherai dans la tombe je ne dirai pas comme tant d'autres : « J'ai fini ma journée! » Non, car ma journée recommencera le lendemain. La tombe n'est pas une impasse, c'est une avenue, elle se ferme sur le crépuscule, elle se rouvre sur l'aurore.

> L'homme a des soifs inassouvies
> Dans son passé vertigineux.
> Il sent revivre d'autres vies,

De son âme il compte les nœuds.
Il cherche au fond des sombres dômes,
Sous quelle autre forme il a lui.
Il entend ses propres fantômes
Qui lui parlent derrière lui.
L'heure est l'unique point de la Création
Où, pour demeurer libre, en se faisant meilleure,
L'âme doive oublier sa vie antérieure.
Il se dit : mourir c'est connaître,
Nous cherchons l'issue à tâtons,
J'étais, je suis et je dois être.
L'ombre est une échelle, montons.

M. de Rochas, qui rapporte ces différentes citations, nous donne également l'impression suivante du comte Tolstoï, extraite d'une interview en 1908 (1).

De même que les rêves de notre vie terrestre constituent un état pendant lequel nous vivons d'impressions, de sentiments, de pensées, appartenant à notre vie à l'état de veille, à notre vie antérieure, et que nous faisons provision de forces pour le réveil, pour les jours à venir, toute notre vie actuelle constitue un état pendant lequel nous vivons au moyen de la vie précédente et faisons provision de forces pour la vie future.

Notre vie terrestre est l'un des rêves d'une autre vie, plus réelle, et ainsi de suite jusqu'à l'infini, jusqu'à la dernière vie, qui est la vie de Dieu.

Rauch (2) dit que si l'âme était créée en même temps que l'être humain, on ne pourrait expliquer la différence de condition morale qui existe entre les hommes.

Toutes les âmes doivent sortir des mains de Dieu dans un état d'égalité initiale. Si elle était créée au même moment que l'être, il faudrait donc que tous les hommes soient égaux en valeur morale, au moment de leur naissance, or l'âme accuse déjà dès ce moment les qualités et les tares qui sont en elle. Certains enfants sont vicieux, d'autres ont des sentiments de droiture et d'honnêteté. Ne serait-ce pas admettre alors que Dieu puisse se faire le complice des trahisons, des incestes, des viols, des adultères auxquels de malheureux êtres doivent la vie ?

(1) A. DE ROCHAS. *Les Vies Successives*, 11, quai Saint-Michel.
(2) RAUCH. *L'Ame et le Principe vital*.

En effet, la multitude de conditions différentes dans lesquell[es] naissent les êtres et leurs phases spéciales d'avancement semble[nt] indiquer une continuité d'existences à des degrés de progr[ès] divers. On ne peut concevoir la création directe d'êtres aus[si] dissemblables à tous les points de vue. Cette dissemblance n'e[st] explicable que si elle repose, pour chacun d'eux, sur un pas[sé] spirituel. Il serait trop injuste et disproportionné de les lanc[er] ainsi dans la lutte, différemment armés, s'ils n'étaient cré[és] que pour une seule vie.

La pluralité des existences par des réincarnations, dans [un] but d'expiation ou de réparation, renverse toutes les injustic[es] apparentes qui nous frappent chaque jour.

Tous nos malheurs, toutes nos douleurs ici-bas sont une expi[a]tion ou une épreuve ; nos bonnes actions s'inscrivent à not[re] avoir pour nous être comptées lorsque, sortant de ce mond[e,] tout notre passage sur la terre se dressera devant nos yeu[x] comme le bilan de notre existence.

Ce n'est pas au tribunal de Dieu que nous aurons à rend[re] compte de nos actions, c'est au tribunal de notre conscienc[e,] miroir d'éternelle justice, où nous lirons tout notre passé.

A ce moment reparaîtra à nos yeux tout le pélerinage de n[os] diverses existences.

Chaque incarnation, a dit Myers (1), constitue un certa[in] progrès dans l'existence générale de l'être. Si une vie terrest[re] a été mal employée, la vie te[rr]estre suivante peut fournir [la] possibilité d'une expiation ou d'un exercice plus large d'u[ne] vertu spéciale qui n'a été acquise que d'une façon imparfaite.

Non, la Providence n'est pas ce capricieux et cruel tyra[n] qu'en a fait l'Église, qui nous élève ou nous frappe à son gr[é.] Comme le dit la loi de Karma, ce sont nos actes dans les existence[s] antérieures qui nécessitent dans celle-ci nos malheurs ou not[re] bonheur.

Lorsqu'est venu le moment de se réincarner, l'Esprit e[st] dirigé, contraint même, quelquefois, par ses aînés, d'obéir a[ux]

---

(1) Myers. *La Personnalité humaine*

choix qu'ils font pour lui. Mais lorsqu'il s'agit d'un Esprit libre, plus avancé, il examine lui-même les conditions qui conviennent le mieux à l'épreuve qu'il s'impose.

Dans les premières incarnations humaines, nous dit Chaigneau (1), la personnalité a encore peu de force et l'Esprit subit, jusqu'à un certain point, l'empreinte du moule fatal où il se développe. De là, les observations qui ont été faites sur l'atavisme, sur l'influence de l'hérédité. Mais, plus l'Esprit est avancé, plus son caractère devient personnel et se manifeste indépendant des conditions héréditaires.

Pour accomplir des progrès par une nouvelle incarnation, nous choisissons d'abord les parents dans un but atavique déterminé et dans le milieu qui nous semble le mieux approprié au but que nous voulons atteindre. Nous apportons avec nous nos connaissances acquises et les parents qui nous donnent le jour y ajoutent encore les leurs, en nous donnant par atavisme de nouvelles facultés à développer, de nouvelles forces morales et intellectuelles.

Parfois nous venons au monde avec des tares, l'atavisme nous condamne à des infériorités physiques et morales. Notre Esprit l'a ainsi voulu, pour faire amende honorable, comme punition, comme expiation de nos écarts dans une autre existence.

Il ne faut pas s'étonner de voir, dans une même famille, des dissemblances et des contrastes, par exemple des enfants vicieux à côté d'enfants vertueux ; d'autres doués de tous les dons physiques, moraux, intellectuels à côté de frères d'une intelligence inférieure. C'est ainsi que les grands artistes, les savants, les hommes de génie, nés de parents obscurs qui n'auraient pu leur donner ces dons supérieurs, mais qu'ils avaient acquis antérieurement et apportés avec eux dans la vie, ont presque toujours des frères et des sœurs qui leur sont, sous ce rapport, considérablement inférieurs. La fille du Duc d'Albe était un ange ;

(1) C. CHAIGNEAU. Les Chrysanthèmes.

on a vu des pères devenir les justiciers de leur fils, et réciproquement ; des enfants dénaturés avoir des parents vertueux.

Quand l'âme se réincarne, elle commence par l'enfance, ce qui lui donne le temps de se faire à sa nouvelle prison et de la façonner, de nous initier peu à peu au milieu dans lequel nous allons accomplir notre mission, d'en apprendre la langue et les usages.

C'est, en somme, l'étude et la préparation préalables qui nous permettront de jouer notre rôle dans la vie.

Et puis, cette union de la chair crée des liens d'affection entre les parents et les enfants, un rapprochement, comme frères et sœurs entre esprits qui, jusque là, étaient complètement étrangers les uns aux autres. Le cercle des affections s'élargit en recrutant ces nouveaux éléments, acomptes sur la loi d'amour qui régit l'autre monde.

Si l'âme devait entrer d'emblée dans un corps formé et se trouver tout de suite, de ce fait, aux prises avec la vie terrestre sans préparation, sans le sage et long apprentissage de l'enfance et de la jeunesse, jugez de ses faux pas, de ses mécomptes, du supplice que ce changement subit, sans entraînement, lui réserverait. La sagesse divine, au contraire, en le faisant passer par cette incubation sociale, le prépare à son nouveau milieu et lui enseigne, dans cette période, ce qu'il faudra qu'il sache pour y vivre.

De plus l'affection, lentement élaborée par la vie en commun, n'aurait pas le temps de se cimenter. Il ne se produirait guère d'autre attraction que celle des sexes entre eux, lorsqu'ils seraient atteints de cette mystérieuse maladie d'amour qui leur envahit le cœur.

Nous voici dans le corps. Dès le moment où nous appartenons au monde de la matière, l'épreuve nous attend. Nous sommes entourés à chaque pas d'embûches cachées. Nous sommes prévenus, notre rôle d'acteur commence dans la plénitude de notre libre arbitre. La nature déploie toutes ses coquetteries pour nous entourer de séductions. Nous sommes sollicités par les jouissances terrestres qui flattent nos sens. C'est la matière qui parle. C'est le commencement de la lutte de la bête qui est en nous avec l'Esprit incarné. Celui-ci, armé de conscience et de raison, essaie de réagir. Suivons-nous son impulsion ?

Les animaux se livrent à leurs plaisirs sans réflexion, sans les discuter. Allons-nous faire comme eux ? Hésitons-nous un instant afin de considérer si ces satisfactions douteuses d'un moment excusent l'accroc moral qu'il impose à notre esprit ?

Pensons-nous aux saines adjurations du devoir, aux conseils de la raison ?

Celui-là, chez qui le matérialisme domine, n'est pas arrêté par de pareils scrupules, il s'abandonne sans hésiter à ses impulsions, il s'éloigne inconsciemment de son but. Il donne satisfaction à la *bête*.

Un autre réfléchira, pèsera, et, mû par une secrète honnêteté de conscience ou par les conseils que lui souffle tout bas son *moi* supérieur, résistera aux tentations. C'est une victoire pour l'esprit, qui a parlé plus haut et vaincu les appétits charnels.

Résister aux penchants dissolvants que cache la matière dans tous les replis de notre corps et que favorisent nos fonctions physiologiques, repousser les tentations qui ne cessent de nous assaillir, voilà la vraie force, la plus belle victoire, celle qui nous conduit à l'accomplissement de notre mission, car, ne l'oublions jamais, *les tentations sont des épreuves que nous envoie la Providence.*

Il n'y a pas besoin d'être victime et martyre pour cela. Ce discernement entre le bien et le mal n'implique ni abnégation, ni renoncement aux biens de la terre. Esclave du devoir ne veut pas dire claustration, mais simplement volonté de fuir les perfides conseils de notre nature inférieure.

Il suffit d'un peu de raisonnement, de dignité et de conscience, pour marcher droit son chemin dans la vie, sans avoir de reproches à se faire, sans avoir à rougir de choses qu'on n'oserait pas avouer tout haut devant le tribunal de l'opinion publique.

Nous aurons ainsi fait un pas en avant dans les escales de nos vies terrestres, dans le grand voyage d'épuration qui doit conduire au port terminus de nos épreuves.

Dieu n'aurait pas créé toutes ces admirables choses qui sont sur la terre, s'il n'avait pas permis que nous en profitions. Ne nous a-t-il pas donné les arts, qui sont un avant-goût des cieux, la poésie, ce langage divin, et ces deux griseries : la suavité des parfums exquis et la musique, cette insaisissable enchanteresse.

Beaucoup d'attirances sont des pièges, des instruments de séduction pour nous tenter, mais d'autres au contraire ne sont qu'un pâle reflet des beautés d'outre-tombe et Dieu les a semées sur la terre pour nous élever l'âme. Cela ne veut pas dire que nous ne devions pas sacrifier aux exigences de la chair et refuser à nos organes l'accomplissement des fonctions pour lesquelles ils ont été créés, mais c'est précisément la juste balance entre la nécessité et l'abus qu'il ne faut pas faire dévier des besoins que la nature nous a imposés, en en abusant ou en nous y soustrayant. Nous avons des devoirs d'hommes à remplir, nous sommes venus pour cela sur la terre et nous ne devons vivre, ni comme une brute, ni comme un anachorète.

La vie n'est pas, ainsi que l'affirmait Schopenhauer, toute douleur. Elle ne saurait non plus être toute joie, comme le pensait Spinoza. Le premier la noyait dans le pessimisme, érigeant la douleur en loi souveraine, et ne trouvait rien de mieux, comme remède, que le sacrifice de soi-même dans l'anéantissement du monde.

Théorie d'esprit malade ! Assurément nous ne venons pas dans ce monde comme on se rend à une partie de plaisir. Si nous ne devions connaître que cette seule existence, il est probable que, au lieu d'en faire une *vallée de larmes*, Dieu l'aurait semée de roses. Mais il n'en est pas ainsi ! Il s'agit de vaincre tous les écueils qui nous séparent du but à atteindre. Nous sommes comme ces lutteurs qui, de temps en temps, descendent dans l'arène pour se livrer à un combat. Nous sommes, de mê-

entrés dans l'arène de la vie, où chaque existence est une de ses heures de lutte.

Combien l'humanité serait meilleure si chacun savait qu'il aura à expier ses fautes ; que rien ne passe inaperçu parce que nous sommes sans cesse sous la surveillance du justicier qui est dans notre conscience ; et que nous sommes, à tous les instants, entourés de l'Esprit de nos disparus qui voient et jugent toutes nos actions !

Enfin, disons avec G. Delanne (1), qu'aucun recul n'est possible sur l'éternelle voie du devenir. L'âme qui est parvenue à vaincre un vice, en est à jamais libérée. C'est ce qui assure la perfectibilité de l'Esprit et garantit le bonheur de l'avenir.

Les Grecs disaient : les dieux donnent à chacun le sort qui lui convient et qui est en harmonie avec ses antécédents dans ses existences successives.

Nous apportons avec nous le fonds acquis dans nos diverses incarnations ; toutes les capacités personnelles, ce que nous appelons une vocation, des aptitudes, des connaissances innées, une facilité d'assimilation, ne sont qu'une partie du bagage recueilli précédemment.

De là l'explication de ces enfants prodiges, des êtres supérieurs, les génies, des novateurs qui nous révèlent les progrès, les découvertes qu'ils ont connues dans quelque autre vie sur une autre planète et qui, sans eux, resteraient longtemps pour nous lettre close ; de ces grands missionnaires, courageux inspirés, comme le Christ, Bouddha, Chrishna, Confucius, etc.

Tout ce génie créateur qui est en eux n'est que l'effervescence de choses, déjà apprises, qui cherchent à se continuer.

Ces biens conquis précédemment ne font que se réveiller en nous. Apprendre c'est se souvenir, a dit Platon. Tels, par exemple, les chefs-d'œuvre sans nombre laissés par Raphaël, mort à trente-sept ans ; Mozart composant à cinq ans ; Chatterton laissant, à dix-huit ans, en mourant, un bagage poétique.

Nous en verrons de nombreux exemples au chapitre des

(1) G. Delanne. *L'Âme est immortelle*. 42, rue Saint-Jacques

preuves de la réincarnation. Il n'y aurait pas, sans cela, de raison pour qu'un être soit plus habile qu'un autre et sache, en naissant, des choses que d'autres ignorent.

Aussi, que d'existences manquées, dévoyées par la faute des parents ou des circonstances qui nous aiguillent sur une fausse piste, en dépit des dispositions naturelles que nous apportons dans ce monde pour les développer et qui ont été enrayées, ne laissant au cœur que la nostalgie d'un grand rêve avorté.

Je demande la permission d'ouvrir une parenthèse un peu triviale pour répondre, par exemple, à ceux qui ne voient qu'injustices partout et leur montrer ce ricochet de la Justice qui guette le coupable pour le saisir un peu plus loin au passage.

Un malfaiteur nous attaque, nous vole. Nous sommes incapables de nous défendre ou nous ne voulons pas en prendre la peine, et nous nous contentons de dire : « Qu'il aille se faire pendre ailleurs ! »

Ce malfaiteur arrive dans un milieu où ses méfaits sont inconnus. Des mécomptes l'accueillent ; on lui fait ce qu'il a précédemment fait aux autres. Son entourage qui, ignorant son passé, le prend pour un parfait honnête homme et une pauvre victime, crie à l'injustice.

Il n'a cependant reçu que ce qu'il a donné. C'est la punition légitime que d'autres que ses victimes se sont chargés de lui infliger.

Qu'il aille se faire pendre ailleurs, a-t-on dit ! Eh bien il est venu se faire pendre ici et n'a fait que payer sa dette. Tous les malheurs dont nous nous plaignons ne sont que des rééditions de ce cas.

Ces mêmes bonnes gens qui s'exclament parfois : « Vous voyez bien qu'il n'y a pas de Dieu, car il ne permettrait pas de pareilles injustices ! » feront bien de méditer cette admirable loi de justice qui nous constitue notre propre justicier par l'expiation, les réparations et les progrès moraux que nous nous imposons à nous-mêmes, à travers la succession de nos existences.

Mais, comme les limites de notre entendement déterminent

les limites de nos croyances, il y a eu des réfractaires à toutes les preuves, faisant de leur vie sur la terre leur dernière étape et n'ajoutant pas foi aux réincarnations. Ce fut un moment le cas dans certains pays.

Ils admettaient bien que nous ayons été amenés à l'état où nous sommes par l'évolution, parce qu'il leur eut été difficile de prouver le contraire, mais ils en limitaient la marche progressive à notre vie actuelle. C'était, éclair d'orgueil, admettre aveuglément que notre insignifiante planète, encore à demi sauvage, fût l'apogée des perfections à atteindre, alors que, voyageurs aux illusions faciles, nous ne sommes qu'à une des escales d'une longue filière d'existences, stations égrenées sur la route avant d'atteindre le terminus, jalons dans nos ascensions vers le sommet.

L'OUBLI DES VIES PASSÉES

La grande objection des non initiés à qui l'on parle des vies passées est toujours : « Mais si nous avons vécu antérieurement, comment se fait-il que nous ne nous en souvenions pas ? »

Nous ne nous souvenons pas parce que notre mémoire dans la vie présente est l'œuvre du cerveau. Elle n'a enregistré et ne se rappelle que les impressions qu'elle a reçues depuis que nous sommes nés. Or, notre cerveau actuel, qui n'existait pas dans nos précédentes existences puisque nous avions d'autres corps, ne peut donc en avoir conservé le souvenir.

Le reste est enfoui dans notre conscience profonde où il sommeille, et ne prend part à notre vie actuelle que sous l'effet de certaines provocations. La mémoire est entretenue par le milieu où l'on vit, par le souvenir sans cesse ravivé, l'accoutumance. Qu'on aille habiter un autre milieu et les détails de l'ancien seront vite oubliés, il n'en restera que les grandes lignes qui, elles-mêmes, s'effaceront peu à peu.

Nos autres existences représentent ainsi des milieux que rien ne nous rappelle dans celle-ci. Il n'y a alors pas à nous étonner si nous ne nous en souvenons pas.

Chacune d'elle est constituée par une partie de notre être complet, avec son fonds de réserve et ses acquis accumulés. C'est comme une prise d'eau dans une vaste mare, qu'on y rejette quand elle n'est plus utile et qui s'y fond dans la masse, sans qu'on en trouve de trace dans la prise d'eau qui suivra. Ainsi se succèdent nos existences, indépendantes les unes des autres, nulle d'entre elles ne gardant le souvenir de la précédente, ces souvenirs restant emmagasinés dans l'être complet ou subconscience, comme nous le verrons plus loin. A la mort, c'est-à-dire à notre réveil dans l'autre vie, reparait à nos yeux toute la succession des vies passées.

Cette partie cachée de notre être est admirablement décrite par Maeterlinck dans ces quelques lignes de son livre *L'Hôte Inconnu*.

Au fond de nous, dans le silence et la nuit de notre être, est une autre existence secrète et beaucoup plus active qui est notre existence réelle qui dirige notre vie sans se soucier de nos pensées et de notre raison qui croit guider nos pas. Il connaît seul notre passé et notre avenir. Il sait ce que valent les malheurs ou les joies qui nous arrivent. Il est celui qui ne se trompe point. Il se tait sous le masque immobile dont nous n'avons pas encore pu saisir l'expression et nous traite comme des enfants sans conséquence et sans discernement.

Sa réalité est si vaste qu'on ne peut la saisir. Ce que l'on voit de notre vie n'est rien au prix de ce qu'on ne voit pas. Du reste il serait monstrueux que nous ne fussions que ce que nous paraissons être, circonscrits par notre corps, par notre esprit, notre conscience, notre naissance et notre mort. Nous ne devenons possibles et vraisemblables qu'à la condition de nous déborder de toutes parts et de nous prolonger dans tous les sens et tous les temps.

Pareille à l'enfant qui a oublié le lendemain les choses de la veille, la connaissance du passé s'assoupit dans notre âme par son union avec le corps, pour se réveiller à leur séparation. — PLATON.

Le corps est un obstacle à la mémoire. Sa nature changeante pousse à l'oubli plutôt qu'au souvenir. Le corps est son fleuve Léthé. La mémoire appartient à l'esprit. Les mémoires de tout le passé forment un réservoir psychique où s'alimente de temps en temps la mémoire du présent. — PLOTINUS.

Jean Reynaud dit, à ce sujet, dans *Ciel et Terre*. « L'étonnante faculté de la mémoire (ou plutôt de toutes les mémoires passées accumulées) est de nature à nous garder au fond de nous-mêmes, à notre insu, des impressions qui, pour avoir momentanément cessé d'être disposées de manière à surgir à nos appels, ne continuent pas moins à faire partie de notre domaine, où elles demeurent comme dormantes. Pourquoi n'en serait-il pas de même à l'égard des événements qui ont précédé la période actuelle de notre existence, comme il en est de son action à l'égard de tant d'autres événements qui se sont accomplis de notre vivant et dont nous voyons la trace, après de longs ensevelissements, revenir au jour de temps à autre. »

Mais tous ces souvenirs mis en réserve nous sont rendus dans l'autre monde, car, comme dit encore Jean Reynaud, « ce ne serait nous posséder qu'imparfaitement que de ne point posséder complètement notre histoire. Le passé fait équilibre à l'avenir, et le présent n'est que le pivot entre ce qui n'est plus et ce qui n'est pas encore. »

Alors que notre mémoire actuelle, n'étant pas née, n'a pas pris part à ces existences, notre subconscient conserve les archives de toutes nos évolutions passées. Mais tout le monde peut recevoir les impulsions et les impressions qui émergent parfois, provoquées par certaines causes, des couches profondes de la personnalité subconsciente aux couches superficielles de notre conscience morale.

Alors, des souvenirs passés qui ne résident pas dans notre mémoire, mais qui sont en dépôt, dans nos couches périspritales superposées, viennent se manifester à notre conscience extérieure et nous apportent de bien loin des images et des souvenirs que nous ne pouvons nous expliquer.

C'est ainsi que, comme nous le verrons au chapitre suivant, beaucoup ont des intuitions, des éclairs de souvenance, des reconnaissances vagues, des impressions fugaces, de choses parfois qui nous frappent comme familières, des hantises du déjà vu, des nostalgies du déjà vécu, sans que nous puissions les rattacher à des existences passées. Il nous arrive même de retrouver, dans ce que nous croyons être dû au hasard, ou dans l'arrangement prédestiné des rencontres, des êtres qu'il nous semble avoir déjà connus. Où, quand ? Probablement dans une autre vie ! Enfin, il n'est personne qui n'ait eu des réminiscences, cette preuve vague mais palpable d'une chose ayant déjà existé.

Ces épaves d'autres existences qui surnagent dans nos souvenirs, sont fréquentes dans la vie de chacun, mais on ne les remarque pas. Elles sont surtout fréquentes chez l'enfant et dans le rêve. Dans ce dernier état, une foule de choses, de lieux, de circonstances, de personnages nous apparaissent, familiers comme de vieux amis. Nous en verrons l'explication au chapitre des rêves.

Si nous observions mieux, nous verrions que, souvent, les souvenirs du passé nous remontent au cœur. Que de fois il nous est arrivé de nous dire : « J'ai vu, ou entendu cela quelque part ! » ou « Je connais cela. Est-ce que cela m'est arrivé ou l'ai-je rêvé ? »

Si nous examinons les événements de notre vie, les entraînements presque à notre insu dans telle ou telle direction, une tendance machinale vers certain but, des aspirations inexplicables, nous en trouverons la source dans cette attirance vers le passé qui a ancré en nous des liens et des regrets. Tous ces souvenirs ont disparu, mais ils ont laissé, sans que nous nous en apercevions, leur influence sur notre vie présente.

Ce sont surtout les circonstances inattendues, les lieux traversés, qui éveillent en nous la conscience de choses connues mais envolées. Je vais d'ailleurs y revenir avec plus de précision, après avoir examiné cette question à un autre point de vue.

Nous nous étonnons de ne pas retrouver le souvenir d'existences qui ont pu être séparées par de longues stations dans l'autre monde, alors que, dans notre présente existence, à part les grandes lignes, nous avons oublié une multitude de faits et de détails. Nous oublions comment étaient les localités que nous avons visitées autrefois, nous oublions des livres que nous avons lus, une multitude de gens que nous avons connus. Quand nous devenons vieux, notre mémoire s'efface graduellement, si elle ne disparait pas tout à fait. Quel souvenir alors gardons-nous pour éclairer une existence prochaine ?

De quelle nécessité, d'ailleurs, peut-il être que nous nous rappelions ces existences ? Passé douloureux au souvenir duquel nous devons être heureux d'échapper, car toute vie est un progrès sur la précédente ! Nos vies antérieures ont dû être inférieures, puisque nous nous sommes réincarnés pour réparer, pour expier, pour progresser. Elles n'ont pas plus d'intérêt qu'un habit abandonné. La mission de la vie nouvelle est suffisante. Le but de ces vies a été rempli, c'est tout ce que nous devons nous dire. Chaque existence est une étape, nous montons sans cesse. L'acquis reste acquis, c'est le principal. Que nous importe alors qu'un passé, dont nous aurions peut-être à rougir, soit voilé à nos yeux !

Le fait suivant qui s'est passé à Jessore, aux Indes, est à lui seul un plaidoyer en faveur de l'oubli de nos existences passées.

Un jeune garçon, d'une quinzaine d'années, du nom de Ram, avait imaginé une infernale combinaison pour prendre son père dans un guet-apens et l'assassiner. Mais au moment de le frapper et comme il levait le bras à cet effet, un cipaye qui passait par là, l'abattit d'un coup de fusil.

Un an environ après cet attentat, la mère mit de nouveau au jour un jeune garçon qui grandit normalement jusqu'à l'âge d'environ quatre ans, mais un matin, il dit tout d'un coup à sa mère : « Maman, Ram c'est moi, je suis revenu au monde pour réparer et expier. »

Se fait-on une idée de ce qu'ont dû être les sentiments des parents en entendant pareille révélation ?

N'aurait-il pas infiniment mieux valu qu'il n'eût pas conservé ce souvenir de sa personnalité ?

Quel poète a donc dit : « L'oubli est un bienfait de Dieu ? »

Combien de choses ne voudrions-nous pas effacer de notre vie actuelle, qui sont autant d'obstacles à notre paix intérieure, qui ne nous laissent actuellement que des regrets, parfois du dégoût et des remords ? Voyez quelle entrave à notre liberté d'esprit si tous les méfaits de nos vies antérieures étaient sans cesse écrits en lettres indélébiles devant nos yeux ! Quelle perturbation qu'un passé vengeur nous poursuivant sans cesse ! Nous ne pourrions le cacher, nous soulèverions des préventions contre nous. On ferait état de nos antécédents dans les rapports sociaux avec nous. Car, si l'on se souvenait de ses autres vies, il n'y aurait pas de raison pour que l'on ne se souvînt pas de celles de ceux qu'on aurait connus et qu'on retrouverait. Cela établirait une cause d'inimitié entre les hommes. Le souvenir de notre passé, lié au souvenir du passé des autres, engendrerait des conflits, des jalousies, des luttes et des haines. Tous les ennuis et les chagrins de nos existences continueraient à peser sur notre liberté d'esprit. Et puis, que dirions-nous, si ayant joui des richesses et des honneurs, nous avions choisi une humble existence pour racheter les fautes commises quand nous avions la fortune ou la puissance ! que d'humiliantes comparaisons et que de regrets !

Voyez cette belle jeune femme qui s'est réincarnée, comme punition de son orgueil et de ses cruautés, dans un corps difforme et disgracieux. Voyez ses regrets et son dépit en pensant à ce qu'elle était et ce qu'elle est maintenant ! Que dirait cette comtesse hautaine que nous avons retrouvée à la page 56 dans le corps d'une mendiante sordide ? Que diraient tous ces potentats, ces glorieux assassins, tous ces tyrans sanguinaires qui doivent avoir expié, dans les plus misérables existences, le bilan de leurs crimes ? Que de révoltes sourdes, de tortures, d'actes désespérés !

Tout cet enfer terrestre de déshérités, contre lesquels le sort et les injustices semblent s'acharner, ne sont cependant que des criminels égarés, qui viennent racheter volontairement les fautes commises.

Tous ces souvenirs douloureux ne feraient que sacrifier notre vie présente aux conséquences de nos autres vies par le remords perpétuel des existences mal employées. Cette hantise continuelle nous fourvoierait dans les errements du passé et nous ferait trop regarder en arrière, au lieu de regarder en avant. Ce serait l'empoisonnement de notre nouvelle vie, de notre libre arbitre. Les pensées obsédantes pourraient, en nous nourrissant de rancunes et de révoltes, nous endurcir dans le mal et nous faire perdre tout le fruit de la nouvelle épreuve que nous serions venus tenter sur la Terre. Et que de suicides parmi les faibles, effrayés des dettes à payer à ce passé !

Pensez aux mauvaises actions qui se commettent journellement ici-bas, vols, meurtres, suicides, viols, violences de toutes sortes, escroqueries, etc. De tout cela, nous avons probablement eu notre part autrefois. Et voyez notre position si nous nous retrouvions en face de nos victimes, car, sortant à peine des âges de la bestialité, nous devons bien nous dire que si nous sommes ici, c'est que nous avons des fautes à racheter.

Que dirait l'enfant reconnaissant dans son père un criminel de la vie précédente ? Voyez aussi quelle étrange influence troublerait notre vie si nous nous souvenions des détails d'une autre existence où notre sexe n'aurait pas été le même que dans celle-ci.

Pensez également à la vive douleur que nous laisse souvent le départ d'êtres chéris. Nous réincarner, après les avoir retrouvés dans l'autre monde, serait les perdre de nouveau et, si nous en conservions la mémoire dans notre nouvelle vie, ne serait-ce pas perpétuer les tortures de notre cœur !

Voici, par une comparaison un peu terre à terre, un argument en faveur de la nécessité de l'oubli.

Un homme qui a fait fausse route, qui a été fourvoyé dans ses affaires, dans ses tentatives, dans ses espérances ; qui s'est créé des dettes, des obligations, des difficultés de toutes sortes, une situation malheureuse, inextricable, aspire à faire *peau neuve*. Combien n'en avons-nous pas connu de ces pauvres victimes du tourbillon social ! Oh ! alors, instruit par les mécomptes de toutes sortes, averti par le bilan de ses erreurs, prévenu par le malheur, il pourrait marcher tout droit, dans un but élevé, éviter les fauxpas, réparer les fautes !

Mais comment pourrait-il suivre cet idéal nouveau et faire réellement *peau neuve*, tant qu'il est escorté par ce cortège de menaces, tant qu'il a à traîner ce boulet du passé qui jetterait continuellement sous ses pas des obstacles à son avancement, à ses bonnes résolutions ; des entraves, des regrets, des remords, des découragements.

Que pouvoir demander à l'*Avenir*, tant que le passé existe, menaçant ; tant qu'il n'est pas effacé ?

Et c'est ici que nous comprenons la prévoyante bonté de Dieu en nous permettant de laisser, momentanément, tout ce bagage au seuil de l'existence qui commence, afin de ne pas nous entraver dans notre nouvelle épreuve.

Comme le dit admirablement Léon Denis (1) :

Dieu a fait sagement en voilant à nos yeux, au moins durant le difficile passage de la vie terrestre, les scènes tragiques, les défaillances, les erreurs funestes de notre propre histoire. Notre présent est par là abrégé, la tâche actuelle rendue plus facile. Il sera toujours assez tôt, à notre retour dans l'espace, de voir se dresser devant nous les fantômes accusateurs. L'âme, après avoir bu du Léthé, recommence une autre carrière, plus libre de construire son existence sur un plan nouveau et meilleur, affranchie des préjugés, des routines, des erreurs et des rancunes du passé.

Si l'homme avait le souvenir de ses vies passées, à plus forte raison se souviendrait-il de ce lumineux royaume de l'au-delà qu'il vient de quitter. Il lui en resterait une nostalgie qui le poursuivrait de l'idée d'y retourner, et détruirait, pour lui, l'intérêt des choses de la Terre, nouvelle entrave à l'accomplissement de sa mission en ce monde. Nous serions, comme le prisonnier, rêvant sans cesse à ses jours de liberté, ce qui ne manquerait pas d'influencer notre pélerinage ici-bas.

Non, le Ciel n'a pas voulu que nous subissions de restriction d'aucune sorte, afin de nous laisser toute la responsabilité et tout le mérite de nos actions.

Nous avons un exemple de la perte du souvenir dans les états du somnambulisme, pendant lesquels le sujet se rappelle tout son passé, aussi haut qu'on puisse remonter dans ses existences, comme l'a démontré M. de Rochas, mais qui, aussitôt éveillé, a de nouveau tout oublié. C'est un peu le cas de ces rêves qui, dès notre réveil, s'évanouissent de notre mémoire.

Voici, pour finir, un argument au moins inattendu en faveur de l'oubli.

« Heureusement, me disait quelqu'un, que nous ne nous souvenons pas ! Que serait-ce, alors que nous avons déjà assez de cette vie, si nous nous la rappelions en en commençant une autre ! »

(1) Léon Denis, *La Grande Énigme*, page 201

SOUVENIR DES VIES PASSÉES
RÉGRESSION DE LA MÉMOIRE

Le mot régression est impropre. La mémoire ne peut pas rendre ce qu'elle n'a pas reçu. Il n'y a pas régression ; il y a, tout à fait indépendante d'elle, une perception d'événements et de faits, emmagasinés dans notre subconscient, provoquée par des dispositions ou des circonstances favorables.

Toutes les impressions inconscientes que nous éprouvons n'en sont que des manifestations. Nos appréhensions ne sont souvent qu'un réflexe de malheurs subis dans le passé. D'anciennes habitudes renaissent ; d'autres nous poursuivent que nous combattons.

La sympathie et l'antipathie, souvent à première vue et inexplicables, ne seraient-elles pas un vague souvenir d'anciennes amitiés ou d'anciennes rancunes dans d'autres existences ?

Ne vous est-il pas arrivé d'être attiré par certaines choses et d'éprouver pour d'autres une répulsion instinctive, sans que vous puissiez vous en expliquer la cause ? Soyez certain que c'est là une perception vague de choses que vous avez aimées ou dont vous avez été victime.

Combien de fois, dans vos rêves, n'avez-vous pas revu des amis ou des lieux qui vous semblent familiers, alors qu'ils vous sont complètement inconnus dans la réalité ? C'est que ce sont de vieux souvenirs d'une vie antérieure.

Le Comte A. de Gobineau, dans son livre *Trois ans en Asie* nous rapporte que le saint homme Schenkh Hemy avait gardé la mémoire de quelques-uns des états antérieurs traversés par lui. Entre autres, il se souvenait d'avoir été fabricant de nattes de paille.

Plusieurs personnages de l'antiquité se souvenaient également de leurs existences. Ovide disait avoir assisté au Siège de Troies. Pythagore se rappelait avoir été Hermothine (1), Euphorbe et un pauvre pêcheur. Il reconnut, dans le Temple de Delphes, le bouclier qu'il portait lorsqu'il était Euphorbe et fut blessé par Ménélas au Siège de Troie.

Empédocle se souvenait d'avoir vécu comme garçon et comme fille.

L'empereur Julien se rappelait avoir été Alexandre de Macédoine.

Méry, qui eut une si grande notoriété sous l'empire, avait l'intime conviction d'avoir vécu plusieurs fois et, comme le rapporte le *Journal Littéraire* du 25 septembre 1864, il se rappelait les moindres circonstances de ses existences précédentes. Il les détaillait avec une telle certitude qu'il imposait la conviction. Ainsi, il se rappelait parfaitement avoir fait la guerre des Gaules avec les Romains et avoir combattu en Germanie avec Germanicus. Il a désigné et reconnu des sites où il avait campé jadis dans diverses vallées, des champs de bataille où il avait combattu. Il s'appelait alors Mincius.

L'épisode que voici semble le prouver et établir que ces souvenirs sont bien réels et non de simples mirages de l'imagination.

Se trouvant un jour à Rome, dans la vie présente, il visita la bibliothèque du Vatican où il fut reçu par des novices qui, ne connaissant pas le français, se mirent à lui parler latin, la langue du Vatican. En entendant ce magnifique idiome, il lui sembla qu'un voile tombait de ses yeux et que lui-même avait conversé, en d'autres temps, dans cette langue. Subitement, comme par un retour de mémoire inattendu, des phrases toutes faites et irréprochables tombèrent de ses lèvres, et peu à peu, il se mit à parler latin comme il parlait français.

S'il n'eut été un sujet d'Auguste il n'aurait pu improviser une langue impossible à acquérir en quelques heures.

Il n'avait fait que retrouver, sous la provocation de ses interlocuteurs, un souvenir enfermé dans sa subconscience.

On connaît, de même, beaucoup d'enfants s'exprimant subitement avec aisance dans une langue qu'ils n'avaient pas apprise, ainsi qu'on le verra au chapitre de l'*Enfant*.

(1) Hermothine a été un devin fameux à Clazomène, dans l'Ionie. Son âme se transportait en différents lieux et revenait ensuite prendre possession de son corps qui pendant ce temps, demeurait immobile. Sa femme aurait profité d'un de ces voyages pour faire brûler le corps et empêcher la rentrée de l'âme. C'est pour cela que le temple élevé à Hermothine était interdit aux femmes.

C'est une sensation du même ordre que décrit Lamartine dans son voyage en Orient.

« Je n'avais, dit-il, en Judée, ni Bible, ni relation de voyage à la main ; personne pour me donner le nom des lieux et le nom antique des vallées et des montagnes. Pourtant *je reconnus de suite* la vallée de Térébinthe et le champ de bataille de Saül. Quand nous fûmes au couvent, les frères me confirmèrent l'exactitude de mes prévisions. Mes compagnons ne pouvaient le croire. De même, à Séphora, j'avais désigné du doigt et nommé par son nom une colline surmontée d'un château ruiné, comme le lieu probable de la naissance de la vierge. Le lendemain, au pied d'une montagne aride, je reconnus le tombeau des Machabées, et je disais vrai sans le savoir.

« J'ai rarement visité en Judée un lieu qui ne fût pour moi un souvenir.

« Avons-nous donc vécu deux fois ou mille fois ? Notre mémoire n'est-elle qu'une image ternie que Dieu ravive ? »

Des faits analogues sont rapportés par Gérard de Nerval, Victor Hugo, Théophile Gautier, Alexandre Dumas et Ponson du Terrail.

Il y a douze ans, écrit M. G. Horster, j'habitais Ill, comté d'Effingham. J'y perdis une enfant, Maria, au moment où elle entrait dans la puberté. L'année suivante, j'allai me fixer à Dakota où j'eus une nouvelle fille que nous appelâmes Nellie, mais qui a persisté obstinément à vouloir se nommer Maria, disant que c'était le vrai nom que nous lui donnions autrefois.

Je retournai dernièrement dans le Comté d'Effingham pour y régler quelques affaires et j'emmenai Nellie avec moi. *Elle reconnut notre ancienne demeure* et bien des personnes qui lui étaient étrangères, mais que ma première fille Maria connaissait fort bien.

A un mille se trouve la maison d'école que Maria fréquentait. Nellie qui ne l'avait jamais vue, en fit la description et m'exprima le désir de la revoir. Je l'y conduisis et, une fois là, elle se dirigea sans hésiter vers le pupitre que sa sœur occupait, me disant : Voilà le mien (1).

Le Comte de Resie, dans son histoire des sciences occultes, tome II, page 292, raconte les nombreuses surprises que lui a fait éprouver l'aspect de beaucoup de lieux, dont la vue lui rappelait aussitôt un ancien souvenir, alors qu'ils lui étaient inconnus et qu'il les voyait pour la première fois.

M. de Rochas à qui j'emprunte la plupart de ces faits et qui a pris la peine d'en rassembler un assez grand nombre dans son admirable ouvrage *les Vies Successives*, relate un fait analogue qui lui est arrivé, alors que, à vingt ans, il traversait l'Auvergne à cheval, précédant d'un

---

(1) J. G. Horster. *Milwaukee Sentinel*, du 22 septembre 1892.

jour son régiment, qui allait de Montpellier à Arras. Arrivé dans une petite ville, il reconnut les rues qu'il n'avait pourtant jamais connues et se dirigea sans hésiter vers l'auberge principale.

Le prince Émile de W. à la date du 18 septembre 1874, signale également dans la *Revue Spirite* un phénomène produit chez son second fils âgé de trois ans.

L'enfant, dit-il, était à jouer et à bavarder dans mon cabinet quand je l'entends parler de l'Angleterre, dont à mon su, on ne l'avait jamais entretenu. Je dresse l'oreille et je lui demande s'il sait ce que c'est que l'Angleterre.

— Oh ! oui, c'est un pays où j'ai habité, il y a bien longtemps.
— Y étais-tu petit comme maintenant ?
— Oh ! non, j'étais plus grand et j'avais une longue barbe.
— Est-ce que maman et moi nous y étions aussi ?
— Non, j'avais un autre papa et une autre maman.
— Et qu'y faisais-tu ?
— Je jouais beaucoup avec le feu, et une fois je me suis brûlé si fort que je suis mort.

Le Révérend Forbes (1) raconte que, visitant Rome pour la première fois, il fut, à plusieurs reprises, saisi par un flot de reconnaissances. Les Thermes de Caracalla, la voie Appienne, les catacombes de Saint-Callisto, le Colysée, tout, dit-il, je reconnaissais tout. Quelques jours plus tard je me rendis à Tivoli. Là encore la localité m'était absolument familière. Un torrent de paroles me monta aux lèvres et je décrivis l'endroit, tel qu'il était dans les anciens temps. Je n'avais pourtant rien lu au sujet de Tivoli. Je ne connaissais son existence que depuis quelques jours seulement et, pourtant, je me trouvais servir de guide et d'historien à un groupe d'amis.

Dans une autre occasion, je me trouvais avec un compagnon aux alentours de Leatherhead, où je n'avais jamais mis les pieds jusqu'à ce jour. Le pays m'était complètement nouveau tout comme à mon ami. Au cours de la conversation, celui-ci observa : « On dit qu'il y a une ancienne route romaine quelque part dans ces alentours, mais j'ignore si elle se trouve de ce côté de Leatherhead ou de l'autre.

Je dis aussitôt : « Je sais où elle est. » Et je montrai le chemin à mon ami. J'avais la sensation de m'être trouvé autrefois, sur cette même route à cheval, couvert d'une armure.

A quelques kilomètres de l'endroit où je vis, continue le Révérend Forbes, se trouve une forteresse romaine dans un état presque parfait

(1) *The Nineteenth Century*. Juin 1906.

de conservation. Un clergyman qui était venu me voir un jour, me demanda de l'y accompagner, désirant visiter ces ruines. Il me dit avoir un souvenir très net d'avoir vécu en cet endroit et d'avoir été investi d'une charge d'un caractère sacerdotal aux jours de l'occupation romaine. Ce qui me frappa, c'est qu'il insista pour visiter une tour, qui était tombée sans perdre sa forme. Il y avait, ajouta-t-il, un trou au sommet de la tour, dans lequel on avait l'habitude de planter un mat ; les archers se faisaient hisser en haut dans une espèce de nacelle protégée par du cuir. De là, ils étaient à même de voir les chefs Gorlestoniens au milieu de leurs hommes et de tirer sur eux. Nous trouvâmes en effet, le trou qui avait été indiqué.

Voici une récente anecdote rapportée par le journal le *Light* de Londres :

A... appartenait à une ancienne famille roumaine et occupait une importante situation à la légation roumaine de Londres. Il s'enrôla, au début de la guerre comme volontaire, dans un corps de milice montée et, se trouvant un jour en manœuvre dans le Berkshire, chevauchant avec son capitaine, ils faisaient l'ascension d'une colline escarpée qui lui semblait familière, ce dont il fit la remarque à l'officier.

— Ah ! vous connaissez le pays, lui dit celui-ci.

— Mais non, je n'y suis jamais venu et cependant je reconnais cette colline, il doit y en avoir, à la suite, une autre plus escarpée encore et d'une forme conique, surmontée d'un bouquet d'arbres, après quoi le terrain descend brusquement jusqu'à une plaine.

— C'est bien cela, fit le capitaine qui était un homme du pays, mais je ne comprends pas que, venant ici pour la première fois, vous sachiez tout cela.

Environ, un an après, des excavations, faites sur le sommet de cette colline, mirent à nu une pierre monumentale sur laquelle on lisait cette inscription en latin : « A la mémoire des victimes de la 10e légion dacienne. »

Les Daciens étaient le nom donné aux Roumains légionnaires dans l'armée romaine qui occupait l'Angleterre.

Sous cette inscription on lisait, gravés dans la pierre, les noms des victimes, parmi lesquels se trouva celui d'un ancêtre fameux de M. A., à moins qu'il n'ait été lui-même cet ancêtre.

Il y a certainement dans tout cela un lien, mais il est assez difficile d'en dénouer le sens.

Que dire d'un voyageur voyant en rêve une ville qui lui semblait tellement familière qu'il en reconnaissait les rues, les monuments, et allait les yeux fermés à une vieille maison dans une rue retirée qu'il lui semblait avoir habitée de longues années ?

Appelé un jour en Italie par ses affaires, il arriva dans une ville qu'il crut tout d'un coup reconnaître. C'était celle qu'il avait vue en rêve.

Il se souvenait de tout, et, bien qu'il ne parlât pas l'Italien, les enseignes lui paraissaient familières et il les comprenait comme si c'eût été dans sa langue. Frappé, et se rappelant son rêve, il voulut revoir la vieille maison, et, comme poussé par une ancienne habitude, il y alla tout droit. Elle était à louer. Il demanda à la visiter. Il se souvint alors, tout d'un coup, qu'elle devait avoir un cabinet assez obscur, avec une petite fenêtre élevée d'où l'on apercevait la rivière et les montagnes. Il y alla sans hésiter et trouva tout exactement comme il en avait eu l'intuition.

Détail curieux : il y avait, au-dessus de la porte, un nom effacé qui lui fit battre le cœur. Sans doute ce nom avait-il été le sien quand il habitait cette maison.

Les parents d'une fillette habitant Bordeaux voulant l'envoyer chez sa tante à Valladolid, avaient prié des dames qui s'y rendaient de vouloir bien prendre soin d'elle.

A peine avait-on dépassé Irun, la frontière, que l'enfant dit à ses compagnons: « Nous allons voir une grande croix. » Et, en effet, le train passa devant une grande croix.

Un peu plus loin, elle dit : « Ici il y a eu des maisons brûlées. »

Les maisons n'y étaient plus, naturellement, mais avaient été remplacées par des constructions neuves qui faisaient contraste avec les autres maisons du village.

Plus loin encore, elle appela l'attention de ses compagnes sur un superbe aqueduc romain auquel on allait arriver et que, en effet, on aperçut bientôt.

— Ah! nous approchons de Burgos, fit-elle. Vous allez voir quelle magnifique cathédrale!

Et tout le long du chemin, jusqu'à ce qu'on arrivât à Valladolid, elle détailla les curiosités du chemin que l'on devait rencontrer.

Arrivées à destination, ses compagnes la remirent aux mains de la tante et, comme celle-ci les remerciait : « Oh! il n'y a pas de quoi, dit l'une d'elles, votre jeune fille nous a beaucoup intéressées en nous décrivant toutes les curiosités du pays, qu'elle avait dû voir dans son dernier voyage.

— Comment! fit la tante étonnée, elle ne les a jamais vues, elle n'a jamais quitté Bordeaux.

— Oh! si, ma tante, se récria la fillette, j'ai vu tout cela bien, bien des fois, mais il y a fort longtemps.

Une jeune femme du Devonshire, Hermione Parry Okeden, de Stoke Fleming, avait, depuis son enfance, conservé à un tel point les souvenirs de sa dernière incarnation qu'elle reconnut, dans cette vie, plusieurs anciens amis. Mais deux de ceux-ci seulement, dont elle avait réveillé la mémoire, se souvinrent d'elle. Ce qui l'avait beaucoup frappée, c'est que, à l'exception de trois d'entre eux, toutes les anciennes amies qu'elle avait retrouvées (il y en avait huit ou neuf) étaient des hommes dans l'existence passée. Un seul cas de reconnaissance mutuelle se présenta, et Hermione, fidèle à son souvenir, allait l'aborder avec ces mots : « Eh ! c'est toi, mon vieux Bill ! » quand elle s'aperçut que l'ancien ami s'était réincarné dans un corps de femme et répondait au nom de Marguerite. Mais celle-ci influencée, sans doute inconsciemment par l'impression de sa dernière existence, insistait, dans son enfance, pour qu'on l'appelât Bill.

Hermione ajoute que chaque fois qu'elle avait ainsi retrouvé un ancien ami, elle avait ressenti dans son cœur une émotion intraduisible qu'elle n'avait jamais éprouvée dans cette vie.

Tout ceci prouve bien que le *moi conscient* réside dans l'esprit et non dans le corps, car elle a reconnu ses amis alors qu'elle même, comme eux, habitaient un nouveau corps. Remarquons qu'elle disait d'ailleurs : « C'est très drôle, je les vois avec mes yeux, et ce ne sont pas mes yeux qui les reconnaissent. »

Voici un cas récent de réincarnation avec souvenance de la vie antérieure qui vient de se produire à Rangoon.

En 1903, mourut, dans les environs, le maire Weloh.

Tout récemment, un enfant de trois ans, à l'intense surprise de son père, lui annonça, avec une gravité au-dessus de son âge, qu'il était le maire Weloh de nouveau réincarné.

Afin de confirmer cette surprenante affirmation et de dissiper toute espèce de doutes, il se mit à décrire, dans les plus grands détails, l'habitation du magistrat défunt, y ajoutant la minutieuse énumération de ses occupations et allant jusqu'à mentionner le nombre des chevaux qu'il possédait ; tout cela avec une assurance et une documentation qu'on ne pourrait attendre d'un enfant de son âge et qu'on ne retrouve que dans la classe des petits prodiges.

Il raconta comment, étant maire, il avait trouvé la mort sur le lac Meiktcica avec deux personnes qui périrent également.

Le père resta confus et complètement abasourdi du récit de son fils, qui n'avait jamais eu l'occasion d'entendre parler du défunt, et il se rappela parfaitement les circonstances de la mort du maire que venait de relater son fils.

Beaucoup d'enfants, disent les Birmans, se souviennent de leur vie antérieure. En voici un cas cité par M. de Varigny dans le feuilleton scientifique du *Journal des Débats* du 11 avril 1912 et dont M. Fielding Hall, qui a consacré aux Birmans un livre d'un très grand intérêt, a été témoin.

Deux enfants, un garçon et une fille, naquirent dans le village d'Okshitgon. Ils vinrent au monde le même jour, dans des maisons voisines, grandirent et jouèrent ensemble, s'aimèrent et s'épousèrent. Ils étaient connus par leur profond attachement l'un pour l'autre et moururent comme ils avaient vécu, ensemble. Deux âmes sœurs, sans doute !

C'était l'année après la prise de Mandalaï, et la Birmanie était soulevée. Beaucoup d'habitants s'enfuirent. Parmi eux, un homme nommé Maung-Khan et sa jeune femme. Celle-ci lui avait donné deux fils jumeaux peu avant leur fuite. L'aîné se nommait Maung-Gyi, c'est-à-dire frère grand garçon, et le cadet Maung-Ngé, ou frère petit garçon. Ils grandirent et se mirent bientôt à parler, mais leurs parents remarquèrent, avec étonnement, qu'ils s'appelaient, non par leur nom, mais Maung-San-Nyein et Ma-Gyroin, ce dernier un nom de femme. Les parents se souvinrent que ces noms étaient ceux du couple mort à Okshitgon, peu avant la naissance des enfants.

Ils pensèrent que les âmes de ce couple étaient entrées dans le corps de leurs enfants et les emmenèrent à Okshitgon pour les éprouver. Les enfants reconnurent immédiatement l'endroit, les routes, les maisons et les gens. Ils reconnurent même les vêtements qu'ils avaient portés dans leur vie antérieure. L'un d'eux, le plus jeune, se rappela aussi qu'il avait une fois emprunté deux roupies à une certaine Ma-Thet, sans que son mari le sût, alors qu'il était encore Ma Gyroin, et que cette dette n'avait pas été payée. Ma-Thet vivait encore, on l'interrogea et elle se souvint, qu'en effet, elle avait prêté cet argent.

Ils ont maintenant six ans. L'aîné, dans le corps de qui l'homme entra, est un petit bonhomme gras et dodu, mais le jumeau cadet, où s'était incarnée l'âme de la femme, est moins fort et a une curieuse expression rêveuse, plutôt celle d'une fille. Ils me racontèrent beaucoup de choses de leur vie passée. Ils dirent qu'après leur mort, ils vécurent, pendant un temps, sans corps du tout, errant dans l'air, à cause de leurs péchés. Puis, quelques mois après, ils avaient décidé de se réincarner comme jumeaux.

On a constaté que beaucoup de Birmans se souviennent de leur vie passée, que de tout jeunes enfants pouvaient dire qui ils étaient avant leur existence présente et se rappeler les détails de leur vie antérieure (1).

Voici encore un exemple dont j'ai eu personnellement connaissance, et qui certainement est loin d'être unique.

Deux êtres se rencontrent fortuitement, tombent amoureux l'un de l'autre et sentent, à partir de ce moment, une force invincible qui les empêche de se quitter. Ils se marient, ils s'adorent ; à chaque pas il leur semble retrouver des choses qui ne leur sont pas étrangères. Ils se donnent un nom d'affection qu'ils croient leur avoir déjà été connu. Des détails de leur manière d'être les frappent comme déjà ressentis. Les mêmes pensées les reportent à un passé qui ne leur paraît pas étranger.

Enfin, un jour, en voyage, ils traversent une ville qu'ils reconnaissent, ils y voient des objets, des enseignes, une maison, qui leur semblent familiers. Un banc attire leur attention émue et les retient. Souvenirs endormis que la vue de ces objets a réveillés.

Ces deux êtres n'avaient fait que renouer une liaison ancienne. Leur affection mutuelle avait grandi de tout l'amour qu'ils avaient puisé dans l'Au-delà.

Ce couple, dont il ne m'est pas permis de citer le nom, était bien connu dans la haute société parisienne, où le mari, mort depuis quelques années, a laissé les meilleurs souvenirs.

Il est probable que ce qui peut nous paraître extraordinaire soit très normal et pourrait arriver à chacun de nous, si nous nous retrouvions dans des lieux que nous avons habités, car nous devons remarquer que c'est presque toujours le hasard des voyages qui fait surgir ces réminiscences. Mais ces lieux habités par nous sont souvent dans d'autres contrées, parfois lointaines, et combien peu aujourd'hui font des voyages d'exploration ! On se déplace, on se rend en chemin de fer d'un endroit à un autre, mais les pérégrinations à travers le pays, qui nous donneraient les occasions de le reconnaître, sont de plus en plus rares depuis les moyens rapides de communication.

Descendons en nous-mêmes, dans le calme du recueillement. Interrogeons-nous. Examinons les diverses positions sociales,

(1) H. FIELDING HALL. L'*Ame d'un Peuple*, 1898.

supposons-nous un instant un puissant de la terre, un artiste, un criminel, un mendiant, un prêtre, un laboureur, un soldat, etc. Voyons si l'un de ces états n'éveille pas en nous quelque chose. Passons en revue les divers pays, les diverses époques, l'histoire, les sciences et les arts. Écoutons, pour tâcher de saisir, dans les profondeurs de nous-mêmes, un écho de sympathie, un trouble, un souvenir. Voyons où nous portent nos goûts, nos désirs, nos aspirations. C'est un reste du passé !

LES PREUVES DE LA RÉINCARNATION

Nous venons de voir qu'il existe de nombreux cas de regression de la mémoire, qui sont autant de preuves de la réincarnation. Nous allons en passer successivement en revue quelques autres, puis nous exposerons les expériences curieuses et décisives auxquelles d'illustres savants ont consacré de longues années, expériences qui ne laissent aucun doute sur la succession des existences. Mais, pouvant à peine effleurer un sujet aussi vaste, nous renvoyons ceux qui voudraient en faire une étude complète, aux remarquables ouvrages du colonel de Rochas, Gabriel Delanne, Henri Constant, Annie Besant, Leadbeater et une multitude d'autres.

Le comte de Gobineau, qui lui a consacré une intéressante et remarquable étude, rapporte dans son livre *Trois ans en Asie*, un grand nombre de témoignages à ce sujet. Plusieurs saints personnages Nossayrys ont aussi joint leurs témoignages au sien.

Le Grand Lhama, à Lhassa, dit un jour à M. Hendsold (1) qui le questionnait : « Vous penchez à douter de l'éternelle vérité de la réincarnation. Quoi de plus évident cependant ? Vous pensez que l'impuissance où vous êtes de vous rappeler les états antérieurs de votre existence, est une preuve d'impossibilité. Mais que vous rappelez-vous des deux premières années de votre vie présente ? Et cependant vous viviez déjà, avant cela, de la vie embryonnaire. Il y a en vous une conscience de ce fait que vous avez toujours existé, et vous ne pouvez pas imaginer

(1) Traduit par M. DE LESCURE, dans la *Revue des Revues*.

un moment où vous n'existiez pas. Mais cet oubli des vies passées est précisément un bienfait. Que deviendrions-nous, chargés du souvenir de ces existences antérieures, des illusions, des vaines espérances, des folies, des crimes ? La panacée la plus précieuse des anciens Grecs n'était-elle pas le fleuve Léthé, qui effaçait le souvenir du passé ? »

Nous avons parlé au chapitre précédent des aptitudes extraordinaires d'enfants en bas âge ; rappelons quelques prodiges dont la vie apparaîtrait comme une légende, si elle ne s'était déroulée au milieu de nous.

J'emprunte principalement à Henri Constant (1) et au journal portugais *Eternidade* (2) la liste que voici et que l'on pourrait considérablement allonger, en puisant dans les diverses classes de la société, dans les sciences, les arts, les lettres, etc.

Le rhéteur grec Hermogène enseignait à l'âge de quinze ans la rhétorique à Marc-Aurèle.

Pierre de Lamoignon, au même âge, composait des vers grecs et latins et connaissait à fond l'étude du droit.

Le célèbre Saunderson, *aveugle*, était familier, avant l'âge de vingt ans, avec les classiques grecs et latins et était, à vingt cinq ans, professeur de mathématiques et de physique à l'Université de Cambridge, exposant toutes les merveilles de la lumière, du spectre solaire, de l'arc-en-ciel, etc., qu'il n'avait jamais vues.

Le fameux Henri Heineken parlait latin comme français et connaissait à fond l'Ancien et le Nouveau Testament, l'histoire, etc.

J.-B. Baratier parlait et écrivait le français, l'allemand, le latin et l'hébreu, dont il traduisait, à l'âge de sept ans, les quatre volumes de la Bibliothèque Rabbinique, qu'il fit suivre d'un gros volume de dissertations.

Ericsson, l'ingénieur suédois, était à douze ans inspecteur du canal maritime de Suède, et avait 600 ouvriers sous ses ordres.

Pascal, sans aucune leçon préalable, découvre à douze ans la plus grande partie de la géométrie plane et, à treize ans, le traité des sections coniques d'Euclide. On se demande s'il ne serait pas réellement la réincarnation d'Euclide lui-même.

Le pâtre Mangiamello, le mendiant Inaudis, et Mondeux qui nous a tous tant émerveillés dans notre enfance, faisaient de tête des calculs à dérouter les plus forts mathématiciens.

(1) HENRI CONSTANT. *Christ et Christianisme*.
(2) *Eternidade*, Porto Alegre, numéro de novembre 1916.

Mozart exécutait des sonates à quatre ans, conduisait un orchestre à cinq ans et composait, à douze ans, l'opéra *Bastien et Bastienne* qui a été repris à l'Opéra-Comique, en 1900, à Paris.

Willie Terreros, comme lui, dirigeait l'orchestre à quatre ans.

Tout le monde se rappelle la virtuosité de Thérèse Milanollo, cette jeune violoniste qui, encore enfant, a émerveillé toutes les capitales de l'Europe. Paganini et Baptiste Raisin en faisaient autant avant cinq ans.

Parmi les pianistes qui, à peine sortis des langes, se révèlent des virtuoses sans avoir eu besoin de passer par l'étude, il faut citer Brard, Arisla, van Barentze, Korngold, René Guillon, Marguerite Monnot. Presque tous, en outre, improvisaient dès l'âge de deux ans.

Le professeur Richet a présenté au public parisien un mioche du nom de Popito, qui, a deux ans et demi, reproduisait sur le piano tout ce que sa mère venait de jouer, et, à trois ans et demi improvisait en public, avec des qualités de vigueur, de chaleur, d'émotion, de mélancolique réserve, de puissance d'expression, qui font se demander, malgré soi, du quel de nos grands maîtres cet enfant peut être la réincarnation.

Voici un autre cas bien curieux, rapporté par la *Revista* de Valparaiso. Il s'agit ici d'un petit esclave nègre de la Havane, aveugle et sans instruction. Surpris, étant tout enfant, d'entendre pour la première fois de la musique, alors qu'il se trouvait dans la maison de son maître, il se dirigea à tâtons, comme mû par une attraction instinctive, vers le piano qui venait de se taire et, avec une aisance absolument naturelle, comme s'il en avait l'habitude, il se mit à reproduire note pour note, ce qui venait d'être joué, sans pouvoir maîtriser un sentiment de joie intense, comme s'il retrouvait un inestimable bien perdu.

Un jour, on exécuta en sa présence un morceau de Hœndel. Tom, c'est son nom, se précipita au piano dès qu'il l'eût entendu et le répéta à son tour en son entier, comme s'il en avait l'habitude et que ce morceau lui fût familier. Puis, jetant les mains en l'air, avec un rire de satisfaction indéfinissable, le petit aveugle s'écria : « Je le vois, c'est un vieillard avec une longue chevelure blanche. Il l'a joué d'abord et moi ensuite. »

Que voulaient dire ces paroles énigmatiques ? Il s'agit incontestablement ici de la réincarnation de quelque virtuose, revenu dans le corps d'un nègre aveugle en vue de quelque expiation. Puis, comme certains indices fournis inconsciemment par lui-même l'indiquent, c'est lui-même dans sa personnalité dernière qu'il a vu. Sa personnalité présente, n'a pas eu de peine à répéter le morceau, parce qu'il n'y a encore là comme dans la plupart des cas, que la continuation d'une vie d'artiste interrompue.

La descript' n de sa vision n'était d'ailleurs pas le portrait de Hœndel, autour de l'œ .re.

Quand on nsidère que la carrière de beaucoup d'entre eux, comme celles de Schubert, mort à trente et un ans, de Bellini à trente-trois, de Mozart à trente-cinq, de Mendelssohn à trente-huit et de Weber à quarante, a été coupée dans sa fleur, il n'y aurait rien que de très naturel à les voir se réincarner pour la poursuivre.

En 1901, l'Académie Musicale décernait un diplôme d'honneur à un enfant de huit ans, André Chévy, qui exécute avec une facilité d'improvisation surprenante les morceaux les plus difficiles.

Si tous ces prodiges passaient en revue la vie des grands musiciens, qui dit que le nom de l'un de ceux-ci ne leur ferait pas battre le cœur ? Et s'ils lisaient la musique des maîtres disparus, n'y retrouveraient-ils peut-être pas des œuvres qui sembleraient renaître sous leurs doigts, dont il leur resterait un vague souvenir et qui leur paraîtraient familières. La voix du sang !

Rembrandt, Colette Patinger et Robert Tinant dessinaient comme des maîtres avant de savoir lire.

On appelait déjà Raphaël, à quatorze ans, le peintre divin ; Giotto, l'humble pasteur, fit, dès son jeune âge, le portrait de son père et de sa mère ; et le professeur de Michel Ange encore tout enfant, lui dit qu'il ne pouvait plus rien lui enseigner.

Van Korekof, mort en 1873, à l'âge de dix ans, a laissé de nombreuses œuvres, (300 environ) des paysages d'une profondeur mélancolique que jamais artistes anciens ni modernes n'ont pu obtenir. On ne peut lui comparer, parmi les artistes connus, que Théodore Rousseau.

Les tableaux de Marcel Lavallard figuraient déjà au Salon alors qu'il n'avait que douze ans.

Willie Gwin, fils d'un médecin connu, recevait à l'âge de cinq ans le certificat médical de l'Université de la Nouvelle-Orléans, au sujet duquel les examinateurs ont déclaré, en séance publique, que le jeune Esculape était le plus savant ostéologue qu'ils connussent.

Quel est le génie médical qui est venu continuer en lui une carrière probablement brillante, mais peut-être trop tôt interrompue.

Un jeune Américain publiait, à l'âge de onze ans, un journal bien connu *The Sunny Home* (La Maison ensoleillée) qui, dès le troisième numéro, tirait déjà à vingt mille exemplaires et comptait nos académiciens Sully Prudhomme et Pierre Loti parmi ses collaborateurs.

Jeanne Maude publiait à cinq ans un recueil de monologues.

George Steuber était ingénieur à treize ans et Harry Dugan, le plus fameux voyageur de commerce des États-Unis, qui a enrichi par les affaires colossales qu'il faisait, la maison qu'il représente, n'a pas encor' neuf ans.

Pic de la Mirandole possédait à seize ans toutes les connaissances de son époque.

William Sedes qui, tout enfant, parlait déjà quatre langues, étonna bientôt le monde par la facilité avec laquelle il résolvait les problèmes de géométrie. Il entrait à dix ans à l'Institut de Technologie de Massachussets, où l'on ne peut généralement pas se présenter avant l'âge de vingt et un ans.

Le grand sculpteur italien Righetti n'a que dix ans. *La Madone et l'Enfant*, sa dernière œuvre, touche au sublime de l'art.

Mlle Hélène Smith, de Genève, dans le sommeil magnétique, parlait le sanscrit, mêlé d'arabe, langue très difficile à reconstituer, mais qui fut reconnue comme bien exacte à la suite de recherches à la bibliothèque de la Sorbonne. Bien qu'elle n'eût jamais appris la peinture, elle se mit un jour, subitement, à peindre diverses scènes de la vie du Christ.

La Société des Auteurs Dramatiques de Paris admettait, tout récemment, comme membre, Mlle de Champmoynad (connue sous le nom de Carmen d'Assilva) une gamine en robes courtes de dix ans, dont les pièces avaient déjà eu un grand retentissement, notamment une comédie intitulée *Quand l'Amour nous tient* !

Elle avait, à l'âge de cinq ans, composé en anglais, sans qu'on sût comment elle avait acquis cette langue, des histoires qu'elle récita devant la Reine et la Princesse de Galles. Quand on lui demande comment elle a appris l'anglais, elle répond : Je ne l'ai pas appris, je l'ai su.

Lorsqu'on est étonné de la puissance d'observation qu'il y a dans ses pièces, en vers et en prose, elle répond simplement : j'écris comme je respire, c'est un besoin physique.

L'histoire de ses dix ans et ses conversations sont une merveille.

La fille du commandant Darget écrivait déjà, à l'âge de dix ans, un livre de poésies admirables, publié en 1902, avec une élogieuse préface de Sully-Prudhomme. Elle en publiait un second en 1903.

Enfin voici une autre jeune fille que hante la poésie, Mlle Antonine Coullet. C'est une langue dans laquelle elle traduit toutes ses impressions.

Voici, d'elle, quelques vers improvisés, saisis au passage.

En apercevant un papillon :

> Quand vous le regardez, vous croyez voir un rêve !

Elle voit une peinture du Sahara et s'écrie :

> Le sable du désert, d'un jaune de topaze,
> Comme un profond tapis se creuse sous nos pieds.

Puis encore, en remarquant les chevaux dressés au faîte du Grand Palais :

> Sur un palais puissant je t'aperçus, quadrige ?
> Magnifique, rougi des rayons du couchant,
> Comme un son plein d'orgueil se dresse dans un chant !

Tout ce qu'elle voit et qu'elle entend se traduit chez elle par des impressions poétiques.

Tous ces génies sont, à n'en pas douter, des réincarnés qui n'ont pas besoin d'apprendre, parce qu'ils se souviennent, preuves saisissantes d'existences antérieures, dans lesquelles ont été acquis peu à peu tous ces dons qu'ils apportent dans leur nouvelle vie, car leur mémoire actuelle n'a encore rien appris.

Ces aptitudes précoces, ces vocations irrésistibles, faites de conceptions parfois abstraites et bien au-dessus de leur âge, ne peuvent naître d'elles-mêmes, et plutôt chez ceux-là que chez d'autres. Elles ne peuvent être qu'une éclatante manifestation d'un capital intellectuel laborieusement conquis. N'était qu'ils ont un nouveau corps avec de nouveaux moyens de se manifester qu'il faut façonner, ils auraient pu continuer leur carrière interrompue par la mort.

Les idées innées, écrit M. Schuré (1), prouvent à elles seules une existence antérieure. Nous naissons avec un monde de souvenances vagues, d'impulsions mystérieuses, de pressentiments divins.

Nous allons maintenant aborder les preuves expérimentales (2).

Le principe de ces expériences est le suivant. Au moyen de certains procédés de l'hypnose, on fait remonter les sujets jusqu'à leurs vies antérieures, comme nous le verrons plus loin, en passant par les états transitoires dans l'autre monde, et on obtient ainsi les détails de toutes les phases de leurs existences. Chaque

---

(1) E. Schuré. *Les Grands Initiés*.
(2) Les expériences magnétiques qui suivent sont relatées par M. de Rochas dans ses *Vies Successives*.

fois que celles-ci s'étaient passées sur notre planète et que les vérifications étaient accessibles aux recherches, les investigations ont démontré la réalité des faits.

M. de Rochas, à qui elles sont dues, n'est pas le seul d'ailleurs qui ait étudié expérimentalement cette question, on en trouve dans presque tous les pays.

Au Congrès de Paris en 1900, M. Estevan Marata décrivit le procédé qu'il employait pour faire remonter le sujet à travers ses vies passées. L'ayant magnétisé, il lui commande de dire ce qu'il avait fait la veille, l'avant-veille, une semaine avant, un mois, un an, et, le poussant ainsi, il le fait arriver jusqu'à son enfance qu'il explique avec tous ses détails.

En le poussant toujours, le sujet raconte sa vie dans l'espace, sa mort dans la dernière incarnation, et l'un d'eux, poussé continuellement, arriva jusqu'à quatre incarnations, dont la plus ancienne était une existence tout à fait sauvage. A chacune d'elles, ses traits et sa voix se modifiaient complètement.

Pour le ramener à son état habituel, il le fit revenir en arrière jusqu'à sa vie présente, puis le réveilla.

Pour être bien sûr de ne pas s'être trompé, il fit magnétiser la même personne par un autre magnétiseur qui devait lui suggérer que *les existences passées n'étaient pas vraies*. Mais le sujet insista, les exposant de nouveau comme il l'avait fait auparavant.

Le prince Wiszninwski, se trouvant, un jour en voyage avec le prince Galitzin, croisa, dans une rue, une fille couverte de haillons, affamée, vivant de mendicité et de prostitution. Le prince Galitzin, bon magnétiseur, remarquant une expression étrange dans le regard de la malheureuse, eût l'idée de l'endormir. Il lui offrit de lui faire donner à souper et ils la firent entrer avec eux à leur hôtel. Aussitôt endormie, elle s'écria qu'elle avait une terrible confession à faire. En Italie, à X..., dans sa dernière incarnation, elle était comtesse de... (nous tairons le nom qui est honorable) et habitait un château. Elle était altière, cruelle et de mauvaise conduite. Son mari mourut de ce qu'on crut être un accident, mais elle avait gravi avec lui un rocher, du sommet duquel elle l'avait poussé pour le faire tomber dans l'abîme.

Tout le monde crut à un accident et le crime de cette grande dame resta impuni. Elle dut, pour expier, se réincarner dans une existence de misère noire et ne devait sa nourriture qu'aux plus vils expédients. Elle implorait la pitié.

Comme elle avait donné des détails très précis, les voyageurs se rendirent à l'endroit où le drame s'était passé et finirent par trouver un habitant d'un grand âge qui put leur répondre que, quand il était enfant, il avait souvent entendu raconter ce drame et il pouvait montrer le rocher d'où le comte avait été précipité. Il ajouta que bien des gens soupçonnèrent la comtesse, mais il n'y avait pas de preuves et elle ne fut pas condamnée.

Comprend-on, si l'on conservait le souvenir de ses vies passées, la condition mentale de cette pauvre mendiante ? Et combien n'en rencontrons-nous pas qui ne sont que la répétition de cas semblables ? Il y a entre autres ce cas bien connu d'un mendiant allant demander la charité à la grille d'un château dont il avait été le propriétaire dans son existence précédente, et des esclaves très malheureux ayant été des maîtres cruels.

On trouvera également, dans une importante publication de la Société Théosophique, diverses séries de réincarnations rapportées par Mme Annie Besant et par M. Leadbeater.

Je ne m'y attarderai pas, afin d'arriver aux merveilleuses expériences du Colonel, comte de Rochas, administrateur de l'École Polytechnique.

Il est certain, dit-il, qu'au moyen de procédés magnétiques, on peut provoquer des phases de léthargie et d'états somnambuliques, au cours desquels l'âme paraît se dégager de plus en plus des liens du corps et s'élancer dans des régions de l'Espace et du Temps, généralement inaccessibles pour elle dans l'état de veille normal.

Il est certain aussi qu'on peut ramener successivement la plupart des sensitifs à des époques antérieures de leur vie actuelle, et, en continuant les opérations magnétiques, à des états analogues de leurs incarnations précédentes et aux intervalles qui séparent ces incarnations. Ce ne sont pas là des souvenirs qu'on éveille, ce sont des états successifs de la personnalité qu'on évoque.

C'est-à-dire, pour ouvrir une courte parenthèse, que la mémoire actuelle ne pouvant pas avoir retenu ces faits qu'elle n'a pas connus, c'est en remontant le cours de la subconscience qui les a enregistrés qu'on en retrouve le souvenir et qu'on peut les passer en revue.

Il est certain, continue M. de Rochas, qu'en poussant les phases réveillantes au-delà de l'âge actuel du sujet, on détermine des phénomènes analogues à ceux qu'on a produits dans le passé, c'est-à-dire, des phases où le sujet joue des rôles correspondant à sa vie dans l'avenir, soit dans l'avenir de sa vie présente ou de ses vies futures. Il a été, en effet, prouvé que, dans des circonstances nombreuses et *non encore définies*, l'homme a pu voir sûrement dans l'avenir.

Non encore définies, dit M. de Rochas. Ceci me force à ouvrir de nouveau une parenthèse.

Tout le monde prédit plus ou moins l'avenir. Ce que nous appelons des pronostics, des prévisions, n'est pas autre chose. Quand nous disons : cela finira mal, ou telle guerre aura tel résultat, ce sont des prédictions d'un avenir qui repose sur des faits présents, qui n'est que la conséquence de probabilités résultant de ce que nous aurons préparé, de même que le présent n'est que le fruit et le résultat du passé. C'est récolter ce qu'on a semé. Victor Hugo dit à ce sujet :

> Aujourd'hui l'homme sème la cause,
> Demain Dieu fait mûrir l'effet.

A première vue, notre libre arbitre pourrait se révolter contre l'idée de pénétrer dans l'avenir comme on remonte le cours du passé.

Mais, ainsi que nous le démontrons au chapitre des prémonitions, le temps n'existe pas en dehors de nous. Passé, présent et futur sont sur un même plan qui peut être embrassé d'un seul coup d'œil. Le temps n'existe que parce que nous l'avons pour ainsi dire capté pour le mesurer, parce qu'il est pour nous limité. Ce qui, comme l'infini, n'est pas limité, n'a ni haut ni bas, ni commencement ni fin, ni forme ni mesure.

Nous sommes avares de l'eau d'une petite rivière qui nous alimente ; nous en connaissons la source, le cours et l'embouchure. Nous l'avons sondée, mesurée, jaugée, épargnée, parce que chaque goutte d'eau a sa valeur.

A côté de cela, l'océan nous paraît comme une éternité, inépuisable et sans bornes. Il est partout, pour nous qui n'en voyons qu'une partie. Quand nous sommes en pleine mer, elle semble n'avoir ni commencement ni fin, nous la voyons toujours en bloc.

Il en est de même de l'air dont personne ne pense à discuter les limites ou à mesurer la capacité. C'est comme un infini. Mais dès qu'il s'agit d'un intérieur, d'une salle d'hôpital, d'un sous-marin, d'une mine, nous le mesurons et il est l'objet de nos études.

Tout ce qu'on peut compter ou mesurer est limité. Tout ce qui est limité a un commencement, une fin et des limites bien définies, qui enferment le cours de l'existence entre ce commencement et cette fin.

De même, nous ne concevons l'existence de la température que parce qu'il y a des degrés de froid et de chaleur ; le bien, parce que le mal le fait ressortir ; le bien-être parce que nous connaissons la souffrance ; tout cela enfin parce qu'il existe un contraste, un bas et un haut de l'échelle, comme un commencement et une fin, qui permettent une gradation, une supputation, un sondage, une mesure.

Ce qui est sans limites, comme l'infini, ne forme qu'un plan où les choses ne peuvent pas être jalonnées et, n'ayant pas de raison pour commencer ou finir à un point plutôt qu'un autre, forment un ensemble, comme un cercle qui n'a ni commencement, ni milieu, ni fin.

De là, la possibilité à un Esprit, détaché de la Terre, de rapporter de sa vision des pronostics d'avenir.

Faut-il en conclure à la fatalité ? Non. Nous avons notre libre arbitre et cette fin est-ce que nous la faisons nous-mêmes. Mais les grandes lignes sont tracées et nous ne pouvons que nous y mouvoir. Je renvoie donc, pour les détails et démonstration, au chapitre des prémonitions.

Revenons maintenant aux expériences de magnétisme de M. de Rochas.

Dès qu'il endort ses sujets, on voit le corps astral, le périsprit, se dégager par la tête. A ce moment, le corps physique, quand on le touche, ne sent plus rien, tandis que le corps astral est devenu très sensible.

Son procédé, comme l'explique Maeterlinck, consiste à endormir certains sujets, et, à l'aide de passes longitudinales, leur faire remonter tout le cours de leur existence. Il les ramène ainsi, successivement, à la jeunesse, à l'adolescence et jusqu'aux extrêmes limites de l'enfance. A chacune de ces étapes hypnotiques, le sujet retrouve la conscience, le caractère et l'état d'esprit qu'il avait à l'étape correspondante de sa vie. Il retraverse les mêmes événements, leurs bonheurs et leurs peines. S'il a été malade il repasse par sa maladie, sa convalescence et sa guérison. S'il s'agit, par exemple, d'une femme qui fut mère, elle redevient grosse et éprouve à nouveau les angoisses et les douleurs de l'accouchement. Ramené à l'âge où il apprenait à écrire, le sujet écrit comme un enfant, et l'on peut confronter son écriture à celle de ses cahiers d'école.

Jusqu'à présent, dit M. de Rochas, nous avons marché sur un terrain ferme. Nous avons observé un phénomène physiologique, difficilement explicable, mais que des expériences et des vérifications nombreuses permettent de considérer comme certain. Combien de surprenantes énigmes nous attendent encore !

Voyons maintenant succinctement quelques exemples, mais nous ne pouvons trop recommander aux intéressés d'en lire les émouvants et saisissants détails dans les *Vies Successives* de M. de Rochas (1), auquel nous laissons ici la parole.

Cas de Louise, jeune fille de trente-six ans. Ramenée à l'époque de sa naissance, puis à la période qui a précédé sa naissance, elle est dans le gris parce que, dans sa vie précédente, elle était un bon prêtre, simplement attaché à ses devoirs sacerdotaux. Il ne comprend pas son état, croyait trouver le paradis ou le purgatoire et ne trouve rien. Il ajoute en sanglotant : « Voilà ce que c'est que d'avoir enseigné des choses inexactes ! » Je lui fais observer qu'il vaut mieux avoir parlé à ses parois-

(1) CHACORNAC, 11, quai Saint-Michel.

sions du ciel et de l'enfer que de leur laisser croire qu'il n'y avait rien après la mort.

— Oui, c'est vrai, dit-il, mais ils ne croient plus à l'enfer et s'ils avaient pu savoir qu'il y a une série d'existences dans lesquelles on expie les fautes des existences précédentes, ils se conduiraient bien mieux.

— Alors vous désirez vous réincarner ?

— Oui, pour pouvoir m'instruire davantage et répandre la vérité dans le peuple en le soignant.

— Alors, il faut vous réincarner dans une famille riche, qui vous donnera de l'instruction.

— Non, il faut au contraire que je naisse dans la misère pour la connaître.

Comme prêtre, Louise était née à Méandres, avait fait ses études ecclésiastiques au grand séminaire de Grenoble, et, avant cette existence, elle avait été une jeune fille, morte jeune et très orgueilleuse, ce qui lui avait valu un passage assez pénible dans le gris, où elle rencontrait de mauvais esprits qui la tourmentaient.

Cas de Mme Trinchant, 1907.

Ramenée avant sa naissance, elle se rappelle avoir été une jeune fille arabe, morte à vingt ans, poignardée par un brigand.

Avant cette vie de jeune arabe, elle avait vécu, il y a plus de mille ans, à Naples, avec une femme qui était sa grande amie, qui ne s'est pas réincarnée et continue à la protéger.

En la poussant vers l'avenir, elle se revoit établie comme graphologue dans le quartier de l'Étoile. Un Américain vient la voir ; elle lui raconte des choses si étonnantes que l'Américain lui lègue, en mourant, une grosse fortune, et elle-même meurt quelque temps après.

Comme suite à cette séance, Mme Trinchant qui avait quitté Paris, écrivit à M. de Rochas : « J'ai conté à ma mère votre communication, et quelle n'a pas été ma surprise de l'entendre me répondre que, dans ma première enfance, je me plaignais souvent d'éprouver la sensation brusque d'un coup de couteau. C'était le souvenir du coup de poignard reçu dans ma vie précédente en Afrique. »

Autre détail curieux : M. Charles Carlier l'avait très bien connue en Afrique et détaillait le lieu qu'elle avait habité, ainsi que le meurtre dont elle avait été victime. Il avait aussi connu M. de Rochas dans une vie antérieure en Arabie. Ces détails ont été affirmés très catégoriquement.

Et, en confirmation de la prédiction ci-dessus de Mme Clinchant, elle reçut en effet, plus tard un don assez considérable à cause de ses facultés psychiques.

Cas de Mme Caro, 1907-1910.

Mme Caro, jeune femme de vingt ans, mariée à dix-sept ans, voit, quand elle est endormie, l'intérieur des corps et le fluide qui s'échappe des doigts du magnétiseur. Elle est très sensible à la musique et son mari ayant joué du violon, comme il le fait habituellement pour calmer leur petite fille quand elle pleure, elle voit l'enfant entourée d'une auréole lumineuse, partout où les chairs sont à nu, spécialement à la tête, et l'auréole s'allonge du côté de l'instrument dans les notes élevées et se rétracte dans les notes graves.

Je remonte le cours de ses dernières incarnations. Dans la dernière, celle qui précède la vie actuelle, elle est un garçon, Jean, enfant né d'une famille misérable, abandonné de bonne heure, couchant dans les bois où il finit par être étranglé à quinze ans par des cheminots.

Elle remonte ensuite à une vie de soldat sur laquelle elle ne donne aucun détail, puis, d'après ses plus anciens souvenirs, elle a été une dame habitant un château et qui a quitté son mari et son enfant pour suivre un amant. Dans sa vieillesse, elle se repent et pleure. Elle se réincarne, sans qu'elle l'ait choisi, dans le corps d'une jeune fille, Madeleine. Pendant son enfance elle ne voit son père que quelquefois le soir ; il passe la nuit à la maison et repart le matin. Elle habite Paris, du côté de la place du Trône. Vers dix-huit ans, elle prend un amant jeune, qu'elle aime, et vit avec lui. Après quelques années son amant la quitte. Elle en prend successivement plusieurs ; c'est sous le Second Empire. Elle finit par se faire entretenir par un vieux et meurt malheureuse vers cinquante ans.

Ici se place une nouvelle personnalité. C'est un nommé Henri Charon, propriétaire dans la Côte-d'Or, vivant sous le président Grévy, puis vient la personnalité de Jean, étranglé à quinze ans et enfin sa vie actuelle.

Dans l'intervalle des incarnations, elle est dans le gris, sans grande souffrance. Elle voit autour d'elle des Esprits dont quelques-uns, mauvais, se réunissent pour faire le mal.

Sa vie malheureuse de Jean lui a été imposée comme punition de ses débordements dans la personnalité précédente. Maintenant elle a payé sa dette et a pu avoir une vie normale.

Un jour, je lui demandai si elle ne voyait aucun Esprit. Au bout d'un moment, son regard se fixa et prit une expression d'effroi. Elle porta la main à son cou et dit qu'elle voyait l'esprit de celui qui l'avait étranglée dans l'existence de Jean.

Cas rapporté par M. Bouvier :

M. Bouvier nous rapporte le cas de Mme J, que, en présence de M. de Rochas, il a fait remonter jusqu'à sa onzième vie.

Dans celle qui précède la seconde vie, elle s'appelle Marguerite Duchesne. Elle vivait dans un commerce d'épicerie et mourut de la poitrine et du cœur à la suite de chagrins éprouvés par la perte de son fiancé, un jeune soldat du nom de Louis-Jules Martin.

Dans sa troisième existence, elle est Jules Robert, tailleur de marbre, mort à quarante-deux ans, en 1780, après avoir fait plusieurs métiers.

Dans la quatrième vie, le sujet est Jenny Ludovic, née en 1702. Elle a deux enfants, a épousé un bûcheron, est morte à trente ans.

Dans la cinquième, elle est Michel Berry, soldat, ayant reçu, dans le côté, à Marignan, un coup de lance dont il est mort. Il raconte qu'il a eu, dans plusieurs occasions, le souvenir d'existences passées.

Dans la sixième vie, elle est Mariette Martin, morte à vingt ans, institutrice à Vannes, chez la comtesse de Guise. Son père faisait pour le roi des dessins de tapisserie.

Dans sa septième vie, elle est sœur Marthe. Elle a commis bien des fautes et est accablée de remords. Elle tyrannisait des jeunes filles, par ordre, disait-elle. Elle avait quatre vingt sept ans et était abbesse. C'était en 1010.

Huitième vie. Carlomée. On lui a brûlé les yeux parce qu'il a été pris pour Attila à Châlons-sur-Marne. Il a trente et un ans, il est guerrier. C'est un chef des chefs Mérovée, en 449.

Dans sa neuvième vie, le sujet devient Eslus. Il a quarante ans, est gardien de l'empereur Probus qui lui a pris sa fille et dont il veut se venger parce qu'il l'a brûlée. On est en 379.

Dans sa dixième vie, le sujet est femme et se nomme Irisée. Elle a vingt-six ans, habite l'Imondo. Elle est serviteur d'Ali, pour lequel elle a cueilli des fleurs et prépare des parfums pour les offrir aux dieux. On est en l'an 100.

Dans sa onzième vie elle est un enfant mort à huit ans, mais ne donne pas de détails.

Chacune de ces existences est accompagnée d'un questionnaire et d'un dialogue très intéressant sur la vie du sujet.

Les faits des existences les plus récentes ont été vérifiés.

Cas de Joséphine, dix-huit ans, domestique à Voiron.

Je (c'est toujours M. de Rochas qui parle) la fais remonter à cinq ans, lui mets un mouchoir dans la main et lui dis que c'est une poupée. Elle la choie. Je la ramène avant sa naissance, où se manifeste un personnage à voix d'homme, très bourru, qui est dans le noir. J'entre dans sa vie précédente. Il est courbé et malade, c'est un paysan madré, du nom de Jean-Claude Bourdon, se trouvant au hameau de Champvent, près de Mézeriat. Mauvais élève, n'apprenant rien, il est resté à l'école jusqu'à dix-huit ans. Il est ensuite militaire à Besançon en 1832. Il vieillit isolé, meurt à soixante-dix ans, sans que ses parents veuillent le voir.»

Je lui propose de faire venir le curé. Il me répond : « Est-ce que tu te f... de moi. Tout ça, c'est des bêtises ; quand on est mort, on est bien mort. »

Il meurt, il a pu suivre son enterrement et a entendu des gens qui disaient « Quel bon débarras ! »

Au cimetière il est resté près de son corps et l'a senti se décomposer, ce dont il souffrait beaucoup. Il vit dans l'obscurité, mais sans douleur parce qu'il n'a ni tué ni volé. Il dit que s'il avait su ce qu'il sait maintenant, il ne se serait pas tant moqué des enseignements du curé. Il s'est réincarné dans un corps de femme pour expier les fautes qu'il avait commises en dérangeant les filles.

Remontant le cours de sa vie jusqu'à sa précédente existence, je le trouve sous forme d'une vieille femme très méchante, mauvaise langue, se plaisant à faire du tort aux gens. Elle est dans les ténèbres épaisses, entourée de mauvais esprits qui prennent des formes hideuses pour la tourmenter. Poussée plus loin, elle est Philomène Carteron. Elle n'est pas aimée dans le pays, mais personne n'y perdra rien, elle saura se venger. Elle est née en 1702. Son nom de fille était Champigny. Son grand-père s'appelait Pierre Machon et habitait Ozan. Elle s'est mariée en 1732 à Chevroux, avec un nommé Carteron.

Elle avait été auparavant une petite fille morte en bas âge, puis, plus loin, encore un homme qui avait tué et volé, un véritable bandit.

Et enfin, elle se rappelle qu'elle avait été, avant tout cela, un singe, un grand singe, presque semblable à un homme. Puis elle dit qu'entre son état de bandit et celui de singe, elle avait eu plusieurs incarnations successives. Elle se souvient d'avoir vécu dans les bois, en tuant des loups. A ce moment sa figure prit une expression féroce.

J'essayai alors d'orienter sur l'avenir, au lieu du passé, mon mode d'opération et, au moyen de nouvelles passes, je la fis vieillir. Au bout de deux ou trois minutes, elle se renversa sur le dos de sa chaise avec une expression de vive souffrance et glissa sur le sol. C'est l'agonie de la mort, elle a soixante-dix ans. Je continue, elle est morte, elle a entendu ces mots à son enterrement : « C'est heureux pour la pauvre femme, elle n'avait plus de quoi vivre. »

Morte, elle se souvient de ses vies précédentes. Elle a le sentiment de la séduction dont elle a été victime et qui est la punition de ce qu'elle avait fait, quand elle était Jean Claude.

Puis elle se réincarne, on l'appelle Marie. Son père, Edmond Bardin, est marchand de chaussures à Saint-Germain-du-Mont-d'Or. Sa mère s'appelle Rosalie. On est en 1970 et en République.

On la réveille. Ses prévisions en ce qui concerne sa vie présente, mais qu'il serait trop long de détailler ici, se sont parfaitement réalisées, telles que douleurs de l'accouchement, honte d'avoir un enfant illégitime, chagrin quand elle le perd sans que son père ait voulu le reconnaître ; tout cela prévu, tout cela vécu.

Cas d'Eugénie, femme de trente-cinq ans.

Excellent sujet, veuve avec deux enfants, gagnant sa vie en faisant des ménages.

Je la ramène en arrière et vois des larmes dans ses yeux. Elle me dit qu'elle a vingt ans et vient de perdre un enfant.

Ici j'eus l'idée de voir ce que donnerait l'instinct de la pudeur. Je soulève légèrement sa robe, elle la rabat avec vivacité, elle me prend pour son mari.

— Non, pas maintenant, ce n'est pas convenable pendant le jour.

Continuation des passes. Sursaut brusque et cri d'effroi. Elle a vu apparaître, à côté d'elle, les fantômes de sa grand'mère et d'une de ses tantes, elle a quatorze ans. Je soulève de nouveau sa robe, elle se défend et serre les genoux. Elle sait, dit-elle, qu'on ne doit pas jouer comme cela avec les garçons.

A neuf ans, nouvelle tentative sur sa robe, elle m'envoie une tape en disant : « Vilain gamin, vas-tu finir. »

A quatre ans elle ne réagit plus contre l'attouchement de sa robe, sa pudeur n'est pas encore éveillée.

Elle avait été auparavant une petite fille, morte très jeune, puis se retrouve flottante, dans l'espace, dans un certain état de calme.

Quelque temps avant sa dernière incarnation, elle a *senti* qu'il fallait revivre *dans une certaine famille*. Elle s'est rapprochée de celle qui devait être sa mère et est entrée peu à peu dans son nouveau corps par bouffées. Elle ne s'y est entièrement enfermée que vers l'âge de sept ans. Jusque là, elle a vécu en partie en dehors de son corps charnel qu'elle voyait, aux premiers mois de sa vie, comme si elle était placée à l'extérieur.

Une sensitive voyait très bien, surtout dans l'obscurité, à côté de l'enfant, une ombre lumineuse aux traits plus formés que ceux de celui-ci et un peu plus grande que lui. Cette ombre se rapprochait et pénétrait peu à peu dans le corps.

Dans cet état, elle avait la perception d'esprits flottant autour d'elle. Les uns, très brillants, la protégeaient contre d'autres sombres et malfaisants qui cherchaient à influencer son corps fluidique. Quand ces derniers y parvenaient, ils provoquaient ces accès de rage que les mamans appellent des caprices.

A l'âge de trente-cinq ans, elle manifeste tous les symptômes de l'accouchement et la honte de cet événement, parce qu'elle n'était pas remariée. C'était en 1906. Quelques mois après, elle semble se noyer. Je la fais encore vieillir de deux ans. Nouveaux symptômes d'accouchement. Je lui demande où elle est en ce moment. « Sur l'eau » me dit-elle. Cette réponse parut d'abord bizarre, mais tout ce qu'elle avait prédit se réalisa. Elle eut un enfant d'un ouvrier gantier en 1906. Peu après, désespérée, elle se jette dans l'Isère d'où on la sauve. En janvier 1909, elle accouche une seconde fois *sur l'un des ponts de l'Isère*, où elle fut prise subitement des douleurs de l'enfantement, en revenant de faire des ménages.

Cas de Marie Mayo, dix-huit ans, fille d'un ingénieur français. Elle n'a jamais entendu parler de magnétisme, ni de spiritisme. Je la fais remonter jusqu'à sa dernière incarnation, dans laquelle elle portait le nom de Line et est morte noyée. Elle s'est trouvée dans le gris mais n'a pas souffert. Elle a cherché à retrouver son mari et son enfant, mais elle n'a pas réussi. Elle vivait au temps de Louis XVIII, dans un pays où il y avait des nègres, elle jouait au théâtre.

Poussée, jusqu'avant sa naissance, on la retrouve dans l'erraticité, dans un état assez pénible, parce qu'elle avait été un méchant homme. Dans cette incarnation, elle s'appelait Charles Mauville. Mauville avait débuté comme employé de bureau. On se battait à ce moment constamment dans la rue, il y prenait part, il prenait plaisir à tuer du monde. On lui demande si Louis XVI est toujours roi et ce qu'on lui reproche. Il répond qu'on n'en veut plus et qu'on guillotine sur la place. Puis le roi n'existe plus. On lui demande s'il est révolutionnaire. — Oui. — S'il a approuvé la mort du roi.

— Du roi, oui, mais pas de la reine.

Il dit que, depuis, on ne cesse de se battre, ça l'amuse.

Dans sa précédente incarnation, il était une dame dont le mari, gentilhomme, était attaché à la cour de Louis XIV. Elle s'appelait Madeleine de Saint-Marc, habitait un château, allait à la cour, avait peu connu Mme de Montespan, mais beaucoup Mme de la Vallière, qui lui était très sympathique.

On lui demande si elle connaît Mme de Maintenon ; le roi l'a, dit-on, épousée secrètement ? Elle répond qu'elle ne l'aime pas, qu'elle était tout simplement la maîtresse du roi. Auparavant Mme de la Vallière était la favorite. Et elle ajoute :

— Elle est bête, elle pleure tout le temps, elle est triste... Elle boite...
— Et le roi comment est-il ? — C'est un orgueilleux.
— Qui est Ministre de la Guerre ? — M. de Louvois.
— Est-il aimable. — Oh ! non.
— Et Vauban, est-il bien ? — Il a l'air d'un paysan.

— Avez-vous vu jouer M. de Molière ? — Oui, mais je ne l'aime pas beaucoup.
— Connaissez-vous M. Corneille ? — C'est un sauvage.
— Et M. Racine ? — Je connais surtout ses œuvres, je les aime beaucoup.

Malgré l'intérêt et les péripéties de ces existences, auxquelles M. de Rochas consacre 55 pages, nous sommes forcé de nous en tenir à ce court aperçu, mais on trouvera dans son livre un grand nombre d'autres cas qui sont tous très intéressants.

Il y a des détails curieux. Ainsi, dans le cas d'un nommé Surel, M. de Rochas, nous montre que dans une vie antérieure à celle où il est maintenant, il était soldat à Waterloo. Tué et se trouvant dans l'espace à l'état d'Esprit, il se rappelle avoir remis, à un sous-officier de la deuxième pièce, un pli pour le Maréchal Ney. S'étant transporté à l'endroit où il avait été tué, il aperçut, sur le champ de bataille, son portefeuille qui contenait son acte de naissance.

Une femme qui s'offusquerait de certains propos galants, ne devrait pas, si elle se souvenait de ses autres vies, s'en étonner, les ayant probablement tenus elle-même, dans une de ses vies précédentes où elle était homme.

Ce qui prouve bien, dans les expériences de M. de Rochas, que, quand les sujets racontent leur histoire, ce n'est pas lui qui les inspire, c'est que souvent, malgré les passes, il ne réveille en eux aucun souvenir.

D'autre fois (comme il arrive dans notre propre vie, où nous ne nous rappelons plus très bien certains détails) ils hésitent, se trompent et se contredisent. C'est tout à fait naturel. Nous en faisons autant. Il n'y a donc pas là d'influence du magnétiseur.

Autre détail qui éloigne toute intervention possible de sa part, c'est que, quand ils arrivent à une incarnation dans un autre pays, ils parlent souvent la langue de ce pays que M. de Rochas ne connait pas et qu'eux-mêmes, dans leur existence actuelle, ne parlent pas non plus.

C'est par exemple le cas de Mlle Guidato (cas n° 14) qui était

Italienne dans sa vie antérieure et qui répond en Italien à toutes les questions qu'on lui pose; et aussi celui de Mlle Smith, de Genève, qui, comme nous l'avons vu, parlait le sanscrit mêlé d'arabe, quand elle était ramenée à son existence aux Indes.

Beaucoup de ceux qu'on appelle des linguistes, qui peuvent, tout jeunes, converser en plusieurs langues, sont des réincarnations d'Esprits ayant vécu dans différents pays, et qui se ressouviennent. Telle était Héloïse, l'amie d'Abélard.

Deux époux se réincarnent souvent comme jumeaux et restent unis, pendant toute leur vie, d'une étroite affection. Les frères de Goncourt en étaient un exemple touchant.

Il arrive souvent, comme dit Allan Kardec, que l'homme en revoyant certaines de ses existences, rit de pitié de lui-même, comme l'homme rit des folies de sa jeunesse ou des puérilités de son enfance.

Ici se place, tout naturellement, l'explication de cette anomalie patriotique de nationaux qui, en temps de guerre, conservent leur sympathie à l'ennemi et restent en bons termes avec lui.

A première vue cette dépravation patriotique ne trouve ni excuse, ni explication aux yeux de l'humanité et de la justice. Mais en examinant la question sous un autre jour, on se rend compte de ce phénomène anormal.

Supposons qu'un être, qui était Allemand dans sa dernière existence, se réincarne en France. Le voilà Français pour le moment, comme il était Allemand auparavant. La guerre survient, il est Français, mais, dans sa subconscience, il se peut que l'élément allemand soit plus puissant que ses nouvelles attaches. Il est évident qu'il subira là, à son insu, une influence inconsciente, irraisonnée et quelquefois irrésistible, mais qui explique bien ces sympathies que nous condamnons comme antipatriotiques.

La réincarnation, comme nous le montre Jules Simon, inflige parfois, à des esprits d'élite, une expiation, en condamnant leur valeur à rester toujours inconnue, parce que la faculté d'expression leur manque. On se demande alors si l'on n'est pas en présence d'un génie, emprisonné sous une forme qui l'empêche de se manifester dans sa puissance et sa splendeur.

En somme, la pluralité des existences est un fait prouvé et que l'on démontre maintenant, couramment, par des expériences qui se multiplient dans tous les pays. L'incursion dans l'avenir est également troublante.

Tout cela ne prouve-t-il pas que nous sommes au seuil de merveilleuses et incessantes découvertes, car, de toutes ces expériences, il résulte qu'il y a encore en nous à côté de tous les phénomènes déjà connus, une foule d'autres manifestations plus mystérieuses, dont quelques-unes apparaissent peu à peu, et qui ouvrent un champ d'études considérable aux chercheurs.

LE CHOIX DU SEXE DANS LA RÉINCARNATION

L'objet de l'Esprit en se réincarnant étant, non seulement de progresser, de réparer, d'expier, mais aussi d'apprendre, il doit nécessairement passer par des corps masculins et féminins, chacun ayant, comme attribut de son sexe, des instincts, des aptitudes qui conduisent à l'acquisition de connaissances spéciales.

Le choix peut être déterminé par la mission à remplir, comme s'adaptant mieux au genre d'épreuve. Ils doivent passer par les vertus et les passions des deux sexes, quelquefois contradictoires, attachées à la chair, pour compléter la série des épreuves auxquelles le choix du sexe peut être appelé à les exposer.

N'avons-nous pas vu, dans les *Vies Successives* de M. de Rochas, un séducteur qui, ayant abandonné une pauvre fille après l'avoir laissée sombrer dans la misère avec son enfant, s'était réincarné lui-même dans une enveloppe féminine pour éprouver, en expiation, le même traitement.

Les jugements, parfois acerbes, portés de tout temps les uns sur les autres, entre hommes et femmes, sont donc bien inconsidérés, si l'on tient compte que, du fait des vies successives, tous les hommes ont été femmes et toutes les femmes ont été hommes.

Nous avons vu, par exemple, à la régression de la mémoire, le cas d'Hermione Okeden, ayant reconnu, dans cette existence, huit ou neuf de ses amis de la vie dans laquelle ils étaient hommes, alors que c'étaient des femmes dans leur présente incarnation.

Notre bagage serait incomplet si chacun n'avait connu qu'un sexe. Et dans ce dernier cas, on se demanderait quelles pourraient être les raisons de la Providence pour avoir assigné aux âmes tel sexe plutôt que tel autre.

D'ailleurs, le sexe n'est qu'une des matérialisations des choses de la terre et n'existe pas dans le monde spirituel, où le corps fluidique ne conserve l'apparence du sexe qu'il avait sur la terre que jusqu'à sa prochaine incarnation. Il n'est qu'un instrument de reproduction purement humain.

Tous deux ayant pu faire, auparavant, les mêmes progrès et acquérir peu à peu les mêmes connaissances, la différence entre eux doit être due à une influence du corps présent, avec toutes les conséquences physiques et physiologiques qui en découlent.

Si, comme on nous le dit, l'Esprit prépare sa vie, modèle le véhicule corporel qui va servir à son passage sur la Terre, il le fait en vue des difficultés qu'il aura à surmonter, des luttes qu'il aura à subir, des réparations dues à des écarts passés.

A part les différences sexuelles qui jouent un si grand rôle dans notre mission sur la Terre, l'homme et la femme, comme dit Michelet, sont deux êtres incomplets et relatifs, n'étant que deux moitiés d'un tout.

En effet, on doit admirer avec quelle harmonie la sagesse divine a façonné les facultés de la femme en la plaçant à côté de l'homme ; combien, dans leur dissemblance, ces deux êtres se complètent, ce qui est la loi de rapprochement.

Certains Esprits se réincarnent dans un corps féminin pour adoucir des instincts violents, pour acquérir ces vertus et cette patience qui leur manquent, toute âme féminine étant orientée vers la douleur d'autrui et douée d'une grande perspicacité qui fait d'elle un sûr conseiller, un guide intuitif, un grand avertisseur du danger. Elle sait souffrir en silence et pardonner. Elle est, plus que l'homme, apte à conduire l'humanité dans des voies plus justes et à remplir une haute mission éducatrice. Si on lui octroyait les libertés que s'est réservées l'homme, elle y apporterait ses vues, des conceptions nouvelles ; détruirait nos erreurs séculaires, et donnerait au monde un essor qu'il n'a jusqu'ici point connu. Ce serait comme une goutte d'huile à la roue des progrès de l'humanité.

Il ne faut pas confondre la femme normale avec la femme vicieuse, fruit, la plupart du temps, de milieux dissolvants et qui est une scorie humaine.

Chez la femme normale, les liens matériels semblent moins bestiaux que chez l'homme. Elle a certainement moins perdu de ses attaches à l'autre monde et c'est, probablement, pour cette raison qu'on trouve plus de médiums parmi elles que parmi les hommes.

On dit que l'homme est plus favorisé du côté des facultés de l'esprit et la femme du côté des facultés du cœur. Dans ce cas elle serait mieux partagée que l'homme au point de vue spirite, au point de vue de l'autre monde.

Et, en effet, comme dit Léon Denis, la femme est toujours, par quelque côté, sœur du mystère, et la partie de son être qui touche à l'infini semble avoir plus d'étendue que chez nous.

Il a raison, aussi traitons la avec déférence, parce que l'heure sonne toujours où nous avons besoin de l'un ou l'autre des trésors qu'elle abrite dans son cœur.

Dans les premiers âges, et encore dans certains pays, la femme a été tenue dans un état de dépendance et de servilité. Encore de nos jours, en ce qui les concerne, les lois sont en retard sur les mœurs. On leur a longtemps, comme en Orient, refusé l'instruction pour les empêcher de s'élever, mais nos tyrannies humaines ne peuvent pas étouffer les voix providentielles qui arrivent toujours à se faire entendre. La femme, dont le cœur est un foyer que les injustices humaines ne peuvent atteindre, conserve ce rayonnement de justice divine qui surnage à toutes les persécutions.

Peu à peu elle a affirmé sa supériorité et les noms qu'elle a honorés pullulent dans l'histoire. Appelées au trône, elles ont presque toujours laissé un passage plus glorieux que les hommes, telles Elisabeth d'Angleterre, Isabelle Première d'Espagne, Catherine II de Russie, Berthe de Bourgogne, Marguerite de

Danemark, Marie-Thérèse d'Autriche, Pulchérie de Constantinople, Ulrique de Suède, l'intrépide Marie II, de Portugal, Hedwige de Pologne, Thamar de Géorgie, etc.

Dans les grands travaux intellectuels, les femmes occupent également une part très honorable, mais la liste en est longue et je ne peux que renvoyer ceux qui voudraient leur rendre un hommage posthume d'admiration à l'ouvrage de Dora d'Istria : *Des Femmes par une Femme* (1869).

Dans toutes les branches de l'activité humaine, dans les annales du patriotisme et enfin dans le martyrologe de l'histoire, elles ont laissé des souvenirs admirables. Aux heures sombres où le patriotisme révèle les héros, se groupent en foule les noms de cette phalange féminine.

Aussi ne pouvons-nous passer près d'une gloire aussi pure que celle de la noble enfant de Vaucouleurs, sans lui adresser au passage un hommage ému de sympathie et d'admiration.

La vie de Jeanne d'Arc, qui est comme un reflet de celle du Christ, n'est-elle pas, comme dit Léon Denis, une des manifestations les plus éclatantes de la Providence dans l'histoire. Cette existence si courte, mais si merveilleuse, est un des plus beaux dons que Dieu ait fait à la France. La France, sauvée par une jeune fille, presque une enfant ! Quelle chose admirable quand on compare la débilité de l'instrument à la grandeur du résultat !

Qui peut lire la vie de Jeanne d'Arc par Léon Denis sans se sentir les yeux humides à cette émotionnante lecture !

Tu as été la plus grande femme qui ait marché sur cette Terre des vivants, s'écrie Eugène Pelletan avec admiration. Tu es maintenant la plus pure étoile qui brille à l'horizon de l'histoire.

Une seule année de patriotique dévouement lui a suffi pour sauver la France, qui, en échange d'un trône rendu à son roi, lui a laissé élever un bûcher !

Notre globe ne cesse de suivre la grande loi de progrès et d'évolution qu'il subit suivant les besoins de son orientation.

Nous recevons de temps en temps à cet effet des initiateurs, des missionnaires. Jésus-Christ n'est pas le seul flambeau qui soit venu nous éclairer. Mais que peut, de nos jours, une voix isolée ? Il faut une grande impulsion pour imprimer un mouvement aux masses et je suis persuadé qu'une de ces armes célestes de transformation et de lumière est dévolue à la femme.

Peut-être lui est-il réservé la gloire de résoudre ces problèmes humains, que l'homme jusqu'ici n'a fait qu'embrouiller au lieu de les démêler.

Je crois qu'elle a une mission de redressement à remplir sur la Terre et qu'elle constitue, dans les mains du Tout-Puissant, la réserve de l'avenir.

Enfin, du fond de ma conscience, je sens monter ce cri vengeur : Prendre le parti des femmes, est-ce vouloir redresser les erreurs des hommes, ou leur mauvaise foi ?

LE PÉRISPRIT OU CORPS ASTRAL

On se demande quel point de contact l'âme, complètement immatérielle, peut avoir avec le corps, masse matérielle inerte tant que la vie ne lui est pas donnée.

On se demande comment et à quoi les Esprits, dans leur monde, se reconnaîtraient entre eux, s'ils n'étaient que cette essence insaisissable et indéfinissable, si l'âme n'existait que comme une sorte d'abstraction ; comment, ayant quitté le corps, elle pourrait se matérialiser dans toutes ses manifestations, telles qu'apparitions et leurs photographies, apports, moulages, empreintes, etc. ; comment enfin, amassant des connaissances de vie en vie et chargée d'un bagage sans cesse grandissant, elle l'emporte avec elle ; car, il est évident que ce qu'il y avait de moral et d'intellectuel dans le corps qu'elle a quitté, c'est elle qui le conserve, le corps ne retenant rien qui ne disparaisse avec lui. Sans cela elle ne pourrait l'apporter dans une nouvelle incarnation.

Tout ceci exige un organe qui serve en même temps de véhicule entre l'âme et le corps, dans les incarnations ; qui soit le conservateur de tout l'acquis du passé.

De tout temps, dans tous les pays, la même croyance existait qu'il fallait, entre l'âme et le corps, un intermédiaire, quelque chose en même temps de subtil et de matériel, mais d'une essence qui n'ait rien de commun avec notre conception de la matière.

Aussi voyons-nous expliquer sous différentes formes, mais

qui toutes concordent, ce lien entre l'âme et le corps que l'on a appelé périsprit, corps astral, corps fluidique (1).

Avant d'en arriver aux précisions modernes, qui reposent sur de longues années d'études et d'expériences, voyons comment l'envisageaient déjà les tâtonnements du passé.

Les Hindous ont, de tout temps, dit qu'entre l'âme et la forme grossière ou matérielle, se trouve une forme intermédiaire, raffinée, ténue, corps éthéré à l'aide duquel es Esprits se manifestent.

Les lois de Manou enseignent également que les âmes des hommes, après leur séparation d'avec le corps grossier, sont revêtues d'un corps éthéré.

Les livres de Moïse et la doctrine secrète des Juifs (2) et des Esséniens, décrivent le périsprit comme l'Esprit de vie de toutes les existences, de toutes les pérégrinations auxquelles l'âme est assujettie, avant de remonter vers sa source, Dieu.

Homère en fait mention dans l'Illiade, comme d'un corps éthéré, incorruptible, qu'il appelle « la forme sensible revêtue par l'âme après la mort. »

Pythagore enseignait que l'âme a un corps formé par le travail antérieur de ses facultés et qu'il appelle le char subtil de l'âme, en ajoutant que le corps mortel n'en est que la grossière enveloppe.

Aristote (dans sa Physique, IV, 2 et 3) dit que les êtres invisibles sont aussi substantiels que les êtres visibles, mais que leur corps est subtil et éthéré.

La Genèse, chapitre 11, verset, 7, dit : Jehovah fit pour l'homme un corps grossier, tiré des éléments de la terre. Et il unit, à ces organes matériels, l'âme intelligente et libre, portant déjà avec elle le souffle divin, l'Esprit qui la suit dans toutes ses vies (Nephesch).

Leibnitz, dans la *Loi de la Continuité*, l'avait entrevu et disait :

(1) Le nom de corps astral a été donné par Paracelso (1527) à qui l'on doit d'avoir fondé la chimie sur les ruines de l'alchimie. Le nom de périsprit a été donné par Allan Kardec.

(2) Doctrine secrète connue sous le nom de Kabbale.

Je crois que les âmes sont toujours jointes à un corps fluidique et qu'il n'y a jamais d'âme qui en soit séparée.

Le savant égyptologue, M. Maspéro, dont se glorifiait l'Académie des Inscriptions et Belles-Lettres, a parfaitement déterminé cette conception, en disant : L'âme n'est pas directement enfermée dans le corps matériel et terrestre. Elle revêt, pour y pénétrer, un corps subtil et comme aérien, qu'on se représente sous la forme d'une sorte de reproduction du corps matériel et qui grandit et se développe avec lui.

C'est ce que M. Lepagne Renour appelle le double.

Voltaire dit, dans le dictionnaire philosophique : Dès qu'on commence à penser qu'il y a, dans l'homme, un être tout à fait distinct de la machine et que l'entendement subsiste après la mort, on donne à cet entendement un corps délié, subtil, aérien, ressemblant au corps dans lequel il est logé. Si l'âme d'un homme n'avait pas retenu une forme semblable à celle qu'il possédait dans la vie, on n'aurait pu distinguer, après la mort, l'âme d'un homme avec celle d'un autre. Cette âme, cette ombre qui subsistait, séparée de son corps, pouvait très bien se montrer dans l'occasion, revoir les lieux qu'elle avait habités, visiter ses parents, ses amis, les instruire. Il n'y a dans tout cela aucune incompatibilité. Ce qui est, peut paraître.

L'âme, dit Gabriel Delanne (1), ne peut se concevoir sans être accompagnée d'une matière quelconque qui l'individualise, car, sans cela, il lui serait impossible d'entrer en rapport avec le monde extérieur. On a établi par l'observation qu'il contient toutes les formes qu'il a pu représenter ici-bas.

Il est, dit Papus, l'intermédiaire qui peut unir deux principes en apparence contraires, comme l'huile et l'eau qui ne se mélangent pas. Ajoutez un peu de carbonate de soude et ces deux contraires se transforment en un savon parfaitement homogène.

Les nombreuses expériences auxquelles se sont livrés, dans nos temps modernes, le somnambulisme, le magnétisme et le spiritisme, ont permis de bien préciser la question et de l'appuyer par des preuves, telles qu'empreintes, moulages, photographies, etc. comme nous l'avons dit plus haut.

(1) *L'Ame est immortelle*, 42, rue Saint-Jacques, Paris.

Il résulte, de ces longues et patientes études, que le corps astral ou périsprit est une enveloppe fluidique reproduisant exactement le corps physique et servant de lien entre l'âme et le corps. C'est lui qui emmagasine toutes les connaissances, les progrès conquis à travers les vies successives.

Sans lui, sans le patrimoine ainsi acquis, l'âme se retrouverait à chaque incarnation comme à son point de départ sans aucun bagage. Ce serait un recommencement perpétuel d'existences, sans le bénéfice et l'appoint du capital intellectuel et moral conquis précédemment dans les épreuves et dans la lutte.

Nous sommes donc formés de trois principes :

1° L'Ame ou Esprit ;

2° Le corps matériel, simple machine que l'âme anime et met en mouvement par le rouage du périsprit ;

3° Et enfin le corps fluidique, périsprit ou corps astral, dont l'âme est revêtue et qui, comme nous le verrons au chapitre de la subconscience, est tout un monde de connaissances, de perfectionnements, de facultés sommeillantes, amassés peu à peu, ainsi que de tous les souvenirs du passé.

Sa consistance fluidique, d'une ténuité extrême, lui permet de traverser tous les corps et il n'est affecté ni par aucun de nos éléments terrestres, ni par aucune des forces de la nature, par l'incandescence des soleils ou les terribles froids interplanétaires. Telle la pensée, et, ainsi que pour cette même pensée, les distances n'existent pas pour lui, sa simple volonté lui permet de franchir l'espace, de se présenter sous telle forme qu'il lui plaît de revêtir, et d'agir sur nous, quand il est désincarné, sous forme d'apparition ou de bien d'autres manières.

Le périsprit est-il puisé dans le fluide universel, est-il d'une essence spéciale ? son principe est aussi mystérieux que son action, laquelle s'exerce sur l'âme qu'il corporise et sur la matière qu'il spiritualise, comme dit Henri Constant.

La seule modification qu'il puisse subir, est de se débarrasser, à mesure de son pèlerinage à travers les existences, des scories de ses premières luttes dans la vie, des fluides grossiers dont il se purifie par les épreuves de ses incarnations.

Vincent, habitant d'une autre planète, évoqué par M. de Rochas, dit que les esprits ont toute une série d'enveloppes plus ou moins matérielles dont ils se défont successivement, à mesure qu'ils s'élèvent sur l'échelle de leur évolution. Ce ne sont pas des enveloppes s'emboîtant les unes dans les autres, comme les tubes d'une lunette, mais se pénétrant dans toutes leurs parties.

Voici, à ce sujet, une ingénieuse comparaison du Dr Encausse (1).

L'homme est comparé à un équipage dont la voiture représente le corps physique, le cheval le corps astral, et le cocher l'âme ou l'esprit. Cette image permet de bien saisir le rôle de chaque principe.

La voiture est inerte par elle-même et répond bien au corps physique.

Le cocher commande à la direction par les rênes, sans participer à la traction directe ; c'est là le rôle de l'esprit.

Enfin le cheval, uni par les brancarts à la voiture et par les rênes au cocher, meut tout le système sans s'occuper de la direction.

Ceci nous indique bien le caractère du corps astral, véritable cheval de l'organisme, qui meut et ne dirige pas.

Le cocher de l'organisme démontre que son rôle est distinct de celui du cheval, que représentent les nerfs. Voyons le rôle que joue celui-ci.

Dès que nous dormons, les fonctions cérébrales cessent et, seul, le système de la vie organique poursuit son action. Il digère les aliments, fabrique le chyle et la lymphe ; il fait circuler le sang et distribue partout la Force et la Matière. Il fait même plus, car c'est lui qui préside à la défense de l'organisme, en jetant des leucocytes au point attaqué et en refermant les petites plaies faites par une imprudence ou un accident. Le voilà bien ce principe de Paracelse, appelant le corps astral « l'ouvrier caché » du corps humain ; et son domaine est bien séparé de celui de l'Esprit.

Le corps astral joue donc les différents rôles suivants :

1º Il unit le corps physique à l'âme ou Esprit.

2º Il est l'ouvrier caché accomplissant les fonctions de la vie végétative et conservant, au corps matériel, qu'il entretient et répare incessamment, sa forme, malgré la mort continuelle des cellules physiques, et son harmonie fonctionnelle, malgré la maladie et les imprudences.

3º Il peut rayonner autour de l'individu, formant une sorte d'atmos-

(1) *L'occultisme et le spiritualisme*, page 16. Alcan, Éd.

phòre invisible et même s'extérioriser totalement, ce qui explique les visions, les apparitions, etc.

Donc il y a en nous trois principes :
Le corps physique qui supporte tout.
L'esprit ou âme qui anime et meut tout.
Et le corps astral, esprit conscient qui gouverne l'être tout entier.

C'est ce que Papus appelle la trinité dans l'unité.

C'est également ce qui faisait dire à Paracelse : « Il y a trinité et unité dans l'homme. Il est *un* en personne ; il est *triple* en essence. »

Il a le souffle de Dieu ou l'âme ; l'esprit sidéral ou corps astral, tirant son principe de la substance interplanétaire ; et son corps terrestre.

En réalité, comme dit le général Fix, l'âme veut, le périsprit transmet et le corps exécute.

Quant aux preuves tangibles de son existence elles sont extrêmement nombreuses et résultent d'études et d'expériences consciencieusement poursuivies, pendant des années, par de savants et patients expérimentateurs, comme sir W. Crookes, le colonel de Rochas, Aksakoff, Papus, etc.

Rappelons seulement que les nombreuses apparitions rapportées dans tous les temps, en tous pays, par toutes les religions même, ne sont possibles que par la manifestation de ce corps fluidique que l'on appelle le périsprit. Tout le monde connaît les apparitions de Jésus-Christ à ses apôtres, le fantôme de Brutus, la veille de Pharsale, les apparitions publiques de Castor et Pollux, la maison hantée d'Alexandrie, dont parle Pline, etc.

Beaucoup, comme vous, dit G. Delanne, ont rapporté dans leurs détails les manifestations de Pascal et Virgile, qui se sont montrés à des médiums, avec l'apparence physique qu'ils avaient ici-bas.

N'est-ce pas la preuve certaine, ajoute-t-il, que rien ne se perd dans l'enveloppe fluidique et que, de même que, sur la Terre, pas un souvenir ne peut disparaître, de même dans l'espace, aucune forme ne saurait s'anéantir. Toutes celles que l'âme a revêtues existent à l'état virtuel et sont impérissables (1).

Il rêprésente, par son degré d'opacité ou de luminosité, son état moral ; c'est comme si chaque action ou pensée de notre vie lui infligeait un coup de pinceau, plus ou moins sombre ou clair, suivant l'importance en bien ou en mal de nos agissements.

C'est ainsi bariolé, passez-moi cette figure, que le corps astral se présente à son entrée dans l'autre monde, le but dorénavant étant un bon nettoyage de tous les stigmates sombres, pour en effacer les souillures et éclaircir son être.

---

(1) GABRIEL DELANNE. *L'Ame est immortelle*. Leymarie, 42, rue Saint-Jacques.

LA MORT

> Je dis que le tombeau qui sur les morts se fer-
> Ouvre le firmament   [me,
> Et que ce qu'ici-bas nous prenons pour le
> Est le commencement.   [terme
> V. Hugo (*Les Contemplations*)

Il n'y a personne qui, perdant un être cher, n'ait fait des réflexions sur la fragilité de la vie et sur le mystère de la mort.

Et cependant il n'y a pas de mort réelle, absolue. La mort est l'éternelle renaissance, la délivrance, tandis que la naissance est un emprisonnement.

Si, au lieu de nous annoncer la perte d'un être cher et de nous dire que nous ne le reverrons plus, on nous disait qu'il est allé se fixer dans un autre pays, où nous sommes appelés à aller le rejoindre pour nous y fixer également, éprouverions-nous ce désespoir des séparations douloureuses que la mort sème dans nos cœurs ? Non, bien au contraire, nous n'aspirerions qu'au moment d'aller le retrouver.

N'est-ce pas là absolument l'image de ce qu'on appelle la mort ? Ils ne sont pas loin ceux que vous avez perdus et, s'ils ne doivent pas revenir de ce voyage, ils vous attendent, puisque, nous aussi l'entreprendrons bientôt.

Mais, direz-vous, les absents peuvent au moins nous écrire, nous donner de leurs nouvelles. N'en est-il pas de même de l'esprit de nos bien-aimés ? Ils sont là, anxieux de se communiquer à nous et ils n'attendent que les occasions de le faire. Peut-être n'avons-nous pas assez de fluide pour leur permettre de se manifester par notre main, ou de toute autre manière par notre canal, mais demandons à quelqu'un disposant de ce fluide d'intervenir pour nous, nos chers disparus nous enverront autant de messages que nous voudrons, de cet Au-delà qui est bien plus près de nous que l'au-delà des mers.

Nous pouvons communiquer avec eux bien plus vite et plus facilement que par la poste, puisque notre pensée est comme un message télégraphique instantané qu'ils lisent à mesure que nous le formulons, et la réponse, si nous sommes tant soit peu médiums, est aussi rapide. Et si nous ne le sommes pas, tout médium sera, pour nous, comme l'intermédiaire postal qui nous apportera les réponses désirées.

Bien plus ; les absents sont loin, nos morts sont près. Ils ne nous quittent pas, veillent sur nous et nous protègent à notre insu, et bien plus efficacement que nous ne pouvons l'imaginer.

Nous avons peur de la mort. Pourquoi ? Parce que là s'arrête le connu et le certain, et que cette barrière fatale nous cache l'inconnu.

Pour le sceptique, c'est la fin de tout ce que la Terre avait donné de joies, de félicité et d'affections. C'est la fin brutale, finale et sans lendemain.

Pour l'indécis, c'est le sentiment instinctif qu'il n'est pas encore prêt à partir, parce qu'il n'a pas rempli toute sa tâche ici-bas.

Chez le coupable, c'est la crainte, la crainte du châtiment que cache l'Inconnu, car il est certain que les âmes troublées ne voient pas sans appréhension ce qui, pour d'autres, est la délivrance et pour eux, l'heure des comptes à rendre.

Mais, pour les consciences tranquilles, c'est la consolante vision d'amour et de paix qui les attend aux portes de l'autre monde.

Que les âmes craintives chassent les mensongères terreurs qui leur font redouter des colères célestes. Le Ciel n'exerce aucune vengeance contre les êtres qu'il a créés. Au lieu du justicier, armé d'une main d'un glaive et de l'autre d'une torche, vous ne trouverez, au seuil de votre délivrance, que les visages aimants et souriants de tous vos disparus. Et ce ne sont pas là de poétiques illusions, mais de consolantes réalités.

Alors vous ne regarderez plus la mort avec terreur, mais comme l'heure bénie d'un grand réveil. Et vous ne regretterez pas les biens que vous avez laissés sur la Terre et qui ne sont rien à côté de ce qui vous attend, car ceux dont le cœur n'a pas sombré dans l'égoïsme et la haine, dans les passions viles, se réveilleront dans l'épanouissement des féeries que nous cache le rideau de la vie.

Léon Denis confirme cette grande espérance lorsqu'il dit : « La mort, épouvante des puissants et des sensuels, n'est pour le penseur austère que la délivrance, l'heure de la transformation, la porte qui s'ouvre sur l'empire lumineux des Esprits. »

Mourir c'est, comme pour le poussin, briser la coquille de sa prison pour naître à la vie.

Au surplus, voyons ce que disent les auteurs à son sujet.

Pourquoi craindre la mort, ne mourrons-nous pas tous les jours ?
La mort n'est pas la fin de l'être humain, mais une étape de sa vie immortelle. GABRIEL DELANNE.
La mort n'est pas un anéantissement qui absorbe et efface tout, mais bien plutôt une émigration, un changement de vie. CICÉRON.
La mort est, pour l'âme, la sortie de prison. L'abbé ALTA.
Les morts ne sont pas les absents, mais les invisibles. V. HUGO.
Hérodote, le père de l'histoire, disait, en mourant : « Je vais donc me réveiller ! »
La mort n'est qu'un petit incident trivial dans la carrière éternelle et sans cesse changeante de l'homme. CONAN DOYLE.
La mort au lieu d'être un anéantissement, n'est que le passage de l'homme dans un monde de vie plus haute. M. SAGE.
La mort n'est que la fin d'une de nos étapes vers le mieux.
Craindre la mort c'est la méconnaître (Devises des carriers spirites de Poulseur, près Montford).
Qu'est-il permis d'affirmer à l'âme inquiète devant l'espace insondable

où la mort va bientôt la jeter ? Elle y peut espérer tout ce qu'elle y rêvait : elle y craindra peut-être moins ce qu'elle y redoutait.

Plus s'élève et s'accroît la pensée humaine, moins le néant et la mort deviennent compréhensibles.

Il n'y a aucune raison physique ou métaphysique pour que la venue de la mort ne soit pas aussi bienfaisante que celle du sommeil. La mort n'est plus qu'une naissance immortelle dans un berceau de fleurs. MAETERLINCK.

Ce que nous appelons la mort est simplement le retour de l'âme à la liberté, enrichie des acquisitions qu'elle a pu faire au cours de sa vie terrestre. LÉON DENIS.

Console-toi, frère, celui que tu crois à jamais séparé de toi, est là, à tes côtés, qui t'assure qu'il vit, qu'il est plus heureux que sur la Terre et qu'il t'attend dans des sphères rapprochées, pour continuer ses intimités avec toi. CAHAGNET (*Les Arcanes de la Vie future dévoilée*.)

Chez les insectes à métamorphoses, dans le passage d'une forme à l'autre, le corps primitif disparaît, et un nouveau corps est produit, plus parfait, plus complet, d'une organisation plus perfectionnée et plus adaptée à l'existence nouvelle et supérieure.

En abandonnant son corps terrestre, n'est-il pas à penser que l'homme fait, de même, son entrée dans un milieu et dans une enveloppe plus favorables, pour une phase supérieure de son évolution ?

La mort de l'homme n'est plus alors ce mal physique infligé au péché comme le plus terrible des châtiments, mais l'acte le plus bienfaisant et le plus désirable ; cette nouvelle enveloppe et ce nouveau milieu, destinés à donner à la personnalité humaine un nouvel épanouissement, peuvent à leur tour céder la place à de meilleurs. A. SABATIER (*Les Corps successifs de l'Ame*).

Tout s'explique dans ce monde que nous voyons, par un autre monde que nous ne voyons pas. Comte DE MAISTRE.

Le passage du trépas à la résurrection glorieuse de l'Esprit dans l'espace, n'est qu'une simple transformation, sombre ou lumineuse, selon que l'homme suivait la voie de la justice et de l'amour ici-bas, ou qu'il se laissait dominer par les forces passionnelles de la matière. JEANNE d'ARC, dans une communication rapportée par LÉON DENIS.

La vie est un conte qu'on a déjà lu. SHAKESPEARE.

Non, quand nous mourons, tout ne meurt pas avec nous. Notre esprit, notre âme enfin, survit à la matière, car si rien ne survivait en nous, les manifestations ne se comprendraient pas, n'auraient pas de raison d'être et même ne seraient pas. DIDELOT. (*Rosières aux Salines.*).

Vue d'en bas, une brève vie d'homme, que la mort tranche, offre un spectacle déconcertant et désolant ; vue d'en haut, l'immense vie humaine, que la mort libère, est un chef-d'œuvre de logique et de justice, merveilleusement propre à enchanter la raison et le cœur des hommes. HENRI BRUN.

N'oubliez pas vos aînés qui sont autour de vous, comme les étoiles du ciel que vous ne voyez pas en plein jour, quoi qu'elles soient là (ALLAN KARDEC). Car, comme dit Metzger, qu'on les appelle ou qu'on ne les appelle pas, les morts sont là, bien vivants, n'attendant qu'un moment favorable pour se manifester et nous crier, des régions ultra terrestres, que la vie se prolonge par-delà la tombe.

En résumé, la mort n'est simplement que le point d'intersection de deux existences, l'une qui finit et l'autre qui commence.

Comme on le voit, tous considèrent la mort comme une délivrance et une résurrection. Au lieu de la craindre, il faut la saluer comme une libératrice. La mort, qu'on qualifie de sommeil éternel n'est au contraire qu'un grand réveil. C'est la main du geôlier qui ouvre les portes de la prison, pour nous rendre à la grande vie du dehors.

C'est, de sa part, un bienfait de nous reprendre pour abréger le temps de notre condamnation à passer sur la Terre. Et notre corps usé, fatigué, est comme un vieux vêtement qu'on a porté trop longtemps. Le silence de la tombe le couvre du manteau de l'oubli.

Mais n'est-il pas cruel de les avoir là, près de nous, les chers morts que nous pleurons, et d'en être séparés par cette barrière indéfinissable de l'invisible ; de vivre à côté les uns des autres, de leur parler sans pouvoir les voir ni les toucher, alors qu'eux, de leur côté, nous voient et nous entendent sans pouvoir nous parler ?

Les existences douloureuses seraient certainement à plaindre si elles n'avaient que cette vie et si elles ne pouvaient en espérer une autre meilleure, celle qui a la tombe comme berceau.

Car n'est-ce pas souffrir que d'aimer pour une vie seulement ? BALZAC.

Il est si doux d'aimer jusqu'au-delà de la tombe et de se ressouvenir ! RUFINA NOEGGERATH.

La révélation de cette vie spirituelle de consolation et de sérénité sans fin, nous donne l'impression de nous pencher sur un énivrant infini.

Quand la mort approche la douleur cesse, les affres de l'agonie ne sont pénibles que pour les spectateurs. Le mourant plonge lentement dans un sommeil de plus en plus doux ; il est souvent pris d'un sentiment de béatitude profond. SAGE.

Musset, qui craignait tant la mort, nous en donne un exemple. En la sentant venir, il fut pris de ce sentiment de béatitude et soupira : Enfin je vais pouvoir dormir !

Les réalités du monde physique se voilent, le corps semble s'éteindre aux sensations, pendant que l'esprit se dégage de son enveloppe et bientôt renaît aux surprises d'une nouvelle vie. Le rideau vient de se lever sur le saisissant spectacle des splendeurs infinies.

Les morts ne sont pas des morts, ils sont des délivrés.

Accoutumons-nous à considérer la mort comme une forme de vie que nous ne comprenons pas encore, dit Maeterlinck. Apprenons à la voir du même œil que la naissance. Le meilleur de la vie, c'est qu'elle prépare cette heure de départ pour l'autre monde. En tout cas, il semble assez certain que nous passons ici le seul moment obscur et douloureux de notre destinée.

Voyons encore ce qu'écrit M. Sage à ce sujet.

« Tout à une fin, disons-nous, et, cependant, nous n'avons jamais pu nous faire à cette idée, nous avons comme un pressentiment d'être immortels, sentiment qui ne peut pas avoir été créé dans notre milieu et qui est tellement puissant que nul homme ne peut envisager sans effroi l'idée qu'il faut mourir. Ce qu'il redoute c'est l'anéantissement du *moi*. Mais ce n'en est pas l'anéantissement, car notre moi cérébral n'est qu'une faible partie de notre moi total, lequel ne meurt pas et garde conscience de lui-même, ce qui explique l'instinct d'immortalité qui est en nous. Cet instinct, c'est l'esprit seul qui peut le concevoir. L'homme cérébral ne peut avoir l'instinct de l'immortalité. Où l'aurait-il pris ?

Tout meurt autour de lui, tout passe, tout s'évanouit. Le sentiment d'immortalité sort des profondeurs de l'âme. »

La mort cache une infinité de mystères et ne révèle pas toujours son but en nous frappant. La perte d'un enfant n'est souvent qu'une épreuve envoyée aux parents. De mauvais enfants sont pour eux une punition. Et combien n'a-t-elle pas sauvé de vivants de ce qui les aurait ruinés, eux et leur famille, en les rappelant au moment opportun !

Notre âme s'incarne dans une enveloppe très imparfaite, mal bâtie, mal tenue. Il y a, à chaque instant, quelque avarie, quelque réparation à faire ; elle est accessible à toutes les influences extérieures. Intérieurement, cette enveloppe se dégrade et a besoin d'un continuel entretien. Telle est l'image de l'être misérable que nous habitons et que nous devons supporter tant que dure le rêve de la vie. Elle nous montre bien quelle délivrance c'est, pour notre pauvre prisonnière, de laisser à la Terre cette vieille enveloppe usée, pour s'envoler, libre de toute entrave, dans la vie véritable ; car *la vie ne commence réellement qu'à la mort*. Notre vie ici-bas n'est qu'une escale du grand voyage à travers l'Éternité, dans un des ports de l'océan des âges.

Une garde malade anglaise qui signe Joy, dans le journal *le Light*, rapporte les émouvants détails suivants, dont elle a été témoin dans un hôpital auquel elle était attachée.

« Souvent, dit-elle, les yeux d'un moribond s'illuminent soudain. Ils viennent d'apercevoir leurs amis qui s'élancent au-devant d'eux ! »

C'est l'Au-delà qui les éclaire.

Elle était voyante et elle dit à ce sujet ! « Je distingue souvent les anges venant chercher les âmes des agonisants et ces âmes s'échapper du corps. »

« Un jour, raconte-t-elle, une jeune fille mourut dans la salle où j'étais de garde, et j'aperçus distinctement, quelques minutes avant sa mort, deux esprits d'amies venant la recevoir au seuil de l'autre monde. Ce qui me frappa c'est que c'étaient deux malades mortes ici, que j'avais soignées et que je reconnus parfaitement. Et quand la jeune fille expira, les deux amies emportèrent son corps astral, qui était maintenant comme le leur. »

Appelée au front, elle apercevait des Esprits venant à la rencontre de chaque homme qui tombait. Souvent ils descendaient sur des soldats *qui allaient être frappés*, comme pour recevoir leur dernier soupir.

Ceci confirme ce que nous disons page 156, qu'il n'y a pas de balles perdues, que chacune frappe à son but ; que le hasard n'existe pas, et que tout est voulu et coordonné.

La présence anticipée de ces messagers célestes prouve suffisamment que leur mort était prévue ou qu'ils ont été désignés par la grande faucheuse.

Elle appelle tous ces Esprits des *anges*, et ajoute : « Ils diffèrent les uns des autres comme les humains. Les uns sont jeunes, d'autres paraissent âgés, mais tous ont une expression de bonté, de tendresse, d'amour qui les rend admirables. »

L'explication en est simple ; ce sont nos bien-aimés qui, pour se faire reconnaître de nous, en venant nous chercher, ont revêtu la dernière apparence sous laquelle nous les avons connus. De même, quand une apparition se montre à nous, ce déguisement, si je peux employer ce mot, n'a pour but que de la présenter sous une forme familière.

L'heure de la mort est pleine de surprises et de révélations. J'ai connu, ainsi que bien d'autres que moi, la triste nécessité d'assister à un de ces moments dans lesquels elle semble vouloir révéler ses secrets à ceux qu'elle va prendre. Soulevant alors à leurs extases un coin de l'Au-delà, elle leur laisse entrevoir le seuil qu'ils vont franchir. Beaucoup, dans ces instants lucides, où ils ne sont pas sous l'impression du sommeil, ont des élans d'admiration, d'exaltation, de béatitude.

— Que c'est beau ! exclamait l'un d'eux en fixant ses regards dans un vide, rempli pour lui de mystères dévoilés.

— Voilà tous mes bien-aimés, dans leur robe lumineuse, qui viennent me tendre les bras ! s'écriait un autre.

Et si quelque chose venait à les rappeler à la triste réalité, ils soupiraient en disant : « Ah ! pourquoi me ramener sur la Terre, je me croyais déjà dans ce séjour de beauté et d'amour ! »

Et dans ces moments, pour répondre aux cyniques qui attribuent ces extases aux influences morbides d'une imagination hallucinée, comment expliqueraient-ils ces claires visions des instants suprêmes où leur esprit voit des choses qui se passent loin d'eux, ou qui vont arriver, et qui sont *toujours exactes*.

Mme M., de Paris, dont le père était *aveugle* nous racontait récemment que, au moment de mourir, il eut subitement une vision du monde qu'il voyait s'entr'ouvrir. Il se souleva à moitié sur son lit de douleur, en répétant ce cri familier : « Que c'est beau ! »

— Quoi donc, lui demanda Mme M. ?

— Ce que je vois, fit-il, le visage comme illuminé. Que c'est beau, répéta-t-il. Oh ! emmenez-moi là, ne m'enlevez pas cette merveille !

Où sa pauvre femme ne voyait que le mur nu de la chambre, il contemplait l'autre monde.

Puis, peu après, il expirait, avec une expression de béatitude dans les traits. L'âme, déjà flottante, du pauvre aveugle avait entrevu ces révélations avec les yeux de l'esprit, les seuls qui *voient l'invisible*.

M. de Rochas (1) rapporte un grand nombre de cas de réincarnations prédites et effectuées, d'êtres aimés qui viennent revivre parmi ceux qui les pleuraient, notamment d'enfants morts tout jeunes qui, pour réconforter des parents inconsolables, leur apprennent leur retour à la vie ; et ils réapparaissent, en effet, dans le premier bébé qui naît, avec tous les signes non équivoques permettant de reconnaître en eux le cher disparu.

Lire aussi les cas rapportés par M. Leadbeater dans son livre *l'Autre Côté de la Mort*.

Presque tous les auteurs en ayant donné des exemples, que l'on trouvera dans leurs livres, je ne m'attarderai pas à cette question.

(1) *Les Vies successives.* Chadornac.

Ce ne sont pas ceux qui partent qu'il faut plaindre, mais ceux qui restent. Tandis que nos chers absents sont dans les séjours heureux de l'Au-delà, nous demeurons ici, seuls avec nos pensées, à nourrir des souvenirs pénibles.

Ah ! ces voix du passé qui résonnent et qui chantent, mais dont les notes sont comme des pleurs qui tombent sur les douleurs du présent, qu'ont-elles donc laissé au fond des âmes pour que ces échos du bonheur s'ensevelissent maintenant dans les regrets de la vie comme des meurtrissures ? Notre âme est en deuil de ses joies, sombrées dans le linceul des réveils douloureux. Et ces allégresses folles, ces espérances grisantes qui berçaient nos visions de l'avenir, se voilent maintenant dans la mélancolie des grands rêves morts.

Puis nous nous tournons vers la tombe qui les a prises, comme si elle allait entendre nos prières, mais le mausolée, recueilli et silencieux, écoute et ne répond pas. Nos sanglots ne descendent pas jusqu'à nos bien-aimés, mais ils montent vers la grande patrie, où ceux que nous pleurons pleurent avec nous de nous voir souffrir.

Les regrets sont dans le cœur, non dans le marbre.

L'orgueil des fastueuses sépultures n'est pas aux yeux des morts un témoignage d'affection, mais un simple étalage de vanité. C'est comme une poitrine couverte de riches atours, et dans laquelle ne bat pas un cœur.

Les communications d'esprits sont unanimes à ce sujet. Régis conseille, entre autres, de ne pas oublier les pauvres tombes abandonnées et d'y déposer en passant quelques-unes des fleurs que vous destiniez à d'autres tombes. Chaque fleur vous rapportera la bénédiction d'une âme, dit-il.

A ces demeures discrètes et ignorées, une timide fleurette des champs, cueillie par une main amie, vaut mieux que le marbre altier des riches indifférents.

Qui que tu sois, pauvre mort inconnu, reçois ce modeste mais affectueux témoignage d'une main pieuse qui sympathise avec ta solitude ?

A côté des chers regrettés, il y a le contraste cruel des êtres réprouvés dont pas une larme amie n'a mouillé la tombe. Pas une fleur ne vient échouer sur leur cercueil, qu'aucun regard humide ne suit. Et comme une scorie de l'humanité, rejetée dans la mort après avoir traversé la vie en ennemis, on restitue à la terre cette argile qui en était sortie, sans vouloir se rappeler que la dépouille a vécu, qu'elle avait une âme, mais une âme souillée. Ce sont les tristes déchets qui constituent les candidats à l'erraticité.

Je terminerai par ce conseil d'un Invisible : « Partage ton cœur sur la Terre entre les vivants et les morts. Donne à chacun la part qui lui revient, mais n'oublie pas que les morts ont besoin de se sentir aimés. »

Régis dit de son côté : « Souviens-toi que la charité que tu fais aux morts est une richesse que tu amasses pour toi. »

Et Abailard (1) : quand vous implorez la pitié divine pour vos parents, vos amis dans l'affliction, ou si, plus simplement, vous priez pour les pauvres morts malheureux, vous vous créez des sympathies reconnaissantes, lesquelles, aux heures sombres de votre vie, retomberont sur vous en bénédictions.

---

(1) *Entretiens posthumes du Philosophe Pierre de Béranger.* Chacornac, 11, quai Saint-Michel, Paris.

LE RÉVEIL DANS L'AUTRE MONDE

Quand nous considérons le grand mystère de la mort, la première pensée qui nous frappe est de nous demander dans quel état de conscience nous nous trouvons le moment d'après, à cette minute solennelle où nous sortons du rêve de notre vie présente, pour nous éveiller aux réalités de notre vie nouvelle.

Pour ceux qui conservent leur connaissance jusqu'au dernier soupir, dont l'existence a été normale et que le matérialisme n'a pas entraînés dans ses théories dissolvantes, il n'y a pas de solution dans la conscience de leur état. Ils continuent simplement la vie dans l'Au-delà, sans avoir perdu connaissance du *moi*. Des amis, des parents sont là qui les attendent. Mais ils éprouvent tous un moment de confusion, sans même se rendre bien compte de la transformation qu'ils ont subie, lorsqu'ils voient, gisant, le corps qu'ils viennent de quitter, et quand, voulant s'adresser à ceux qui sont là rassemblés autour de leur dépouille, ils s'aperçoivent que personne ne les écoute, n'a conscience de leur présence. Ils commencent alors à se rendre compte de ce qui est arrivé. Ce réveil troublé ressemble à ce qu'on éprouve quelquefois après un rêve qui nous a laissé une profonde impression.

Dans le rêve, nous ne nous rendons pas compte que nous rêvons, que, tout à l'heure, en nous éveillant, nous allons nous retrouver dans la vie normale et que nous apercevrons que nous sortons d'un songe.

N'est-ce pas un peu l'image de notre vie actuelle par rapport à notre vie future ? Et combien d'existences, comme dans le rêve, ne sont qu'un long cauchemar ! Heureusement, ceux que nous avons aimés ici-bas viennent nous recevoir sur le seuil de notre nouvelle demeure ; ils nous fêtent comme au retour d'une longue absence. D'autres esprits d'amis et de bien-aimés des vies antérieures se joignent aux premiers, et nous retrouvons toutes nos affections passées. Elles créent autour de nous comme une ambiance d'amour, avant goût des béatitudes qui nous attendent.

Ici, plus d'arrière-pensées, les esprits sont sincères et nous donnent ce grand enseignement que nous devrions suivre : ils n'ont plus de griefs ni de mesquines rancunes, parce qu'ils oublient le mal pour ne se souvenir que du bien.

Myers, l'illustre auteur de *la Personnalité Humaine*, décrit, comme suit, ses impressions d'outre-tombe (1).

« Mon réveil fut moins un sentiment de confusion qu'une sensation d'intense satisfaction et de paix. Puis vint de l'étonnement et avec l'étonnement de la curiosité, le désir d'explorer ce nouveau monde qui, après tout, n'est que l'ancien, notre monde primitif. Et, par-dessus tout, j'éprouvai une immense confusion en remarquant et en constatant toutes les fausses conclusions que j'en avais tirées, toutes les idées fausses que je m'en étais faites. Les résultats spéculatifs élaborés sur la Terre ne s'adaptent nullement à ce monde. Nous avons des éléments différents et sommes gouvernés par des lois différentes. »

« Le vêtement épais, dit Léon Denis, le lourd manteau qui recouvrait les sens intimes s'étant déchiré soudain, les perceptions se trouvent centuplées. »

En effet, la mémoire est plus vive, les conceptions sont plus claires, l'esprit grandit, semblant acquérir subitement des connaissances et une intelligence bien supérieures à celles qu'il avait sur la Terre. C'est que, du fait de leur sortie de prison, les subconsciences, qui restaient en lui voilées et assoupies, sont immédiatement libérées et il retrouve tous ses acquis. Les esprits revoient en à peu jusqu'aux plus petites de leurs actions, car leurs moindres

(1) Relaté dans « *Stead, the Man* », par Édith K. Harper.

pensées se sont imprimées sur leur périsprit, et ils ont ainsi une connaissance de tous les événements qui leur sont arrivés. Ils voient tous les mondes habités et peuvent se rendre compte de ce qui s'y passe, constater leurs progrès, et même y aider.

Pour le plus grand nombre, la mort est pareille à un songe produit par un narcotique ; c'est ce qui explique pourquoi, en se réveillant dans l'autre monde, ils ne savent plus où ils sont. Dr CYRIAC.

En général ce passage se fait sans occasionner de souffrances. La mort n'est une sensation de séparation que pour les vivants et n'existe que pour eux, pas pour les esprits.

Julia consultée à ce sujet le confirme (1) :

« En ce qui me concerne, le réveil se fit absolument sans peine. Je me trouvai débarrassée de mon corps, c'était une sensation nouvelle. J'étais debout tout près du lit. Je ne sentis aucun mal en mourant, j'éprouvai seulement un grand calme et une grande paix. La seule chose nouvelle est que vous vous sentez en dehors de votre propre corps. Vous ne comprenez pas comment il se fait qu'il soit là et que ce n'est plus vous.

« Quand l'âme quitte le corps elle est, au premier moment, nue comme à la naissance. Dès que l'Esprit s'en rend compte, le vêtement dont il a besoin vient le couvrir. L'idée chez nous est créatrice. Nous pensons et la chose est. »

Tous disent que la première impression est l'émerveillement de ce qu'on voit, et l'abondance des sensations nouvelles ne laisse aucune place au regret de l'ancienne vie. L'air est doux, pénétré d'un délicieux parfum de fleurs. La sensation d'une paix tranquille et d'un amour satisfait règne partout, et tout prend un air riant de joie et de calme.

Nous avons, disent les esprits, quelque peine à nous débarrasser de nos anciennes conceptions d'espace et de temps, mais elles s'en vont peu à peu. De bons guides, notre ange gardien, nos parents, nous expliquent notre situation et ménagent nos fai-

(1) *Lettres de Julia*. Page 7 et suivantes. Leymarie, 42, rue Saint-Jacques, Paris.

blessés, notre ignorance, nos préjugés, qu'une éducation nouvelle va bientôt dissiper.

En mourant, l'être humain ne devient ni meilleur ni pire. C'est simplement une évolution supérieure découlant des lois primordiales.

Il conserve sa personnalité morale, comme son périsprit conserve une apparence de sa forme terrestre. Dr CYRIAC.

Il est, explique Léon Denis, un reflet plus éthérisé, plus fluidique de l'être physique.

A la mort, explique de son côté une communication de Diana Cr., l'âme peut rester dans le calme d'un doux repos, suivant que les fluides s'échappent plus ou moins vite de l'enveloppe terrestre. Ce n'est pas sans une certaine lutte qu'ils abandonnent les organes qui ont servi à accomplir le travail de la vie. Lorsque le fluide s'est retiré des extrémités, qu'il se concentre de plus en plus vers le cerveau, principal siège de l'intelligence, la vie commence déjà de l'autre côté. Il parle encore des choses de la Terre, l'être que la mort lui arrache; il est encore sur la Terre, mais il est davantage dans l'espace ; il entend les voix des extra-terriens ; la quintessence des puissances de l'âme a quitté la Terre. Il ne lui reste plus rien que des sensations, comme celles de l'enfant.

C'est probablement la courte période de détachement qui doit occasionner la confusion où se trouve l'esprit et l'impression troublée, comme au sortir d'un rêve impressionnant. En arrivant de l'autre côté, nous voyons nos torts envers nos semblables ; nous voudrions les réparer, comme une dette qu'on paie. Ne serait-il pas bien plus simple de ne pas les commettre, ou, si le mal est fait, de le réparer pendant que nous sommes encore sur la Terre ? Nous nous en serons reconnaissants à nous-mêmes en arrivant dans l'autre monde et en constatant le bien que nous nous sommes fait en agissant ainsi.

Revenons à Julia.

L'expiation du péché, dit-elle, auquel il peut être remédié, est le sentiment d'abandon et d'obscurité qui accable les âmes sans amour. L'âme égoïste est aveugle et noire, elle frissonne dans l'obscurité. L'imagination qui est en nous, Esprits, plus puissante qu'en vous, remplit la solitude de spectres, et le pécheur se sent entouré par les visions constamment renouvelées de ses actes. Il voit ceux auxquels il a fait du mal et il a peur. Si jamais une âme a besoin d'un sauveur et d'un libérateur, c'est quand l'imagination et la mémoire font renaître les actes d'une vie sans amour.

Voyons ce que dit à son tour M. Chevreuil à ce sujet (1).

Il faut que l'homme sache que, s'il est heureux ou malheureux, il n'y a là qu'une conséquence toute naturelle des directions choisies par lui. Il faut qu'il sache que la simple loi télépathique le soumettra, dans l'Au-delà, à cette dure épreuve d'affronter la lucidité d'une foule d'âmes clairvoyantes qui ... en lui, comme à livre ouvert, et qu'ainsi ses actions mauvaises deviendront l'instrument de son supplice, qu'il ne pourra pas le supporter, qu'il devra fuir toute société, rechercher l'isolement et les ténèbres, et finalement revenir à une incarnation nouvelle qui sera une nouvelle épreuve.

A côté de ce tableau qui n'atteint que les coupables, en voici un autre plus consolant, de ce qui attend ceux qui ont suivi le droit chemin.

Mortel, la mort serait trop douce si l'on pouvait te montrer ce qu'elle cache. La mort, qui te paraît une punition, t'apparaîtrait comme une récompense. C'est l'énigme angoissante qu'il te faut déchiffrer. Le doute est le tribut que tu dois à la vie, il tenaille ton âme. A toi de le chasser. Les fluides impuissants ne peuvent te montrer, lorsqu'ils quittent le corps, la route de l'espace. Que des sanglots sans fin ne retiennent pas les bien-aimés qui t'ont quitté. Tu entraverais leur course. Laisse les s'élever lentement vers les sphères. Que tes larmes s'arrêtent. Incline-toi et prie. (*Communication d'un Invisible*) (2).

En voici une autre obtenue, en ma présence, d'un ami commun défunt :

« Ah ! mes amis, quel spectacle magique, quel réveil et comme nous comprenons que la vie n'était qu'un long sommeil ! Ici, nous sommes éblouis par un monde lumineux inconnu, admirable. Nous retrouvons tous nos amis. Nous revoyons nos vies passées ; tout ce qui était pour nous inexplicable dans l'univers nous est expliqué ; tous ces mondes qui n'existent pour vous qu'à l'état de clous d'or dans le ciel, nous révèlent leurs beautés, et de tous les mystères qui s'éclaircissent maintenant pour nous, nous voyons partout le plus formidable, le plus éblouissant, l'âme de la Création, la présence de Dieu.

(1) L. CHEVREUIL. *On ne meurt pas*. Jouve, 15, rue Racine, Paris.
(2) *La Survie*. RUFINA NOEGGERATH.

LA VIE DANS L'AU-DELA

> L'amour et la charité sont les clefs du Ciel.

Dépeindre un monde que l'on n'a pas vu, que l'on ne peut même soupçonner, n'est-ce pas un peu comme l'aveugle qui explique la lumière, d'autant plus que, comme dit Stead, de ce côté-ci de la frontière de la vie, nous voyons d'une manière, de l'autre côté nous verrions autrement.

Que dirions-nous d'un sauvage qui, ayant traversé Paris, et aperçu *extérieurement* les monuments et les musées, donnerait à son retour dans la terre natale, la description de ce qu'ils contiennent ?

Nos conceptions sont limitées par le mur de chair qui nous étreint.

Ce que nous pouvons faire de mieux, est tout simplement de transcrire les données que les esprits eux-mêmes ont bien voulu communiquer à ce sujet. Encore, dans ce cas, ne serons-nous que bien imparfaitement renseignés, car, comme dit Julia (1), « Il y a des choses très difficiles à expliquer, d'autres impossibles, et d'autres qu'il nous est défendu de dévoiler. »

« La vie se continue ici comme sur la Terre, avec son expérience, ses penchants, la manière de penser. L'âme, qui est le moi, reste ce qu'elle

(1) Pour tout ce qui a rapport à Julia dans ce chapitre voir les *Lettres de Julia*. Leymarie, 42, rue Saint-Jacques.

était, sans solution de continuité. Elle ne se servait du corps que comme d'un instrument. La seule différence qui nous frappe, est celle qui existe entre l'apparence de l'homme sur la Terre et son moi réel, qui est formé de ses pensées, de sa valeur morale, sur lesquelles il est jugé.

« Comme chez vous, la préméditation, les pensées mauvaises finissent par empoisonner l'âme. Aussi, ne jugeons pas les êtres avant de les voir tels qu'ils sont, parce que, souvent, celui qui nous paraît le plus mauvais est le meilleur et le meilleur en apparence peut être parmi les plus mauvais.

« Les maux qui affligent la société, continue Julia, viennent du défaut de voir les choses du point de vue de l'âme. Quand vous passerez de ce côté, vous verrez combien Dieu a été écarté de votre vie.

« Toute chose que vous aimez est un pas vers le ciel. Ne manquez jamais de charité envers un offenseur. Les amours terrestres les plus vifs, les transports d'affection, les plus grands élans du cœur ne sont que l'alphabet du langage du ciel. De même qu'il y a plus de soleil en été qu'en hiver, il y a plus d'amour ici.

« Quant aux amis qui ont survécu, nous sommes avec eux pour les aider, plus que quand nous vivions. Vous ne pouvez avoir une idée de la sensation permanente dont la plupart des choses nous impressionnent. La première est la vive réalisation de l'amour de Dieu ; la seconde est la nature excessivement transitoire de tous les biens terrestres ; et la troisième, la force avec laquelle la pauvreté et la misère aident à la création du caractère, au développement de l'amour.

« L'argent, le rang, la position, la considération, et toutes les choses que nous estimons le plus sur la Terre, sont sans valeur ici.

« Ces choses nous font sentir très différemment de ce que vous, qui êtes encore courbé sous le joug de la matière, pouvez comprendre. La perspective des choses est pour nous si différente. Nous croyons que ce qui semble souvent dur et cruel pour vous, est au contraire la plus grande bénédiction de l'amour de Dieu. Je ne peux vous exprimer dans toute son amplitude, pour essayer de vous en donner une idée, la sensation abondante, débordante et enveloppant tout, que nous avons de l'amour de Dieu. Cela, mes amis, c'est le ciel. Le corps n'est qu'un misérable remplaçant pour l'esprit et il n'y a rien qu'il pourrait me donner dont je ne jouisse maintenant, seulement d'une manière éthérée et plus réelle. Aussi ne nous demandez pas si nous regrettons la Terre. Est-ce qu'un prisonnier regrette sa prison ? Vous ne savez pas quelle prison est le corps avant d'en être délivré. C'est ce qui nous empêche beaucoup de nous manifester à vous, à cause de la difficulté de communiquer des impressions à votre conscience physique, qui est presque aussi inerte et aussi impressionnable que le corps d'un homme endormi l'est aux vivants qui l'entourent.

« Je désirais m'en aller tout de suite vous dire ce qu'était ce monde, car nous sommes anxieux de vous faire savoir, à vous qui avez encore à traîner votre corps, ce qui serait le mieux à connaître pour vous sur la Terre en vue de la nouvelle vie qui vous attend. Si vous êtes désireux de jeter un pont entre les deux mondes, nous le sommes davantage. Mais je fus retenue pour apprendre à me préparer et à exécuter ma mission, jusqu'au jour où mes gardiens m'ont fait savoir que la permission de communiquer avec vous m'était donnée et m'en ont facilité les moyens ».

(C'est à ce moment que Julia a adressé à M. Stead ses lettres sur l'autre monde, intitulées *Lettres de Julia ou lumière de l'Au-delà* qu'il faut lire, relire et méditer (1).

La difficulté que les esprits trouvent à se manifester à nous, provient de ce que nous nous matérialisons trop, même avec notre lutte contre le matérialisme, et c'est par l'âme seule que nous pouvons arriver à nous mettre en rapport avec le monde des Invisibles.

Il arrive souvent que des esprits n'ont pas la permission de communiquer avec la Terre, parce que, paraît-il, la mort est le séparateur, la force la plus nécessaire et la plus utile qui puisse avoir été mise au service de l'homme. Il y a beaucoup d'Esprits pour lesquels Il est fort désirable que toute action directe avec les incarnés leur soit enlevée.

Mais laissons parler Julia : « Ce que vous faites par la pensée, l'âme ici en fait une réalité. Les étoiles et les mondes dont vous voyez la brillante clarté, sont pour nous aussi familiers que le village l'est au villageois. Nous nous y transportons aussi vite que vous-même vous transportez n'importe où en pensée. Nous pouvons, si cela nous convient, reprendre notre ancien corps, comme nous pouvons revêtir nos anciens vêtements dans le but d'identification. Notre corps spirituel, notre périsprit est jeune et beau ; il y a une ressemblance entre ce que nous sommes et ce que nous fûmes.

« Nous voyons les fautes et les chagrins du monde et nous cherchons à les dissiper, mais cela ne nous tourmente pas comme sur la Terre, parce que nous voyons l'autre côté. Les fautes et les peines de la vie terrestre ne sont que des ombres qui disparaîtront.

« Nous vivons comme dans ces moments d'extase que vous avez sur la Terre, devant les levers et couchers de soleil ou les grands spectacles de la nature. Tout est paix, beauté, joie, amour. »

En effet, toutes les communications confirment que la vie dans l'astral est un enchantement, un enivrement perpétuel, un éblouissement sans fin, comme une apothéose. L'état d'enthousiasme que nous ressentons parfois sur la Terre est comme un éclair de cette vie.

La musique et les parfums dont, disent tous les Esprits, nous connaissons à peine les prémices, jouent, avec des couleurs et des lumières que nous ne connaissons pas, un rôle des plus féeriques.

C'est le monde, d'où la douleur sans terme et le malheur sans espérance sont à jamais exclus. MAETERLINCK.

Dans les évocations de M. de Rochas, Vincent confirme ce que dit Julia. « Vous avez tort de croire qu'il y a entre le monde des vivants et celui des morts une différence profonde. Rien n'est plus faux, la vie spirituelle se continue au-delà de la tombe sans plus de transitions que si, dans la vie charnelle, les différents habitants d'une maison, étant d'abord réunis au rez-de-chaussée, à peine éclairé par quelques fenêtres étroites, quelques-uns se séparaient des autres en montant à un étage plein de lumière. »

De même que l'infériorité de notre monde, tel qu'il est, répond à l'infériorité de notre corps et lui suffit, de même les ivresses sans fin de l'autre monde répondent à cette partie plus noble de nous qui est l'âme.

La supériorité de l'Esprit se reconnaît à son vêtement fluidique. C'est comme une enveloppe tissée avec les qualités et les mérites acquis dans la succession de ses existences. Terne et sombre pour l'âme inférieure, sa blancheur augmente dans la proportion des progrès réalisés et devient de plus en plus pure. Déjà brillante chez l'Esprit élevé, elle donne aux âmes supérieures un éclat insoutenable. LÉON DENIS. (1)

Comme nous avons une nourriture du corps, ils ont une nour-

(1) *Après la mort*. Leymarie, 42, rue Saint-Jacques.

riture de l'Esprit et par une sorte d'absorption de parfums, ils nourrissent leur corps astral. Les anciens avaient le sentiment de ce phénomène quand ils brûlaient des parfums sur la tombe des morts.

Ils n'ont pas besoin de sommeil, n'ayant pas de nerfs à calmer, et n'ayant pas, comme nous, à aller puiser leurs forces de vie dans un autre monde.

Les matérialistes endurcis, les incrédules, en s'éveillant dans l'Au-delà, éprouvent une grande confusion qui peut durer des semaines, ils se croient l'objet d'un rêve. Les âmes perverties, les cerveaux viciés sont parqués, dans l'astral, si je peux employer cette expression, dans des espèces de camp de concentration, hôpitaux de l'âme, où toutes les chances leur sont données de s'éclairer. Ceux que le flambeau de la justice ramène au bien, sont aidés et secourus. D'autres sont voués à une réincarnation presque immédiate. Il est curieux de retrouver, dans l'erraticité, ceux, qui, par des enseignements mensongers, ont égaré leurs frères terrestres, tels la plupart des ministres des cultes et, surtout, ceux de certaines corporations, où les activités ténébreuses du monde de la soutane ont semé tant de calamités sur la Terre.

Les Esprits, comme celui de Myers, nous parlent d'habitations, figure allégorique assurément. Jésus avait dit également : « Dans le royaume de mon père il y a plusieurs demeures. » Le mot *demeure* était-il ici un euphémisme pour dire *mondes*, ou pour désigner les diverses zones superposées qui forment la gradation des sphères, d'après la pureté des Esprits ?

Il n'y a pour eux ni jour ni nuit. Le soleil ne les trouble pas et n'est à leurs yeux qu'une étoile comme les autres. Sa chaleur est sans action sur eux.

Nos obstacles matériels n'existent pas, ils les traversent comme notre pensée traverse les murs. Ceux-ci leur paraissent transparents.

Nous retrouvons dans l'astral tous nos amis, tous ceux que nous avons connus, dans cette existence et dans d'autres, et même les animaux domestiques qui nous étaient attachés. Nous y voyons aussi les grands personnages de la Terre qui ont traversé l'histoire, simples esprits aujourd'hui, quelques-uns très évolués, d'autres bien déchus.

L'amour tel que nous le concevons, entre mari et femme par exemple, est considérablement intensifié, mais plus pur, moins charnel. Jusqu'à leur prochaine incarnation ils gardent l'apparence du sexe qu'ils avaient sur la Terre. Puis, peu à peu, à mesure que l'Esprit s'épure et monte, le sexe disparaît.

Les sexes n'existent pour nous que parce que nous sommes des Esprits matérialisés, encore imprégnés des existences inférieures, où toutes les fonctions vitales sont dévolues aux procédés charnels.

Les Esprits élevés n'ont pas de sexe proprement dit, le sexe étant un attribut de la Terre, instrument d'attraction et de reproduction. La reproduction dans les mondes plus avancés se fait par d'autres procédés moins charnels.

A ceux qui craignent d'y rencontrer des rivalités antérieures leur disputant l'amour d'un époux retrouvé, disons que Dieu leur a épargné cet enfer de la Terre et la perspective d'une telle torture. Point de luttes dans le royaume de Dieu. Le mari ou la femme qu'on a aimé vous attendent aux portes de la vie les bras tendus, sans qu'aucun élément de jalousie, aucune des mesquines terreurs humaines, aucune ombre ne vienne assombrir la joie de se retrouver.

Ne craignez pas non plus, en arrivant, de ne pas rencontrer vos aimés et d'apprendre qu'ils se soient réincarnés. Ce serait singulièrement raccourcir la vie dans l'Au-delà, alors que, au contraire, elle y est la station normale, nos réincarnations ne formant, en comparaison, que de courts éclairs.

L'autre monde possède une véritable géographie astrale qui laisse loin derrière elle les plus parfaites beautés de la Terre. Julia nous parle de paysages magiques, bien qu'immatériels, sans cependant être artificiels, comme souvent nous en voyons surgir de toutes pièces dans nos rêves. Lorsqu'il lui fut permis de voir

Jésus, il lui apparut comme un éblouissement au milieu d'un de ces paysages féeriques, indescriptibles.

Les Esprits sont souvent conviés, paraît-il, à une envolée dans des zones supérieures, comme pour leur donner un avant-goût de ce qui les attend, comme un encouragement. Et Jésus, qui s'est sacrifié pour nous, s'intéresse plus particulièrement aux âmes de la Terre. Sa pensée est partout avec nous, comme la lumière qui éclaire tout un monde à la fois.

Tous ceux à qui il a été donné de l'approcher, lui, ou les autres grands esprits des régions élevées, disent qu'ils sentent, à sa vue, comme un transport d'enivrement, de respect, d'admiration et d'amour qui les électrise. La lumière qui émane de toute son éblouissante contemplation vous envahit, vous pénètre, vous inonde d'une sorte d'extase. Il serait impossible de rêver pareille vision et de traduire l'état de béatitude dans lequel elle vous plonge. Et alors la pensée se reporte vers la Terre avec un sentiment de regret, de remords, d'indignation pourrait-on dire, d'avoir gaspillé ici-bas les heures bénies que le Ciel nous avait données pour nous permettre d'acheter notre envolée vers ces régions d'amour.

Profitez de nos conseils, de nos avertissements, nous crient-ils, oubliez vos rancunes et les misères de l'existence, suivez le chemin qui conduit à ces joies grisantes de la vie céleste ! Si vous saviez combien, d'ici, toutes vos mesquines préoccupations paraissent peu de chose lorsque l'on voit cette féerie que nul langage ne pourrait décrire !

Ils nous disent qu'il y a aussi dans l'autre monde des oiseaux (serait-ce leur périsprit ou une création éthérée comme ses paysages ?) qu'on ne capture pas pour les emprisonner, des fleurs que ne cueille aucune main profane, homicide, et toute une flore décorative, enchanteresse, suave et embaumée. Les plantes sur la terre paraissent mourir comme les autres êtres animés, en se fanant, ce qui constitue leur maladie et le signe de leur mort. L'essence de vie qui semble les quitter, comme un périsprit, s'en va, nous disent-ils, revivre et refleurir là-haut, plus belle, moins matérielle qu'ici-bas, car la mort qui rend l'Esprit à la liberté, rend la fleur à sa floraison. C'est comme si sa petite âme revivait.

Raymond, le fils d'Oliver Lodge, qui avait rencontré, au front, dans les Flandres, une mort glorieuse, a donné, sur l'autre monde, des descriptions qui concordent avec celles de Julia et avec les communications de diverses sources sur le même sujet.

On lira, à cet effet, avec grand intérêt, le livre de sir Oliver (1). Nous nous bornerons donc à en extraire quelques passages qui intéressent directement la vie dans l'Au-delà.

« Il me semble que je suis absolument le même que sur la Terre, dit Raymond, mais je me meus avec plus de facilité.

« Une des choses qui nous intéressent le plus, dans les premiers temps, est de voir les nouveaux arrivants du monde que nous venons de quitter.

« J'ai retrouvé ici un frère que je n'avais pas sur la Terre. Comment ? je ne peux pas l'expliquer, mais je sens qu'il est mon frère. »

Peut-être est-ce un frère d'une vie antérieure, à moins que, ainsi que Julia reconnaissait son ange gardien comme une partie d'elle-même, bien que venant à elle comme un Esprit indépendant, ce soit là l'image inexplicable de ce frère dont parle Raymond.

Lorsqu'on agitait la question de sa sépulture, il répondait : « Je ne m'en inquiète pas, ça ne m'intéresse pas, c'est un vieil habit jeté au rebut. Ne mettez pas de fleurs sur ma tombe.

« Notre force intuitive est considérable, et n'est-il pas curieux, dit-il à sa mère, que, quand mon père est absent, je puisse être près de lui en même temps que près de vous ?

« Ce que nous voyons, vous le voyez vous-même quand vous venez ici pendant le sommeil, mais vous ne devez pas vous le rappeler au réveil. Sans cela, votre cerveau ne pourrait pas supporter le poids de cette double existence et ne pourrait plus remplir ses fonctions terrestres.

Ayant été emmené jusqu'à la cinquième zone (il est dans la

(1) *Raymond, or Life and death*. Londres.

troisième) il décrit une espèce de monument fait de lumières et de couleurs qui nous sont inconnues.

Il y avait là tout un monde de révélations dont, nous, mortels, ne pouvons nous former aucune conception. Il semble comme si ces lumières les épuraient et les rendaient plus heureux. C'est comme s'ils subissaient un traitement spirituel. Emmené dans les zones plus élevées encore, il en donne des descriptions magiques que je n'ose transcrire, dans la crainte d'être abandonné en chemin par le lecteur, qui pourrait croire à de la fantaisie.

Voici une courte échappée scientifique fort instructive que je lui laisse le soin de nous exposer.

« Il y a des principes atomiques qui ont la propriété d'attirer divers atomes instables de l'atmosphère et de les fixer dès qu'ils arrivent près d'un certain centre d'attraction. C'est comme un accumulateur. Il en résulte des... (il n'y a pas de mot pour l'exprimer), disons quelque chose qui ressemble à des briques. Impossible d'expliquer, vous ne comprendriez pas, mais quand vous serez ici vous pousserez des exclamations de surprise, c'est léger, éthéré et cependant réel.

« Il y a quelque chose qui émane continuellement de la Terre, quelque chose de chimique, passant par divers états à mesure qu'il monte, et se solidifiant ici ; c'est cela qui fait les arbres et les fleurs. Tout ce qui se décompose sur la Terre produit des gaz, qui nous arrivent et que nous pouvons reconstituer dans leur état primitif.

« Une chose qui vous semblera curieuse, c'est que nous avons ici comme qui dirait des livres, des bibliothèques. J'emploie cette expression faute d'un mot plus approprié, simplement pour me faire comprendre. Évidemment il ne s'agit pas, comme sur la Terre, d'établissements où l'on trouve des livres faits de papier et d'encre. Ce sont plutôt des conceptions, mais toutes bâties, des ouvrages entiers en perspective, des embryons, préparés pour la Terre, qui, à l'instar des messies, servent d'instruments d'initiation, d'éducation, de progrès, qu'emploie le grand dispensateur des destinées pour vous faire faire un pas en avant.

« Ce sont des livres tout de même, pas ceux que vous avez, mais ceux que vous aurez. Ils sont conçus et bâtis ici, puis imprimés sur le cerveau de l'un de vous qui l'écrit, s'en croyant l'auteur, alors qu'il n'est qu'un simple instrument de reproduction. »

Tous les auteurs reconnaissent qu'ils ont, à certains moments, été saisis d'une idée, de la tentation, de l'impulsion, d'écrire un livre sur un sujet qui les hante. Ils ne s'aperçoivent pas qu'ils ne sont que le jouet, l'instrument d'une volonté supérieure.

Aussi, je me dis humblement : ce n'est pas moi qui ai écrit le présent ouvrage, il devait être préparé là-haut.

L'astral, nous l'enseignent les Esprits, est, comme les vibrations des ondes qui vont en élargissant des cercles autour d'un centre, composé de couches superposées, auxquelles pour la facilité de notre conception, les Esprits ont donné des numéros imaginaires, entièrement fictifs, comme le seul moyen de nous faire saisir cette ascension progressive. Ils appellent plans, zones ou sphères, les différentes couches où gravitent les êtres vers le sommet, à mesure de leur épuration.

Avant la première zone, c'est l'erraticité dans l'atmosphère de la Terre.

Jusqu'à la zone six, les Esprits ont encore plus ou moins d'attaches avec leur monde et sont exposés à de nouvelles épreuves planétaires, à des réincarnations. Au-delà habitent déjà les Esprits *bienheureux*. Ils sont de moins en moins sujets aux réincarnations, qui, alors, prennent plutôt le caractère d'une mission.

Je dois ouvrir une courte parenthèse pour mettre le lecteur en garde contre ces termes de *plans superposés*. Ils n'impliquent nullement des différences de niveaux physiques, mais simplement moraux. Ce ne sont pas des questions de lieu, de localisation, l'espace comme le temps n'ayant pas, dans l'autre monde, cette acception matérielle du nôtre. Il y a là une question de métaphysique des plus intéressantes, mais qui dépasse notre cadre.

L'Esprit que la mort délivre prend sa place, en vertu de forces attractives morales qu'il ne nous est pas donné de connaître, dans la zone que lui assigne son état moral. Seul en présence de lui-même, en face du tableau de ses vies passées, du bilan de l'existence qu'il vient de quitter, il n'a pas besoin d'un juge pour lui assigner cette place, sa propre conscience qu'il ne peut tromper décide de son sort.

« Mais que de hauteurs à gravir, car le sentiment de l'imperfection est encore en nous; nous ne sommes pas des saints! Nous avons apporté avec nous nos défauts, mais nous sommes comme dans un sanatorium moral et spirituel, qui nous aide à nous guérir. L'ozone de notre vie est ici l'amour. » JULIA.

Il en est, comme Napoléon et Robespierre, qui, instruments préparés dans ce but, subissent une pénible mission, laquelle les condamne à une besogne d'équilibre social. Leur cœur, meurtri par la triste besogne à accomplir, bénéficie des souffrances qu'ils éprouvent à obéir à leur destinée. Le bourreau dans ce cas n'est que l'instrument. La main qui frappe n'est pas toujours le criminel. La mission de Napoléon concernait le rôle de la France vis-à-vis de l'Europe, celle de Robespierre, la France intestine.

Quant à cette tache qu'a laissée le nom de Condé sur la mémoire de Bonaparte, il est allé l'expier à Sainte-Hélène par six années d'une double souffrance, morale et physique.

Robespierre, comme Judas, qu'on est étonné de retrouver à une certaine hauteur dans l'astral, a payé sa dette et s'est réhabilité, car il n'y a pas de faute irrémissible ; nous avons tous été criminels, mais l'expiation lave tous les écarts. Nous avons tous une égalité absolue d'origine et de destinée. Le pélerinage des existences nous conduira tous, plus ou moins laborieusement, vers les plus hautes sphères.

Robespierre, cet être farouche, était, paraît-il, un Esprit sensitif et humanitaire, s'acquittant d'une répugnante besogne, qu'il a d'ailleurs payée de sa tête.

Écoutons le propre plaidoyer qu'il nous a envoyé lui-même de l'autre monde :

« On croit que j'ai été un tigre dans *une de mes précédentes incarnations*. Non, il le fallait, à cette époque, pour détruire les abus. J'accomplissais une mission fatale et terrible.

« Vous avez assez parlé de votre civilisation. L'homme est encore tellement animal, il y a en lui tant d'éléments de la bête que ce n'est que par l'odeur du sang qu'on l'attire, et quel sang, le sang de ses frères !

« N'accusez pas ceux qui, pour le bien de tous, ont été obligés de mener les tyrans par la terreur. Ayez toujours pitié de ceux qui sont obligés de se servir de ces moyens. Nous voyons clair maintenant et nous regrettons bien sincèrement le sang inutile que nous avons versé. Quant au sang utile... c'était écrit (1). »

Nos chers morts sont plus occupés dans l'Au-delà qu'ils ne l'étaient sur la Terre.

On les initie à leur nouveau travail et à la vie de progrès auquel leur être est maintenant consacré. Du plus haut de l'échelle, les plus éclairés aident, de leurs conseils et de leurs enseignements, ceux qui sont encore en-dessous d'eux, descendant jusqu'à ce degré où les habitants des régions inférieures ne sont plus que les naufragés d'une conscience ternie. A ceux ci, les frères supérieurs prodiguent leurs tendres et incessants avis et tendent la main, pour les aider à sortir du bourbier de leurs écarts.

D'autres, comme Julia et sœur Thérèse de l'Enfant Jésus, se sont voués au soulagement des misères de la Terre, de ceux qui souffrent ; d'autres encore au relèvement de ceux qui sont tombés.

Il y en a qui sont les messagers de Dieu pour encourager ceux qui désespèrent, pour arrêter au bord de l'abime ceux qui allaient s'y précipiter. Ils sont comme notre conscience vivante, ils nous montrent les écueils de la route, ils voudraient nous éviter les chutes et les reculs. Ne négligeons jamais leurs généreuses suggestions. METZGER.

Enfin il y a encore la tâche éminemment méritoire de ceux qui se consacrent à la préparation des candidats animaux à l'humanité et dont ils vont transformer le périsprit pour les rendre aptes, en quittant l'animalité, à entrer dans des enveloppes humaines.

Ils remplissent parfois des missions sans s'incarner. Si comme

(1) *La Survie*, RUFINA NŒGGERATH, page 108.

nous l'apprend Allan Kardec et comme nous l'a dit Raymond, un Esprit juge bon que soit écrit un livre qu'il ferait lui-même s'il était incarné, il cherche l'écrivain qui est le plus apte à comprendre sa pensée et à l'exécuter ; il lui en donne l'idée et le dirige dans l'exécution. Il en est de même dans certains travaux d'art ou de découvertes. L'Esprit de la Terre pendant le sommeil communique avec l'Esprit de l'Au-delà et ils s'entendent pour l'exécution.

Voici deux jolies communications obtenues sur le même sujet par Rufina Nœggerath.

Comme un homme riche, ayant à sa disposition des trésors inépuisables, jetant l'or à pleines mains sans cesser jamais de donner, les Intelligences de l'espace travaillent encore pour l'humanité, jetant partout leurs fluides d'amour, trésors inépuisables, et descendant dans tous les milieux sans en privilégier aucun, pour aider ceux qui travaillent à se grandir. Il n'y a jamais d'abandonnés. Nous ne regardons pas à qui nous donnons les trésors que nous possédons. Nous donnons, voilà tout. Ce n'est pas pour une seule personne que nous venons sur la Terre, nous venons pour tous ceux qui nous appellent, pour tous ceux qui nous aiment. Notre bonheur est de nous communiquer partout où il nous est possible de le faire. FÉNELON.

Le dévouement des Sidériens entre eux est incomparable, l'amour les guide. Pour donner satisfaction à une âme qui s'est déjà séparée d'un monde, ils la prennent sur leurs ailes protectrices, éclairant de leur lumière le monde échu au progrès de l'être qu'ils soutiennent, ils lui font voir la terre qu'il ira habiter, les beautés qu'il y rencontrera et la grandeur de ses progrès lorsqu'il sortira de cette nouvelle lutte après diverses évolutions.

Ils font plus encore. Ils disent à cette âme : « Va, suis le rayon fluidique qui te conduit, suis cette route éclairée et va un instant visiter ce monde ; regarde les ravissants paysages, les riants bocages, les ruisseaux charmants qui les parcourent ; écoute les chants d'oiseaux, écoute les mille bruits du travail pour le progrès. Veux-tu parler aux humains de ces mondes ? Observe un de ces êtres dont l'intelligence s'envole momentanément ; prends possession de lui ; entends le langage que tu seras appelé à parler toi-même ; constate les usages, le degré de science et de perfection de ce peuple dans toutes les branches de ce qui constitue le progrès des nations : et puis tu reviendras auprès de moi et, te pressant dans mes bras, je t'endormirai et te coucherai, comme un nouveau Moïse, dans le berceau qui t'attend sur les confins des fluides de ce monde, et ces fluides, comme les vagues d'un océan, te porteront doucement sur la plage de l'humanité où tu dois prendre une place. »

C'est ainsi qu'ils montrent la route à un nouvel arrivant qui sera bientôt un nouvel arrivé, c'est-à-dire un nouveau-né. (*Un Esprit de Vérité.*)

N'attendez pas que ceux que vous regrettez soient morts pour leur manifester votre affection et leur vouer un culte. Les tendres paroles que vous leur prodiguerez alors, c'est maintenant qu'il faut les faire entendre, pendant qu'elles peuvent frapper leurs oreilles et réchauffer leur cœur. Tout ce que vous trouvez de bien à dire quand ils sont partis, dites-le quand ils sont encore là. Les fleurs dont vous couvrirez leur tombe, embaumez-en leur demeure pour qu'ils en profitent pendant qu'ils sont encore vivants! F.-H. ROSCOE.

Combien vrais ces quelques mots, car nos regrets posthumes ne sont-ils pas autant de reproches que nous nous adressons!

LES INFLUENCES QUI NOUS ENTOURENT

Ne dites pas que les Esprits n'existent pas parce que vous ne les voyez pas. L'amour non plus vous ne le voyez pas, vous ne pouvez le prendre, le peser, et pourtant vous sentez que l'amour existe. ROBES-PIERRE. (1)

Nous serons toujours là, les grands guides qui conduisent l'humanité souffrante vers le but inconnu des hommes mais que Dieu a fixé. Il brille pour nous dans la nuit des temps comme une torche lumineuse. JEANNE D'ARC.

L'homme est sollicité à chaque pas par des influences invisibles, depuis l'obsession qui peut conduire à la folie, jusqu'aux inspirations qui nous soufflent les héroïsmes, les grands sacrifices, les sublimes dévouements et tout ce qu'il y a de bien et de grand sur la Terre.

Les Esprits, puissance toujours à l'œuvre, sont sans cesse à nos côtés, agissant sur nous, en bien ou en mal. Mais ce ne sont que des influences entre lesquelles notre volonté, c'est-à-dire notre libre arbitre, éclairé par la raison et la conscience, est libre de choisir.

De même que la nature physique subit les impressions barométriques, de même des influences occultes, dont nous ne nous rendons pas compte, agissent sans cesse sur nous de la même manière et provoquent nos états d'âme, joie ou tristesse, bonne ou mauvaise humeur, espérance ou désespoir, confiance ou méfiance, sympathie ou antipathie.

(1) Communication à Rufina Noeggerath. *La Survie.*

Julia nous a, en effet, avertis en nous disant : « Vous prenez à tort pour des parties de vous-mêmes les sources de ces vagues impressions, de ces intentions et de ces aspirations toujours changeantes. En réalité vous êtes toujours au milieu d'êtres bons ou mauvais dont vous subissez les influences. »

Allan Kardec ajoute de son côté : « Dans sa nouvelle existence, l'être est influencé par l'Esprit qui lui a été donné comme guide et qui cherche à lui faire réparer ses fautes, en lui donnant une espèce d'intuition de celles qu'il a commises. Quand vous résistez à des appels criminels, c'est cette voix qui vous avertit de ne pas retomber dans ces fautes du passé. »

Les Esprits nous suivent, ils sont conscients de nos pensées et de nos émotions. Ils sentent les fluides sympathiques de chacun de nous, grâce à une faculté que nous ne pouvons concevoir et qui est naturelle chez eux. Ils s'intéressent à notre sort, mais, remarque M. de Rochas, ils ne s'émeuvent pas plus de nos tribulations passagères, conséquences inéluctables de notre vie terrestre, qu'un père ne s'émeut en voyant son enfant pleurer parce qu'il a cassé un jouet.

Toujours prêts à se communiquer à nous, ils cherchent en nous le point le plus approprié par lequel ils puissent se faire comprendre, par l'ouïe si c'est la clairaudience, par la vue si c'est la clairvoyance, ou par les divers moyens connus, suivant que nos fluides le permettent, typtologie, ouija, écriture automatique ou directe, prémonitions, ou, à défaut de ces moyens tangibles, par la suggestion, l'intuition, l'inspiration. Lorsque nous disons : « Il me vient une idée ! » Soyez certain que c'est un ami invisible qui vous la chuchote à l'oreille.

Nous sommes comme des naufragés en détresse à qui des rescapés, toujours occupés de nous, viennent tendre la main. Aussi, ne disons point que personne ne nous voit ou n'est témoin de nos actions. Nous ne sommes jamais seuls, une foule de témoins silencieux nous entourent, jugeant nos actes, lisant nos pensées.

Si vous croyez échapper à la justice, à l'impunité par l'absence de témoignages, vous oubliez que votre mémoire subconsciente a enregistré les faits et vous les mettra sous les yeux à l'heure du règlement de compte.

La bienfaisance des Invisibles, la sollicitude avec laquelle ils veillent sur les événements de chaque jour et le soulagement qu'ils apportent à nos maux, sont une preuve de leur attentive protection. Ils provoqueront la réunion de deux personnes qui paraîtront se rencontrer par hasard, ils inspireront à quelqu'un l'idée de passer par tel endroit plutôt que par tel autre, de faire telle ou telle démarche qui pourrait parfois ne pas sembler utile, d'avancer ou retarder un voyage, et mille autres choses semblables. ils appelleront votre attention sur un tel point, si cela doit amener un résultat qu'ils veulent nous faire obtenir. Vous vous dites parfois : « Quelque chose me dit de faire (ou de ne pas faire cela). » Ce quelque chose c'est l'un d'eux. Et quel est le ressort en jeu, est ce notre subconscient, la télépathie, ou... ?

Ils sont tout puissants et peuvent faire réussir les affaires les plus difficiles. Des situations qui nous paraissent inextricables se dénouent simplement, de la façon la plus inattendue. Si nous nous reportons aux moments difficiles de notre vie, nous verrons que, bien souvent, des solutions sont ainsi intervenues, alors que, livrés à nous-mêmes, indépendants de toutes les forces occultes qui agissent sur nous, nous n'aurions pu trouver, ni mettre en œuvre, ces dénouements inespérés et plus heureux que notre conception n'eût pu les obtenir. Et cela prouve que Dieu est meilleur pour nous que nous ne le serions pour nous-mêmes.

Dans ce cas, c'est l'inconnu qui, par un incident parfois trivial ou que nous interprétons mal, change le cours de notre vie : solutions, buts longtemps poursuivis et qui viennent d'eux-mêmes à nous, compensations qui surgissent au milieu de malheurs immérités. Souvent ils empêchent un départ qui nous conduirait à un accident ; de même nos actions, nos projets sont entravés par des obstacles imprévus que nous maudissons, jusqu'à l'heure où nous bénissons le Ciel de les avoir fait naître.

Il faudrait être aveugle pour ne pas reconnaître que des mains invisibles dirigent le merveilleux enchaînement des événements terrestres, car, si nous échappons tous les jours à mille dangers, c'est que Dieu le veut bien ; c'est le Ciel qui se penche vers nous et descend jusqu'à nous pour nous protéger.

Mais ceux qui nous aident ne sont pas toujours ceux qu'on pense. Savons-nous, pouvons-nous soupçonner d'où nous vient cette aide ? Sont-ce des êtres à qui nous étions unis par des liens d'affection, ou de pauvres âmes à qui nous avons fait du bien, qui ne nous ont pas été reconnaissantes de leur vivant et le sont après leur mort, ou même des ennemis repentants qui veulent réparer leurs torts ?

Ils s'affligent de nos maux lorsque nous ne les supportons pas avec résignation, parce que ce sont des épreuves envoyées par Dieu pour notre bien, épreuves perdues pour nous si nous nous insurgeons contre elles. Loin de nous plaindre nous devrions l'en remercier, parce qu'elles concourent à notre avancement, en nous permettant de solder peu à peu le compte de nos fautes passées. C'est comme un malheureux à qui l'on apporterait de l'argent pour payer ses dettes. Aussi ne devons-nous pas désirer abréger notre vie terrestre, parce que, plus elle se prolonge, plus elle nous offre de chances d'épuration, qui peuvent se traduire par l'économie d'une réincarnation.

Si un péril nous menace, c'est encore un avertissement d'en haut pour nous rappeler que nous ne pouvons acquérir le progrès moral que par les épreuves, tout comme on acquiert la fortune par le travail.

Dans le langage biblique, hindou et ésotérique en général, langage imagé et allégorique, on nous représente comme sans cesse sollicités par l'ange du bien et du mal.

Dans le langage moderne, plus positif, on se contente de dire : il y a en nous l'esprit et la bête, c'est-à-dire un restant de l'animalité par laquelle nous avons passé.

Je crois que nous sommes à côté de la question. Quelques profondes racines que nous puissions avoir dans l'animalité, même avec des restants d'instinct bien prononcés, je ne crois pas qu'elle puisse jouer en nous un rôle aussi actif. C'est un état passif qui ne peut exercer d'objectivité dans notre vie.

Ce que nous appelons *la bête*, déploie en nous, en toute circonstance, une grande activité par ses conseils, ses suggestions, ses insistances malsaines. Le résidu matériel de ce que l'on a été ne peut pas être le moteur de cette activité provocatrice. Il ne peut y avoir de doute qu'elle est due simplement aux esprits inférieurs qui se vengent, sur l'humanité, de leur propre déchéance. La preuve en est qu'ils ne viennent pas de la même source, suivant les cas où ils se manifestent. On sent très bien diverses entités à l'œuvre, les unes plus puissantes, plus pressantes que les autres ; d'autres au contraire timides et platoniques.

Il en est dont nous nous débarrassons facilement, d'autres qui se cramponnent à nous, à quelques-uns de nos penchants, à quelqu'une de nos faiblesses.

Que de fois, pour nous tourmenter, ne viennent-ils pas rappeler, avec une malicieuse insistance, les faits pénibles qui pèsent le plus sur nos souvenirs.

Jamais rebutés, même quand nous les refoulons et les combattons, ils sèment le poison dans notre pensée et étudient toutes les fissures par lesquelles ils pourraient y pénétrer. Ils nous semblent ricaner, heureux de tous les malheurs qu'ils apprennent, et se moquer de nos plus nobles aspirations.

Quand, par une campagne héroïque de notre volonté, nous avons pu vaincre leur inlassable persécution, ils ne se donnent pas absolument comme battus et cherchent encore, quoique plus timidement, à nous tendre le piège de leurs séductions, jusqu'à ce que nous ayons complètement écrasé la tête de l'hydre.

Alors nous avons fait un pas en avant dans le progrès moral. Nous avons refoulé un ou plusieurs mauvais esprits, mais il en reste encore et là est la lutte de la vie, car la perfection n'est possible que lorsque aucun d'eux n'ose plus nous approcher; et c'est le gigantesque travail de plusieurs existences.

Non, l'ange du mal n'existe pas. Dieu qui nous a donné un ange gardien, n'aurait pas mis, à ses côtés, un ennemi pour le combattre.

Un mot, avant de finir, au sujet d'une des grandes erreurs

physiologiques dans l'interprétation des causes de la folie. Si les docteurs l'avaient étudiée au point de vue spiritualiste, comme l'a fait la société Psychique de Lyon et comme le font également les sociétés spirites brésiliennes, ils auraient découvert qu'elle était, dans la plupart des cas, le fait d'obsession par des esprits malfaisants.

Connaître la cause du mal c'est presque connaître le remède. Aussi ces sociétés sont-elles parvenues, partant du principe de l'obsession, à en débarrasser les quatre cinquièmes des aliénés et à rendre à la vie normale des cerveaux absolument sains.

Je terminerai par une communication d'un Esprit qui signe l'*Oriental* (1) :

La Vie et le Temps. Votre vie est une chose qui passe sans cesser d'être ; elle fuit vers l'inconnu de son progrès. Le monde, sur lequel vous êtes, trace un sillon dans le fluide universel pour y trouver de nouvelles voies, mais votre âme ne doit s'y rattacher que pour y progresser. Faites-vous assez grand pour pouvoir répandre la vérité et laissez tomber sur vos frères l'amour que vous prendrez de nous. Enfants de la Terre qui paraissez si peu de chose, jetés sur ce petit monde où vous vous agitez sans trêve, il y a en vous un foyer où s'allume l'esprit.

Nous sommes les intermédiaires entre vous et les harmonies qui vous appellent ; par nous, prenez l'essor pour voler vers ces centres merveilleux où les mondes apparaissent dans leur idéale beauté.

(1) RUFINA NŒGGERATH. *La Survie.*

LE BUREAU DE JULIA

Comme j'aurai souvent l'occasion de citer les communications de l'Au-delà émanant de l'Esprit de Julia Ames, jeune dame américaine, morte il y a vingt-cinq ans, quelques mots d'explication à son sujet me permettront en même temps de parler de cette œuvre admirable qu'on appelle le Bureau de Julia.

Venue en Europe en 1890 pour assister aux représentations de la Passion, à Ober-Ammergau, elle eût, en passant par Londres, l'occasion de faire la connaissance de Mr. Stead, ce roi des journalistes et des moralistes, cet infatigable philanthrope, cet homme probe, juste et incorruptible, que le gouvernement choisit entre tous pour lui confier des missions secrètes, de confiance, auprès de souverains étrangers.

Sensée, serviable et pratique, prête à tous les sacrifices pour l'amour de l'humanité, qualités qu'elle ne cesse de révéler dans toutes ses communications, elle fit sur lui une très favorable impression.

Mr. Stead était un puritain et un mystique. Il avait fait inscrire sur la porte de sa maison : « Ne cherche pas ta destinée, ta destinée te cherche. »

Il se découvrit un jour le don de l'écriture automatique, qui venait de se révéler à lui par un message de Julia. De ce moment il reçut d'elle quotidiennement, au sujet de l'autre monde, des communications qui le plongeaient dans des océans de réflexions, lui et les lecteurs du Borderland, journal psychique qu'il avait fondé et dans lequel il les publiait.

A ce sujet Julia lui avait souvent dit que, si ceux qui perdent des êtres chers sur la Terre étaient anxieux de savoir ce qu'ils étaient devenus, les Esprits de ces bien-aimés disparus étaient plus anxieux encore, de leur côté, de communiquer avec eux pour les rassurer et les consoler.

Elle proposait donc à Mr. Stead d'ouvrir ce qu'elle appelait le *Bureau de Julia*, qui aurait pour objet de permettre à quiconque, de quelque pays que ce soit, ayant perdu des êtres aimés, de s'adresser au bureau pour obtenir d'eux des messages consolateurs.

Elle se chargeait d'obtenir les réponses aux demandes et de les lui communiquer pour être envoyées aux intéressés.

Bien entendu, tout cela devait être gratuit pour le public, mais cette gratuité coûtait à Mr. Stead environ 25.000 francs par an, car il avait dû s'adjoindre un personnel important et y consacrer un local spécial.

Il y eût ainsi six cent douze demandes, rien que de l'étranger, pendant les trois années que fonctionna le bureau, et un nombre infiniment plus considérable de démarches personnelles.

Les résultats furent surprenants et le réconfort, donné aux familles, sauva du désespoir beaucoup d'inconsolables.

Ceux à qui le bureau remettait les messages qu'il avait reçus, lui faisaient savoir s'ils se considéraient comme ayant réellement été mis en communication avec leurs défunts, et le bien qu'il fit est incalculable.

Malheureusement, l'entreprise fut interrompue par le naufrage du *Titanic*, où Mr. Stead trouva la mort.

Une touchante demande, venue des Indes, de parents qui avaient perdu leur unique enfant, exprimait le désir qu'il fût communiqué avec lui pour savoir s'il ne voudrait pas se réincarner le plus tôt possible parmi eux.

Un jour, une dame, très affectée de la mort de son mari, vint consulter le Bureau. Le médium-voyant lui fit l'observation qu'elle avait tout le temps été accompagnée d'un Esprit dont il donna la description et qui n'était autre que le premier mari de la dame, remariée depuis à celui qu'elle pleurait. Ayant alors montré au médium la photographie de son premier mari qu'elle portait dans un médaillon, il le reconnut aussitôt.

Une lettre que je prends au hasard, envoie des remerciements au sujet d'une communication et ajoute : « Bien que ne répondant pas à mes questions, il contient néanmoins l'évidence absolue de l'identité de mon mari défunt, ainsi que les détails au sujet de choses que lui seul et moi connaissions et qui sont d'une nature intime, trop personnelle pour intéresser qui que ce soit en dehors de nous. »

Je dois écourter, car il faudrait des volumes pour reproduire tout ce qui concerne cette charitable institution.

Je ne veux pas terminer cependant sans rappeler la pieuse recommandation de Julia de pratiquer ce qu'elle appelle le Rosaire modernisé :

Voici ce qu'elle entendait par là : « Notez les noms de tous ceux, morts ou vivants, avec lesquels vous avez été en relation. Chacun de ces noms représente un grain du Rosaire. Parcourez-les tous les jours, envoyant à chacun des noms une pensée affectueuse. Ce rayonnement répandrait un courant considérable de sympathie et d'amour qui sont comme l'essence divine de l'humanité, comme les pulsations de la vie, et une pensée d'amour est comme un ange de Dieu apportant aux âmes une bénédiction (1). »

---

(1) J'emprunte à un livre de Miss Edith K. HARPER intitulé *Stead, the Man* (W. Rider 8-11, Paternoster Row, Londres, E.-C.), tout ce qui a rapport au Bureau de Julia.

NOS DEUX MONDES

> Les forces dont la connaissance nous échappe seraient suffisantes pour créer l'Univers.
> W. CROOKES.
>
> Même si nous ne pouvons faire qu'un trou d'épingle dans le rideau qui sépare nos deux mondes, cela suffira déjà pour montrer qu'il y a une lumière de l'autre côté.
> W. STEAD.

Nous sommes entourés de forces, nous vivons comme baignés au milieu d'influences et d'actions éminemment énergiques, dont nous soupçonnons à peine l'existence. METZGER.

N'éclaboussons pas de notre ignorance les splendeurs de l'autre monde, mais gardons en notre cœur une grande confiance dans la haute sagesse du Créateur et un grand espoir, car, dans sa mansuétude, il ne nous demande pas d'être des saints, et, si nous avons traversé la vie sans de trop grands écarts, c'est tout ce qu'il exige de nous.

A-t-il voulu que ce monde inconnu nous reste étranger ? Les Esprits nous répondent que non, qu'ils font plus d'efforts pour communiquer avec nous, que nous avec eux. Ils se livrent, autour de nous, à de nombreuses manifestations pour attirer notre attention, mais nous ne les remarquons ou ne les comprenons pas.

Notre planète, paraît-il, est un monde tout à fait inférieur, comme le prouvent la brute assoupie qui est en nous et qu'il faut se garder d'éveiller ainsi que les bas instincts de l'animalité dont nous émanons, à côté de nos civilisations encore mal équilibrées, des races inférieures comme les nègres, les peaux-rouges, les cafres, les hotentots. La bestialité se manifeste sous toutes les formes, depuis les sauvages qui se nourrissent de l'ennemi qu'ils tuent jusqu'à ces mères d'Haïti qui mangent leurs nourrissons.

Il n'est même pas nécessaire d'aller chercher des preuves dans les bas-fonds de l'humanité. N'a-t-elle pas à sa tête, comme les représentants les plus éclairés de la civilisation, l'immense armée des matérialistes et de tous les irréductibles qui ont supprimé ce Dieu qui les gênait, et l'ont remplacé par le veau d'or. N'a-t-elle pas les bûchers, les hécatombes, les champs de bataille, l'orgueil des souverains, l'armée du crime, les bagnes nécessaires ?

Aussi sommes-nous un séjour d'âmes encore peu évoluées, un séjour transitoire d'épreuve et d'expiation.

Beaucoup, lorsqu'on parle d'autres mondes plus avancés, se récrient : « Que peuvent-ils nous offrir de supérieur à ce que nous avons ? Que peut-on faire de plus beau que notre admirable nature ? N'avons-nous pas les plus merveilleuses inventions, des arts incomparables, en un mot tout ce qu'on peut concevoir dans la Création ? »

Oui, sans doute, mais tout est relatif. Ce que nous croyons le dernier mot du génie créateur, parfait d'après nos sens, serait bien loin de la perfection si nos sens eux-mêmes étaient plus parfaits.

Prenez, au centre de l'Afrique, un sauvage n'ayant aucune notion de notre état de civilisation. Plongez-le dans le tourbillon de la grande ruche parisienne. Vous vous rendez bien compte de son émerveillement. Eh bien, ne pouvons-nous être ce sauvage par rapport à d'autres mondes, avec la même différence, entre nous et eux, qu'il y a entre le sauvage et nous ?

Allons plus loin. Ces autres mondes ne peuvent-ils pas être, eux aussi, par rapport à de plus avancés encore, dans la position où nous sommes vis-à-vis d'eux. Et ainsi de suite, progressant sans cesse vers des séjours de plus en plus parfaits.

Ce qui est sublime pour nous, dans le nôtre, n'est probablement que de l'enfantillage auprès d'autres bien supérieurs.

Voyant tout avec des conceptions limitées à l'imperfection de nos sens, nous avons une tendance à rapetisser au lieu de magnifier. Nous nous imaginions autrefois que la Terre était seule habitée et que nous étions le centre de la création. A mesure que nous devenons plus éclairés s'élargit l'horizon de nos conceptions, mais qui nous dit, cependant, après les découvertes que nous avons faites depuis, dans le domaine universel, que nous n'en sommes pas au même point d'illusion, dans l'état de nos connaissances actuelles, par rapport à ce qui nous est encore inconnu ?

Pourquoi alors ne nous avouerions-nous pas que nous sommes un petit monde bien inférieur et que, de gradation en gradation, il y en a d'infiniment plus parfaits qui seront ouverts à nos réincarnations à mesure des progrès accomplis, car l'Univers est un livre immense dont nous avons à peine parcouru les premiers feuillets.

Il n'y a aucune raison d'ailleurs pour que tous se ressemblent, leur constitution physique et fluidique différant souvent.

Le Père Secchi nous apprend que, tandis que des mondes s'éclairent d'un soleil rose, d'autres ont un soleil plus pâle et de teinte verte, qui leur fait des nuits d'émeraude. Il en est aussi où resplendit le double éclat de deux soleils différents (1), rivalisant entre eux et mêlant dans le même ciel, comme dit Grimard, leurs lueurs fulgurantes, alors que les nuits de ces Terres fantastiques sont annoncées par un crépuscule d'or, puis terminée par une aurore bleue.

Cela veut-il dire que les êtres doivent être les mêmes sur tous?

Bien au contraire, ils ne se ressemblent probablement sur aucun. Pourquoi Dieu n'aurait-il pas créé des lois pour chacun ; pourquoi se serait-il copié une seule fois, comme si la Création

---

(1) Étoiles doubles. Déjà du temps d'Herschel, on en avait catalogué plus de trois mille.

était épuisée ? Qui oserait dire que l'intelligence divine puisse jamais arriver aux limites du possible ?

Et qu'est-ce que les beautés de tous ces séjours à côté de celui qui les domine tous, le séjour des élus, l'Au-delà, notre grande patrie à tous !

Ne serait-ce pas dans ces trésors de l'autre monde, dont les âmes s'imprègnent, qu'elles puisent les inspirations artistiques, les effluves mélodieux de la musique, les envolées poétiques ? Les beautés que l'homme admire sur la Terre ne lui semblent-elles pas un souvenir de celles qu'il a quittées, des luminosités de la Patrie des Ames ; un revenez-y qui réveille en lui la nostalgie des apothéoses disparues et qui le laisse rêveur, sentant inconsciemment en elles un bien perdu, une lueur du passé ?

Devant ces éblouissements surgit naturellement cette question : « Que peut bien être ce séjour idéal de l'Au-delà, si déjà toutes les merveilles d'ici-bas ne sont rien à côté de tous les mondes qui nous sont supérieurs ? »

Nous pouvons nous en faire une idée en petit en prenant des exemples parmi nous.

Si nous supposons un enfant grandi entre les quatre murs d'une prison, loin du bruit des villes, et abandonné dans l'ignorance de tout ce qui existe, que nous lui parlions des beautés de la nature, des montagnes et de la mer, des mirages et des aurores boréales, quelle conception pourrait-il en avoir ?

Nous avions, dans mon enfance, ramené de la campagne, comme domestique, un jeune paysan qui n'avait jamais quitté son hameau et que mon père conduisit un soir dans un théâtre. Ébloui par les lumières, le monde, les toilettes, la salle, la musique, il croyait assister à une féerie. Il serait parti à ce moment qu'il emportait avec lui une impression nouvelle inoubliable.

Mais voilà tout d'un coup que le rideau se lève sur une autre féerie bien plus troublante et qu'il n'attendait pas ; des chœurs, des costumes, des décors, des ballets, des flots de lumière ! Il était éperdu.

Combien seraient bornées nos impressions si, satisfaits des

jouissances de la Terre, nous croyions à une vie unique et sans lendemain ? Attendons que le rideau se lève sur les révélations d'une autre vie, qui nous réserve bien d'autres éblouissements !

Les Esprits nous disent : « Votre nature physique ne peut pas vous permettre de concevoir ce que sont ces éblouissements ; vous ne pourriez pas en supporter la vue, pas plus que vous ne pourriez regarder le soleil en face. »

Mais où est-il ce séjour enchanteur ? Partout, sans doute. Nous avons besoin d'un certain espace pour exister, mais qui nous dit que le monde immatériel doive, comme nous, occuper un espace défini ? Pourquoi l'Univers spirituel ne pourrait-il exister simultanément ?

Que distinguons-nous dans les cieux ? Rien que ces joyaux lumineux qui forment une armée de radieux soleils. Entre eux, comme entre eux et nous, que voyons-nous ? Rien. Tout semble vide, et cependant les espaces sidéraux sont remplis d'êtres et de forces qui échappent à nos sens.

Nos deux mondes sont enchevêtrés l'un dans l'autre et la Création a accompli ce tour de force de les faire vivre ensemble sans se voir et sans se coudoyer.

Dans le fait, nous baignons dans une atmosphère double, l'une matérielle que nous connaissons, que nous respirons, et une atmosphère fluidique qui échappe à nos sens. Toutes deux existent l'une dans l'autre, occupant le même espace, qui est ainsi empli de deux essences absolument différentes. Elles restent indépendantes, quoique se pénétrant et permettant simultanément l'existence d'un monde et de corps matériels, en même temps que d'un monde et d'êtres immatériels, intangibles, impondérables.

Assurément cet enchevêtrement de deux mondes est déjà en soi un problème merveilleux, mais l'esprit reste confondu par cet autre problème plus inconcevable encore, de l'enchevêtrement de deux lumières. En effet, alors que nous avons la nôtre, l'autre monde a la sienne, qui est tout à fait différente et ne procède nullement de notre soleil ni d'aucun astre. Au contraire, cette lumière éclipse la nôtre qui, d'éblouissante qu'elle semble à nos yeux, paraît sombre aux désincarnés. C'est comme la flamme d'une bougie allumée en plein soleil. Les deux lumières existent sans se mêler, de même qu'on peut entendre deux sons à la fois.

La première chose qui frappe l'esprit en quittant la Terre, nous disent-ils tous, est la splendeur grisante des vibrantes clartés de l'Au-delà; c'est-à-dire que, là, près de nous, l'Esprit ne voit plus la nôtre qui le baigne d'une lueur, pour lui affaiblie, et en voit une autre infiniment plus belle. Et toutes deux, l'une dans l'autre, sont cependant indépendantes l'une de l'autre, n'éclairant chacune que ce qu'elles doivent éclairer.

Allez chercher à comprendre pareille énigme.

Mais il n'y a pas que le monde des Esprits qui échappe à notre vision. Nous nous trouvons entre deux mondes également invisibles, l'infiniment grand qui nous est à peine révélé par quelques étoiles alors qu'il y en a des milliards, et l'infiniment petit. L'air est peuplé de myriades de germes d'où naissent des êtres, d'animalcules que nous ne voyons pas ; pourquoi pas d'Esprits ?

On a été des milliers d'années sans se douter de l'existence de ces infiniments petits qui pullulent dans tout. La découverte du monde des Invisibles est autrement importante que la découverte du monde des infusoires. La raison cependant se refusait à accepter l'existence d'atomes animés, doués d'organes, et pour lesquels une goutte d'eau est un océan. Or, si des voyants peuvent apercevoir des Esprits que nous ne voyons pas et qui, comme preuve de leur existence, peuvent impressionner des plaques photographiques, c'est donc que ces voyants ont, en effet, vu quelque chose et que ces Esprits s'agitent bien autour de nous, mêlant leur monde au nôtre.

Nous nous mouvons en aveugles dans les couches inférieures de la Création, dont nos sens, en rapport avec ces conditions de vie qu'ils ont créées, ne nous permettent pas de concevoir les couches supérieures. Ils sont accordés à un diapason qui nous les dérobe ; s'ils étaient accordés différemment, que de merveilles ne pourraient-ils apercevoir, qui nous sont maintenant cachées ! Entre nos sens, tels qu'ils sont, et des sens parfaits, il y aurait une série de gradations qui changeraient pour nous, à mesure, l'aspect de ce qui nous entoure, en une révélation de réalités qui nous sont encore inconnues. Ainsi notre vue, si elle était faite pour un nombre de vibrations élevées, nous permettrait de voir beaucoup de choses nouvelles, mais nous n'apercevrions plus celles qui nous frappent actuellement, ou, du moins, les choses nous apparaîtraient sous un autre aspect. Ceux qui seraient doués de cette vue ne percevraient peut-être plus notre lumière et la nature se présenterait à eux sous un angle lumineux tout à fait différend du nôtre. Cela permettrait-il à notre vue de pénétrer dans le monde des Esprits, je l'ignore ?

La lumière et le son, on le sait, sont dus à des vibrations, vibrations sonores, ondes lumineuses. Or, il y a, entre les vibrations perceptibles à l'oreille, pouvant aller jusqu'à 37.000 au maximum en une seconde, et les vibrations de la lumière, l'intervalle de 37.000 pour le son à 483 trillions pour la lumière, dont toute la vie intérieure nous est inconnue. Qu'y a-t-il dans cet intervalle ? Est-il vide ? Non assurément. Mais avons-nous tous, hommes et animaux, la même puissance de vue ou, même, le même mode de perception des choses ? Il est probable que parmi les animaux il en est qui sont constitués différemment et ne voient pas les choses comme nous. Sir John Lubbock, dans ses patientes recherches sur le monde des fourmis, a découvert qu'elles perçoivent les rayons ultra-violets. Qui nous dit que nous voyons toutes les couleurs de la même manière ? Les Daltoniens en sont un exemple.

Mais voici bien d'autres choses déconcertantes. Il paraî, que les couleurs ne sont que des reflets et n'ont pas, dans les objets, d'existence propre (1), parce que les couleurs qui forment le spectre ne peuvent pas s'en isoler séparément et ne sont décomposées que par le prisme. Cependant nous les voyons; or voici, paraît-il, ce qui se produit : la lumière, qui est composée de sept

---

(1) J'emprunte tous ces détails à l'intéressant et remarquable ouvrage de SAGE *La Zone Frontière*. Leymarie, 42, rue Saint-Jacques, Paris.

couleurs frappe les objets matériels. Ces objets absorbent certains rayons et renvoient ou reflètent les autres. Ce sont ces rayons reflétés qui nous permettent de percevoir l'objet.

Nous voyons les arbres verts, non pas parce qu'ils sont verts, mais parce qu'ils absorbent les autres rayons du spectre et ne réfléchissent que les rayons verts.

Les corps qui absorbent tous les rayons nous paraissent noirs, parce qu'ils les absorbent sans les laisser passer, sans permettre à aucun de se refléter.

Des corps que nous ne voyons pas et qui seraient frappés de rayons Rœntgen, les laisseraient passer, et, ne les retenant pas, ils échappent à notre vue, parce que, ne reflétant aucun rayon, ils n'ont pas de couleur.

Il peut très bien se trouver, de la même manière, des corps animés et inanimés qui ne retiennent pas les rayons de notre spectre, c'est-à-dire que les rayons les traverseraient avec la même facilité que le font les rayons Rœntgen et ces corps seraient donc invisibles.

Victor Hugo dit qu'il existe des poissons que nous ne voyons pas parce qu'ils sont incolores comme l'eau. M. Dumm nous apprend que les couleurs sont beaucoup plus variées chez les animaux que parmi les végétaux, parce que les conditions physiques, productrices d'effets lumineux, sont beaucoup plus difficiles à réaliser chez les végétaux que chez les animaux. Ceux-ci, suivant les espèces, affectent, en effet, des couleurs de surface, qui, par leurs diverses combinaisons, donnent une variété infinie d'effets.

Mais voilà qu'à côté de ces restrictions, on nous dit qu'il y a d'autres couleurs que nous ne connaissons pas. Allez-vous y retrouver. Le coupable n'est autre que l'illustre auteur de la Personnalité humaine, Myers. Laissons-le parler.

« Même à midi, le rayon solaire décomposé par un prisme, présente des bandes et des raies plus ou moins obscures, et nous apprenons en même temps que, tandis que le spectre semble s'effacer à chacun de ses bouts pour dégénérer en ce qui nous paraît être l'obscurité complète, il s'étend en réalité plus loin et renferme des rayons, c'est-à-dire *des couleurs, en nombre illimité* et que nous n'avons pas encore découvertes.

« Dans le spectre solaire et les spectres stellaires, existent de nombreuses lignes ou bandes noires dues à l'absorption de certains rayons par certaines vapeurs répandues dans l'atmosphère du soleil, de la terre et des étoiles.

« Les limites de notre spectre ne tiennent pas au soleil qui brille, mais à l'œil qui en perçoit l'éclat. Au-delà des bouts du ruban prismatique, existent des ondulations de l'éther dont notre rétine n'a aucune perception.

« Après la partie rouge se trouvent des ondes que nous percevons encore, mais en tant que chaleur, non en tant que lumière.

« Les ondes situées au-delà de la partie violette sont plus mystérieuses encore, elles sont restées insoupçonnées pendant des siècles et leurs propriétés intimes ne sont encore connues que d'une façon très obscure. »

Chaque couleur a, paraît-il, des propriétés spéciales et chacune correspond à un certain nombre de vibrations. Les rayons rouges sont des vibrations plus lentes, ils correspondent aux sons graves. Les rayons violets sont les plus rapides de l'éther qui remplit l'espace, ils correspondent aux sons aigus. Mais il existe des vibrations plus lentes que le rouge, ce sont les infra-rouges et d'autres plus rapides que le violet, ce sont les ultra-violettes, qui représentent une énergie formidable. On est arrivé à la reproduire artificiellement dans les laboratoires, ce qui a permis d'en étudier les propriétés.

On a ainsi découvert que ces rayons étaient le plus puissant stérilisateur des eaux impures, ils désinfectent également les appartements, mieux qu'aucun autre agent et, détail curieux, ils activent les digestions les plus laborieuses.

Un rayon de lumière comme digestif, ce n'est pas ordinaire. C'est cependant la constatation qu'a faite Berthelot. Il paraît qu'elle est également destinée à guérir le cancer. Elle possède, d'ailleurs, bien d'autres propriétés.

Chaque objet a une vie moléculaire invisible qui se traduit

par des impressions psychométriques (1), des couleurs, ou même une certaine luminosité.

Les yeux eux-mêmes sont lumineux et, chez certains animaux comme ceux de la race féline, la lumière qui s'en dégage suffit pour les guider.

Helmholtz dit que, à la lumière de ses propres yeux, il a pu distinguer son bras dans l'obscurité, ce qu'il attribue à une sorte de fluorescence de l'action cérébrale.

On a cru longtemps que la vie dans les mers disparaissait au-delà d'une certaine profondeur, alléguant que la lumière du soleil ne pénètre pas au-delà de 400 mètres et que la vie, ne pouvant exister loin des rayons du soleil, les profondeurs en-dessous de 400 mètres ne pouvaient être habitées. Enfin on disait aussi qu'à une certaine profondeur, des êtres ne pourraient supporter l'énorme pression des eaux.

Sage (2) démolit, d'un mot, ces croyances ignorantes, ne reposant sur aucune donnée sérieuse.

L'exploration des grands fonds, nous dit-il, a détruit toutes ces théories, comme celle des savants d'autrefois qui niaient les antipodes parce qu'ils ne pouvaient concevoir les hommes vivant la tête en bas, jusqu'à ce que la physique leur ait démontré qu'il n'y a ni haut ni bas, le bas en réalité étant sous nos pieds, par l'attraction de la terre qui produit en même temps vers elle la chute des corps, due à la même cause ; et le haut au-dessus de nos têtes.

A toutes les profondeurs de la mer jusqu'à sept mille mètres, on trouve un grouillement de vie. A partir de cinq à six cents mètres, les animaux sont aveugles, mais pas parce que ces fonds sont dépourvus de lumière, car, si le soleil n'y pénètre pas, les êtres y deviennent alors eux-mêmes lumineux. Il y en a qui sont immobiles et qui éclairent comme des phares une vaste étendue autour d'eux, de sorte que, non seulement il y a de la lumière dans les grands fonds, mais leurs habitants ont des colorations merveilleuses dont rien ne peut donner une idée. Il s'y trouve des Isis, des Polypiers qui, à eux seuls, éclipsent la lumière des vingt fanaux qui

(1) Voir le chapitre de la psychométrie, à la fin du volume.
(2) Ces faits curieux, du marquis de Tolin, sont rapportés par M. Sage dans la *Zone Frontière*, où l'on trouvera un grand nombre d'autres faits des plus intéressants. Leymarie, 42, rue Saint-Jacques, Paris.

éclairent les recherches. Portées dans un laboratoire où l'on fit l'obscurité, ces plantes donnèrent un merveilleux spectacle qu'on ne pouvait se lasser d'admirer.

On a cru longtemps que les êtres avaient besoin d'air pour pouvoir vivre et, aujourd'hui, on sait parfaitement que les animaux, dits anaérobies, en ont si peu besoin qu'au contraire l'air les tue. On s'imagine que le poisson ne peut vivre que dans l'eau ; or, on a découvert dans les sables du Sahara une sorte de poisson des sables qui y vit comme le poisson dans l'eau et que les Bédouins pêchent avec une sorte de ligne.

Enfin, de son côté, le Dr Dupouy donnent les intéressantes constatations qui suivent (1).

« Un sensitif vous voit dans l'obscurité ; voit vos couleurs ; voit une couleur sur une cloison derrière laquelle il y a quelqu'un ; sur le plafond, le plancher, partout où une personne se trouve au-dessus ou au-dessous ; voit une image se mouvoir sur le mur derrière lequel est un escalier où quelqu'un monte ou descend.

« Certains médiums voient la couleur de vos fluide, ssoit de vos fluides constitutionnels, soit des fluides émis accidentellement par le mouvement de vos passions ou de vos impressions.

« Les somnambules voient sans le concours de la vue et les plantes dépourvues d'appareil visuel, sont sensibles à la lumière.

« Il y a des sensitifs pour qui le corps humain devient lumineux et ils distinguent les organes à travers les vêtements.

« Dans certaines conditions, le corps humain peut condenser en lui assez d'énergie pour donner naissance aux rayons X, que l'on ne peut obtenir aujourd'hui qu'avec des courants d'une énergie considérable. »

Enfin, pour montrer, par des exemples tangibles, combien des influences, que nous ne voyons pas, peuvent en ce qui concerne la lumière, nous rendre dupes d'illusions, on constate que si l'on porte des lunettes d'une certaine couleur, tout peut être influencé par cette couleur ; et les couleurs des objets, combinées avec celle des lunettes, peuvent être modifiées, non en réalité, mais en ce qui concerne notre œil.

Il en est de même, dans les églises, du passage de la lumière à travers les vitraux.

Voyons, de leur côté, quelles surprises nous réservent les sons.

Un savant de la Société Royale de Londres, Francis Galton,

---

(1) *Sciences occultes et Physiologie psychique*. 1, rue Antoine-Dubois Paris

nous démontre, par l'expérience suivante, que notre oreille ne perçoit qu'un certain nombre de vibrations, en deçà et au delà desquelles les sons produits ne la frappent plus.

Voici l'expérience telle que nous la décrit M. Metzger.

On prend un tube de verre creux très étroit. Percé de trous de distance en distance, ce tube devient une sorte de chalumeau ou de flageolet. En y soufflant, il donne une note que l'oreille normale peut saisir. Mais si l'on monte l'échelle des sons, allant, d'un son aigu, à un son plus aigu encore, en soufflant toujours dans l'instrument, on n'entend plus rien, le silence se fait, complet. A ce moment on appelle un chien. On le voit aussitôt dresser les oreilles à quelque chose qui n'existe pas pour l'homme. Il entend, là où l'oreille humaine refuse son service.

On continue de monter et l'on ne tarde pas à trouver la limite du sens auditif du chien, comme on avait trouvé celle de l'ouïe humaine. On fait alors venir un chat. Des mouvements significatifs de sa part fournissent la preuve que pour lui il y a encore des sons là où ni l'homme ni le chien n'en perçoivent point.

D'autres animaux sans doute nous conduiraient encore plus loin.

D'ailleurs, chaque son produisant une couleur correspondante, comme nous allons le voir, on a confirmé expérimentalement l'existence de ces sons.

Si notre oreille, au lieu de percevoir le nombre de vibrations qui constituent pour elle les sons qui nous frappent, pouvait être sensible à un nombre de vibrations cent fois, mille fois plus nombreuses, alors, ainsi constituée, ce qu'elle entend actuellement elle ne l'entendrait plus, mais elle aurait acquis une acuité telle qu'elle distinguerait tout ce qui produit des ondes sonores les plus subtiles, les ondes électriques, les ondes hertziennes, les harmonies de l'espace, la musique du mouvement des mondes, les vibrations des fluides, et une multitude de choses qui, pour nous, actuellement, ne présentent aucune sonorité ; tel l'insecte, entendant, comme un bruit formidable, les déchirements et le travail qui président à la croissance d'un brin d'herbe.

Si, au lieu de les examiner séparément, nous cherchons la corrélation qui existe entre ces divers produits vibratoires, nous apercevons bientôt que les sons produisent des formes, des couleurs, des odeurs même et un dégagement calorifique.

De même les formes, les couleurs, les mouvements de la température et, en général, un mode quelconque de mouvement, correspondent à des sons qu'ils produisent et dont on a catalogué les formes.

L'Américain Keely avait découvert une force sonique interéthérique, dont la puissance dépassait toute conception. On trouvera dans la collection du *Lotus Rouge*, de 1899, tous les détails à ce sujet.

Il est intéressant de noter que Mesmer, dans ses aphorismes, indique déjà le son comme un mode de mouvement.

Voyons brièvement quelle est la corrélation entre le son et la couleur (1).

Si l'analogie de la gamme musicale est prise comme guide, les vibrations successives des principaux degrés du spectre solaire forment une gamme diatonique de couleurs. La lumière est à l'œil ce que le son est à l'oreille, le son et la lumière sont identiques, mais dans la forme nécessaire pour que l'un soit saisi par l'oreille, l'autre par les yeux.

Chaque note du clavier a sa couleur correspondante que l'on peut suivre sur la gamme spectrale. Le clavier de son côté n'est qu'une grande palette ; en en agitant les notes, on peut peindre les sons correspondants sur une surface où ils seront saisis par l'œil en couleurs simples, ou combinées dans les accords.

Rimington a, à ce sujet, imaginé un réceptable, qui, si je peux employer cette expression, *entend* le son et l'emmagasine en en notant les vibrations, lesquelles produisent, en se reflétant sur un mur ou une surface quelconque, la couleur correspondante.

Dans des séances de démonstration, qu'il a données, une symphonie de sons produits par un orchestre se manifestait par une symphonie de couleurs.

(1) On trouvera là-dessus, *in-extenso*, dans la *Revue Spirite* d'août 1917, un article spécial que j'ai écrit à ce sujet. Leymarie, 42, rue Saint-Jacques, Paris.

Il nous a fait *voir* ce que nous *entendons*. Qui maintenant nous fera *entendre* ce que nous *voyons* ?

Tous les sens répondent à des perceptions, encore embryonnaires dans notre monde, qui semblent ne nous être données que comme un avant-goût de possibilités plus hautes ; tels la Musique et les Parfums, dont les envolées insaisissables nous révèlent toute une science inexplorée au seuil de laquelle nous sommes forcés de nous arrêter.

La musique est une langue qui nous parle par un symbole dont la signification nous échappe. Les arts, les sciences, les beautés de la nature parlent à nos sens, à notre âme, une langue qu'ils comprennent, seule la Musique n'a pas livré son secret ; elle nous berce, nous charme, nous envahit, nous transporte dans le monde qu'elle veut nous expliquer, et nous ne comprenons pas. Sirène troublante, elle nous cache quelque chose que nous ne pouvons saisir, c'est-à-dire la clé des merveilles qu'elle traduit par un langage divin. Sa voix séductrice descend vers nous à travers le voile qui nous dérobe le Ciel. Elle cherche à nous l'expliquer, à nous en révéler les secrets et nous sommes impuissants à comprendre.

Ceux qui ne savent pas lire ne voient, dans un livre, que du noir sur du blanc. Quand nous entendons une langue étrangère, elle se traduit à notre oreille par un bruit sans signification.

Nous sommes ces ignorants. Il doit y avoir de même dans la Musique un langage d'une haute envolée poétique que nous ne saisissons pas. C'est la langue des sons, comme il y a la langue des couleurs et encore d'autres que nous ne soupçonnons pas, langue idéale de pensées divines des êtres supérieurs !

Et, fait étrange, nous en connaissons la grammaire, c'est-à-dire les lois de l'harmonie, mais nous l'épelons sans pouvoir la définir.

Tous ceux qui ont eu des apparitions spontanées, savent qu'elles sont souvent accompagnées d'un parfum exquis, dont la source reste pour nous un mystère.

Ce sont là les nouvelles surprises que nous réservent l'avenir et cette infatigable marée montante qu'on appelle le progrès.

Bien que je n'aie pas l'intention de m'aventurer dans le domaine scientifique, où je ne pourrais suivre que de fort loin les C. Flammarion, G. Delanne, M. Sage, le Dr Dupouy et bien d'autres illustres auteurs, je suis forcé cependant de leur emprunter quelques mots au sujet de ce fluide mystérieux, impondérable, qui est la source de la vie dans l'Univers, de la lumière, de la chaleur, du mouvement, et qu'on appelle l'éther.

Il est incontestable, dit le Dr Dupouy, qu'entre l'état gazeux et l'état primitif de la matière, il existe un grand nombre de forces caractérisées par des mouvements atomiques différents, dépendant des variations d'amplitude, des mouvements ondulatoires ou des différences du nombre des vibrations par seconde.

L'éther n'est pas une conception théorique et a d'ailleurs été isolé par Richnowski (1). Outre le rôle immense qu'il joue dans la création, cette reproduction, en petit, du fluide universel exerce sur les substances organiques une action organisatrice et plastique extraordinaire. Il active la **végétation** et permet d'exécuter la fameuse expérience des fakirs qui font pousser des plantes sous leurs yeux. Il tue toutes les bactéries, cicatrise les plaies immédiatement, et, comme les rayons X, ils font renaître une souris noyée. Il sature entièrement l'organisme des êtres vivants.

Il pénètre tous les corps et explique une infinité de phénomènes qui, sans cela, nous resteraient absolument impénétrables, comme la propagation, par vibrations en sphères concentriques, de la lumière et de l'électricité. D'ailleurs la physique nous a donné la preuve, par les phénomènes de réflexion et de réfraction, que cette propagation ne serait pas possible dans le vide.

Il en résulte que, si nous voulons chercher la cause ou la raison d'être d'où découlent les choses, il faut la demander à l'éther.

C'est là que nous trouverons ces réservoirs inépuisables de forces produites par le mouvement des vibrations, dont la puissance nous est encore inconnue. Et la matière elle-même, nous apprend Crookes, n'est qu'un mode du mouvement et repassera par l'état éthéré d'où elle vient.

Qu'est-ce donc que l'éther où se résorbent la matière et la force ? C'est, nous dit-on, la matière première, le substratum définitif de tous les mouvements (1).

(1) Dr Dupouy, *Sciences occultes et Physiologie psychique*, page 24. 4, rue Antoine-Dubois, Paris.

Certains matérialistes, qui veulent bien admettre une cause première mais qui seraient fort embarrassés de la formuler, seraient probablement bien aise de lui attribuer ce rôle.

C'est là que le périsprit va puiser les éléments reconstitutifs qu'il apporte inlassablement à notre corps pour empêcher sa destruction.

La force engendre le mouvement, mais la force n'est pas la loi. Aveugle et sans guide, elle ne pourrait produire l'ordre et l'harmonie dans l'Univers. Au sommet de l'échelle des forces, apparaît l'énergie mentale, la volonté, l'intelligence qui construit les formes et fixe les lois. Léon Denis.

Toutes ces opérations si précises, si admirablement adaptées à un but, sont dirigées par des forces qui se conduisent exactement comme si elles possédaient une clairvoyance bien supérieure à la raison. Ce qu'elles accomplissent à chaque instant est très au-dessus de tout ce que peut réaliser la science la plus avancée. Lebon.

Le corps psychique (périsprit) qui tient le milieu entre l'âme spirituelle et la matière, prend son origine dans l'éther dans lequel nous sommes plongés, que nous absorbons continuellement et que nous condensons dans notre organisme, où il se transforme en force sous l'influence de l'âme immatérielle. Dupouy.

CONCLUSION

Notre connaissance du monde et la conception de ses limites sont tributaires de nos sens, et ce qui ne les frappe pas échappe à notre conception. Or, il paraît qu'ils nous trompent complètement et que, s'ils étaient différents, tout ce que nous voyons changerait immédiatement d'aspect.

Si des êtres humains étaient constitués autrement que nous au point de vue des sens, ces sens ne recevraient pas les mêmes impressions que les nôtres et ils verraient ou concevraient les choses différemment.

Ainsi donc, nous sommes entourés d'une atmosphère fluidique qui échappe à notre conception.

Il y a des lumières que nous ne voyons pas.
Il y a des sons que nous n'entendons pas.

Il y a des couleurs que nous ne soupçonnons pas.

Il y en a d'autres qui ne sont que des reflets trompeurs et illusoires.

Il y a une multitude d'odeurs qui nous sont inconnues.

Il existe d'autres sens que ceux que nous possédons.

Il est donc des conditions dans lesquelles nous pouvons ne pas apercevoir un autre monde autour de nous, question de diapason des sens.

Celui dans lequel nous vivons est d'une complexité dont tous les mystères entrevus par nous ne peuvent nous donner la plus faible idée.

Non seulement on trouve la vie sur tous les corps célestes, mais, comme l'explique Sage, il se peut très bien qu'elle existe aussi, plus abondante encore s'il est possible, dans les espaces interplanétaires et intersidéraux, car la vie n'existe pas que dans la nature, elle est partout et on ne peut pas concevoir d'espace désert, bien qu'ils puissent le paraître à nos yeux.

On se demandait comment les animaux des grands fonds pouvaient vivre sous la pression énorme des eaux. Qui nous dit qu'il n'y a pas dans ces espaces, qui nous paraissent vides, des êtres qui se demandent comment nous pouvons vivre dans un milieu aussi dense, aussi lourd que notre atmosphère ?

Si des êtres existent dans les espaces interplanétaires et échappent à notre vision, comment oserait-on dire, quand tous les milieux que nous voyons renferment la vie, que ceux qui échappent à notre vision ne la renferment pas ? SAGE.

Où s'arrête la vie et les mystères, pour nous impénétrables, de ces mondes possibles ? Nous serions bien téméraires d'oser vouloir émettre une opinion. C'est à la Création seule de dire où les possibilités commencent et où elles finissent. (1). SAGE.

En somme nous sommes environnés de choses sans nombre qui, échappant à notre perception, sont pour nous comme si elles n'existaient pas. Ce qui nous est révélé de la nature n'est rien comparé à ce qui nous est caché. METZGER.

(1) SAGE. *La Zone Frontière*. Leymarie, 42, rue Saint-Jacques, Paris.

Nous avons vu l'intervalle immense, dans les vibrations de la lumière, dont toute la vie intérieure est pour nous lettre morte. Si nous pouvions être initiés à toute la série des mouvements dans cet intervalle béant qui doit exister, quels ne seraient pas nos étonnements et dans quel étrange milieu ne serions-nous pas transportés !

Et cependant ce monde existe, il vit et s'agite comme le nôtre, nous y baignons. Il nous pénètre et nous le pénétrons ; notre existence se mêle à la sienne comme la sienne à la nôtre et nous n'en savons rien ! METZGER.

Citons, pour finir, cette intéressante communication d'un Esprit qui signe *le Fakir* (1).

Infériorité de notre Terre. Votre planète terrestre est une des dernières nées, c'est ce qui explique son infériorité. La planète aînée de la vôtre, Mars, a une coloration rouge. C'est celle dans laquelle la vie a le plus d'analogie avec la vôtre ; mais combien plus élevés que vous ne l'êtes sont les hommes qui l'habitent. La guerre leur est inconnue, et, ce que vous appelez le *régime gouvernemental*, y est véritablement basé sur les principes de la liberté, de l'égalité et de la fraternité, qui, pour vous, ne sont que des mots. Là, tous les hommes travaillent en vue de la mutualité. Le mobile de leur activité n'est pas l'amour du bien, mais l'amour du prochain. Ils connaissent véritablement la science, tandis que l'emploi de ce mot chez vous n'a d'autre but que de cacher votre incapacité. Aussi appellent-ils votre globe, qu'ils connaissent fort bien, *la terre des ignorants*.

Ces hommes connaissent aussi la douleur, mais non la douleur physique, et les connaissances qu'ils ont acquises leur en allègent le fardeau.

Quant à Jupiter, il est tout différent de votre Terre. Ses habitants sont des corps semi-fluidiques que la maladie ne saurait atteindre. Développés par de nombreuses incarnations, ils cultivent les sciences, les arts et se préoccupent fort peu de leur nourriture matérielle qui, toute prête à être consommée, pousse, pour ainsi dire, à leurs pieds.

---

(1) *La Survie*. RUFINA NŒGGERATH, dont l'extrait ci-dessus est reproduit par Grimard, UNE ÉCHAPPÉE SUR L'INFINI. Leymarie, 42, rue Saint-Jacques.

ENTRE NOS DEUX MONDES

> Le présent est le fruit du passé et le germe de l'avenir.
> LEIBNITZ.
>
> L'homme est une chose imparfaite qui tend sans cesse à quelque chose de meilleur.
> DESCARTES.

Le séjour qui nous attend dans l'astral, entre deux existences, est basé sur le plus ou moins de progrès que nous avons faits dans notre dernière incarnation. Les hommes sont donc les propres artisans de leur avenir, selon cette parole du Christ : « A chacun selon ses œuvres. »

C'est lui-même qui se constitue ; il est le cliché vivant de ses propres actions ; la qualité même de son corps astral doit porter les traces de sa déchéance ou manifester sa grandeur. CHEVREUIL (1).

Il est, partout, suivi de ce que les Hindous appellent son *aura*, le rayonnement de ses acquis.

Lorsqu'on dit : « le présent est positif, l'avenir est incertain » c'est qu'on se place à un point de vue faux, car l'avenir au contraire est certain, il est ce que nous le préparons dans le présent, ce que nous le faisons nous-mêmes. C'est le présent qui est incertain, parce que nous ne voyons pas toujours, sous son angle véritable, le résultat que peuvent avoir nos actions du moment.

---

1) CHEVREUIL. *On ne meurt pas.* Jouve et Cie, 15, rue Racine, Paris.

Dieu a d'ailleurs mis en nous une boussole. C'est la raison, mariée à la conscience.

Cette liberté de préparer notre existence est la meilleure preuve et la meilleure expression du libre arbitre, qui nous rend les maîtres de notre destinée et nous permet de tisser nous-mêmes la trame de notre vie future.

Nous sommes influencés, avons-nous vu, par les Esprits, mais leurs conseils ne sont pas des ordres, et nous sommes libres de prendre le chemin qu'ils nous indiquent ou d'en prendre un autre.

Si nous avons ainsi préparé ce qui nous attend dans le prochain voyage, tâchons de pénétrer, fût-ce à tâtons, dans ce domaine mystérieux notre grande patrie à tous.

L'on pourrait connaître la beauté de l'Univers, disait Leibnitz, si, de chaque âme, on pouvait déplier tous les replis.

C'est ce qui arrive dès que nous avons franchi le pas.

Cet autre monde est la continuation du nôtre, mais l'un est matériel et l'autre immatériel. La matière est à l'homme ce que le monde des fluides est à l'Esprit. Quoique indépendants l'un de l'autre aux yeux de leurs habitants, ils réagissent continuellement l'un sur l'autre.

De l'autre côté de la barrière de la mort, s'écrie le Dr Mackenna, un séjour nous attend, merveilleux et dépassant tous nos rêves, comme les surprises du nôtre attendent l'enfant qui va naître.

Il est comme un lumineux océan de flots fluidiques. Près de la Terre commence cette lumière élémentaire, éblouissante à nos yeux, et sombre à côté de celle de l'Au-delà.

Dans l'intervalle des existences corporelles, l'âme vit, dans l'astral, de la vie spirituelle. L'état heureux ou malheureux où elle se trouve, est inhérent à son degré de perfection. Elle souffre par le mal qu'elle a fait et prend des résolutions viriles avant de s'incarner de nouveau, conservant toujours, pendant sa nouvelle épreuve, l'intuition, le vague sentiment de ces résolutions prises avant de naître. H. CONSTANT.

Nous avons vu le réveil des âmes dans les grisantes réalités d'une autre vie, au lieu de retomber, comme au réveil quotidien du corps, dans le songe de l'existence terrestre. Nous avons vu quelle était la vie dans cet autre monde.

C'est le séjour de l'éternelle justice, tempérée par l'amour, et c'est en vertu même de cette justice que toutes les douleurs de la Terre sont comptées à notre avoir et trouvent, ainsi que tous les maux dont nous avons souffert, une juste compensation.

Arrivée à un point culminant du progrès, l'âme jouit de la suprême félicité, elle a sa place parmi les missionnaires du Tout-Puissant, parmi ses ministres directs pour le gouvernement des mondes, ayant, sous ses ordres, des Esprits à différents degrés d'avancement. H. CONSTANT (1).

Les Esprits ont, les uns sur les autres, une autorité relative à leur supériotité et qu'ils exercent par un ascendant moral irrésistible. ALLAN KARDEC.

Malheureusement il n'en est pas de même pour tous, car les tares et les vices humains retarderont, dans des périodes d'expiation, leur pèlerinage des existences. Ceux qui ont souillé leurs mains dans des crimes, qui ont brisé, par le suicide, l'étape qu'ils avaient à parcourir, connaîtront le véritable enfer, non l'éternel enfer de flammes de l'orthodoxie, mais l'enfer, heureusement temporaire, de la conscience, comme nous allons le voir plus loin.

Déjà, sur Terre, nous avons un avant-goût des reproches de notre conscience. Lorsque nous perdons un être cher, elle fouille tout le passé et nous met sous les yeux les torts que nous avons eus envers lui. Les reproches que nous nous faisons de notre vivant, se traduisent par des remords dans l'autre monde.

Si déjà ces sanctions viennent éclairer nos faiblesses et nous reprocher nos écarts, quel ne sera pas le tableau que nous apportera le réveil de la conscience de toute une vie ?

Mettons donc notre temps d'épreuve à profit. Dieu nous permet de tomber dans certaines fautes pour nous ouvrir les yeux, écart voulu qu'il nous pardonnera parce qu'il nous l'envoie comme

(1) HENRI CONSTANT. *Etude Philo ophique*, page 207.

un avertissement salutaire ; mais si nous y retombons, nous n'aurons plus ni excuse ni espoir de pardon.

Nous passons par la pauvreté et la richesse, la puissance et l'humilité, les honneurs et les hontes, les avantages et les tares physiques, car c'est à ces écoles que nous modelons peu à peu notre perfectionnement moral.

Soyons donc indulgents pour les pauvres et les déshérités, car ce qu'ils sont, nous l'avons été, ou nous le serons nous-mêmes quelque jour.

La beauté, comme la richesse, comme la grandeur, sont des épreuves pleines d'écueils, bien plus difficiles à vaincre qu'il n'est difficile de supporter les épreuves de la misère, parce que le possesseur de ces biens, trompé par les apparences, croit pouvoir en jouir à son aise, y puiser sans réserve et ne voit pas le piège qui lui est tendu.

Ces filles de la Terre pour qui les étoiles sont les clous d'or qui retiennent les draperies d'azur d'un ciel vide, comme leur cœur ; dont la pensée n'est orientée que vers les mondanités qui flattent leur être de chair et vers les cupidités qui peuvent alimenter leur soif d'oripeaux ; vivant dans l'atmosphère du mépris qu'elles professent et qu'elles inspirent ; gaspillant leur âge d'or en attendant l'âge de remords qu'elles préparent ; toutes ces filles du plaisir vivent la vie de l'animal qui est en elles.

Si nous avons fait du tort à quelqu'un sur la Terre, nous aurons à subir à notre tour ce que nous avons fait aux autres, et peut-être eux-mêmes nous le feront-ils expier dans une autre existence.

Il y a même fréquemment des cas curieux de parents dénaturés qui, ayant martyrisé leurs enfants, se réincarnent eux-mêmes comme les enfants de ceux qu'ils ont maltraités, afin de subir le même traitement, quand, du fait de ce traitement, les enfants ont acquis des instincts cruels.

Ceux qui ouvrent les yeux à ces avertissements, qui s'examinent, qui voient le gouffre menaçant et séducteur, ceux qui se réforment à temps, abrègent le pélerinage de leurs existences, en échappant peut-être à quelques autres réincarnations pénibles, que la lumière spirite les aidera à enjamber.

Peut-on dire que l'intention équivaut à l'action ? Si l'intention de faire un bien, mais qu'on n'a pu faire, est récompensée, également l'intention d'un mal, que l'on n'a pas fait, doit être punie. Laquelle est la pire, de la préméditation ou de l'action ?

Nous commettons étourdiment des fautes, puis nous demandons à Dieu de nous les pardonner. Est-ce logique ? Il est beaucoup moins facile de réparer une faute que de ne pas la commettre.

Les peines les plus cruelles ne sont pas toujours celles qu'on nous impose, parce que notre esprit, en se révoltant contre elles, trouve, en quelque sorte, dans cette protestation platonique et consolatrice, une espèce de soulagement, d'atténuation. Bien pires sont celles que nous nous imposons à nous-mêmes ; et Dieu a fait la plus cruelle de toutes en nous donnant le remords, ce vautour rongeur que nous ne pouvons pas chasser, qui est en nous et que nous nous imposons quand notre conscience, notre propre justicier, nous y condamne.

Le châtiment du crime est dans le crime lui-même, dit justement Sénèque.

Si tous étaient bien persuadés de cette vérité que le c̄iment, tôt ou tard, sous une forme ou sous une autre, atteindra inévitablement le coupable, obligé d'expier et de réparer, bien des crimes n'en seraient-ils pas empêchés ? Pas de barrière plus sûre contre le mal moral que la connaissance de la vérité et de la certitude que la faute retombe toujours sur celui qui l'a commise. Metzger.

Cette claire conception de la vérité nous est malheureusement cachée par ce fait que toutes nos facultés sont, à un haut degré, étouffées par le voile de la chair. Notre conscience est dans un état indéfinissable, élastique et latent, alors qu'au sortir de ce monde, elle se dresse devant nous dans la plénitude de sa mission, pour se constituer notre propre juge.

Il n'est pas sans intérêt d'aborder la question des races évolutives sur la Terre, mais comme elle est bien mieux exposée que je ne pourrais le faire par Allan Kardec (1), je vais reproduire cette page dictée par ses grands guides de l'espace.

« Il y a sur la terre des races humaines qui disparaissent, d'autres ont pris leur place, comme d'autres prendront la nôtre un jour. Les races plus perfectionnées qui les remplaceront, descendront de la race actuelle, comme les hommes civilisés d'aujourd'hui descendent des êtres bruts et sauvages des temps primitifs.

Que penser à l'idée que nous avons tous été des anthropophages et des êtres sauvages, comme ceux que nous réprouvons actuellement avec horreur !

Le besoin de destruction s'affaiblit chez l'homme à mesure que l'esprit l'emporte sur la matière.

Dans les mondes plus avancés, les êtres n'ont plus besoin de s'entre-détruire pour se nourrir. L'épuration amène chez eux le perfectionnement moral. Les passions animales s'affaiblissent et l'égoïsme fait place au sentiment fraternel. Les guerres sont inconnues, les haines et les discordes sont sans objet, parce que nul ne songe à faire du tort à un semblable.

Les fléaux sont des orages passagers, dans la destinée des peuples, pour les faire avancer plus vite. Tous les êtres ont été créés simples et ignorants. Dieu n'a pas créé d'esprits mauvais, ceux qui le sont, le sont devenus par leur volonté, chacun répondra de tout le mal qui aura été fait à cause du bien qu'il n'aura pas fait.

Nous avons des existences corporelles qui sont sans résultat parce que nous n'avons pas su les mettre à profit. Ce que nous croyons parfait dans cette vie est loin de la perfection. Il y a des qualités qui nous sont inconnues et que nous ne pouvons comprendre.

Plus l'homme avance en science et en moralité, moins les épreuves sont longues et pénibles.

On ne rétrograde pas, on peut occuper des positions sociales inférieures, mais l'esprit ne peut descendre. L'âme d'un homme de bien ne peut occuper le corps d'un scélérat. Les rangs parmi les hommes sont souvent en rapport inverse des sentiments moraux. Hérode était roi et Jésus charpentier.

L'égoïste, le matérialiste, tous ceux qui ne croient à rien, s'aperçoivent qu'ils se sont trompés et apportent un sentiment contraire dans une nouvelle existence. C'est ce qui fait qu'il y a sur la terre des hommes plus avancés les uns que les autres. Les uns ont déjà une expérience que les autres n'ont pas encore.

La vie est une sorte d'étamine ou d'épuratoire. La perversité précoce

---

1 ALLAN KARDEC. *Le Livre des Esprits*. Leymarie 42, rue Saint-Jacques, Paris.

chez les enfants ne vient pas de l'éducation, mais de l'infériorité de l'Esprit. Il subit les influences, non de ses actes d'enfant, mais de ceux de ses existences antérieures.

Le rôle des parents dans la création est simplement de donner aux enfants la vie animale, mais l'Esprit y apporte sa propre personnalité. C'est ainsi qu'un père stupide peut avoir des enfants d'esprit et *vice-versa*.

Les réincarnations, qui vous donnent plusieurs pères et plusieurs mères, ne détruisent pas les liens de la famille, mais les étend.

Ces liens sont souvent fondés sur des affections antérieures.

Dans les autres mondes, la durée de la vie correspond au degré physique ; moins le corps est matériel, moins il est sujet aux vicissitudes qui le désorganisent. Plus l'Esprit est pur, moins il a de passions qui le minent.

C'est encore là un bienfait de la Providence qui veut ainsi abréger les souffrances.

L'esprit y est plus libre et a, pour les choses éloignées, des perceptions qui nous sont inconnues. Il voit par les yeux du corps ce que nous ne voyons que par la pensée.

Nous revivons sur le même globe jusqu'à ce que nous soyons assez avancés pour passer dans un monde supérieur, mais nous avons pu vivre auparavant ailleurs que sur la Terre. »

Le mouvement de progrès attendu sur la Terre s'accomplira par l'incarnation d'un nombre d'Esprits plus élevés, qui deviendront des exemples, des guides terrestres, des instruments de progrès et formeront une génération supérieure à ses devancières. Ils formeront une grande mobilisation spirituelle de missionnaires, devant laquelle tomberont tous les obstacles accumulés par le scepticisme moderne, car la véritable évolution de notre humanité au point de vue moral, est à peine commencée.

LA LÉGENDE DU CIEL ET DE L'ENFER

> Toute religion qui damne est une religion damnable.
> ELIPHAS LÉVI.

De toutes les absurdités dont le catholicisme a émaillé sa flore, celle-ci est bien la plus cynique et la plus cruelle.

La localisation des lieux, en ce qui concerne le monde spirituel, n'est que le résultat de nos facultés bornées, qui ramènent tout aux limitations de notre champ de conception, et ont besoin de tout matérialiser pour le comprendre.

Les êtres sont tels que Dieu les a faits, ce sont ses enfants, il en est responsable ; se figure-t-on ce père dénaturé qui condamnerait ses enfants parce qu'il les aurait faits imparfaits ? Étant le passé, le présent et l'avenir, il sait, en créant l'âme, qu'elle faillira. Il aurait donc voué de lui-même, aux peines éternelles, le pauvre innocent qu'il vient de créer. Et comme les êtres sont une parcelle de son essence infinie, un des atomes qui composent ce grand Tout, c'est comme s'il condamnait au feu éternel des parties de lui-même.

Vraiment, si l'on croyait les inventeurs de pareilles inepties, le Dieu qu'ils font serait pire qu'ils ne sont eux-mêmes.

Mais attendez, toujours d'après les légendes surannées de l'Église, ils ne sauront s'ils sont vraiment coupables qu'au Jugement Dernier. Jusque-là, comme prison préventive, on les envoie goûter de l'Enfer. Or, les Catholiques n'admettent le monde que depuis quatre mille ans (ils ne disent pas ce que sont devenus ceux qui l'ont habité quelque centaine de mille ans auparavant) mais c'est déjà joli. Voyez-vous, pour les premiers hommes, ce rôtissage provisoire de quatre mille ans sans savoir s'ils seront définitivement reconnus coupables ou non ?

Or, voilà où la légende, prise à son propre piège, s'embrouille et patauge, car considérez le tableau absurde qui en découle. L'heure du Jugement Dernier sonne. C'est une espèce de cour d'appel ou de cassation, où tous les condamnés paraissent de nouveau devant Dieu, qui révise ou confirme ses jugements antérieurs. Ils ne sont donc pas infaillibles ; et vous voyez d'ici l'attitude de ces pauvres expectantes victimes d'une erreur judiciaire, car il doit y en avoir, du moment où il y a revision de jugement. Quelle compensation leur donnera-t-on ?

Bien entendu, ils paraissent avec ou sans leurs corps. S'ils arrivent à les reconstituer, un grand nombre seront forcément très incomplets, leurs os ayant été disséminés ou utilisés à d'autres usages. Aucuns ne se reconnaissent, la physionomie étant l'œuvre de la chair qui recouvre les crânes. Or, ici, pas de chair, dévorée depuis longtemps, rien que des squelettes calcinés. Curieuse exhibition. Même difficulté de se reconnaître si l'âme seule paraît.

Il faut cependant bien que quelque chose de nous soit présent.

Mais les dogmatistes se heurtent à leur propre ignorance en voulant brûler les âmes, sur l'essence immatérielle desquelles ni le froid ni le chaud ne peuvent agir. Il a été démontré que les 273 degrés de l'astral et les quelques millions de degrés de chaleur des soleils n'avaient aucune action sur la matière péripritale.

Alors qu'est-ce qu'ils brûlent, puisque les corps sont consumés et que les âmes sont intangibles ? Ces démentis inattendus de la science, joints à tous les autres, démolissent pierre par pierre, tout leur édifice.

Ceux qui voudront être admis à ces tardives assises feront bien de retenir leurs places dès à présent, car la vallée de Josaphat, où elles doivent avoir lieu, est déjà trop petite pour contenir la millième partie des générations passées.

Jusque là, l'absurdité de cette macabre invention est assez flagrante, mais elle continue à s'affirmer.

Jésus-Christ viendra en personne, disent les dogmes, juger les vivants et les morts. Mais alors que serait-il venu faire sur la Terre, puisque sa venue, disent-ils, devait racheter le péché originel et les fautes des hommes et n'a rien racheté du tout, du moment où il vient pour les juger et les condamner ?

Il a même si peu racheté le péché originel que l'Église s'est empressée, après lui, d'instituer le baptême dans le même but. Or, qu'était-ce que ce prétendu péché originel ? Simplement la loi de rapprochement, sans laquelle l'humanité aurait été limitée aux deux premiers êtres. Or, si Jésus était venu racheter cette faute, pourquoi lui-même aurait-il dit : « Croissez et *multipliez* ? »

Ensuite, Adam et Ève n'ont eu que deux fils, Caïn et Abel ; pas de fille. Alors qui a perpétué la race ?

Continuons. L'être n'est responsable que jusqu'à concurrence de l'état de son entendement, puisque, nous assure-t-on, *les pauvres d'esprit* iront dans le royaume des cieux. Or l'être, quel qu'il soit, obéit à une nature, à des instincts, à des prédispositions qu'il subit ; il hérite même de tares ancestrales. Et le voilà, de par ces imperfections, exposé à être condamné pour des fautes involontaires, s'il n'a pas, comme alibi, la chance d'être un *pauvre d'esprit*. Qui est responsable ? Lui ? Ce serait flagrant d'injustice. C'est comme si l'on reprochait à un bossu d'avoir une bosse, à un aveugle de ne pas voir.

Si ces pauvres âmes se présentent, dénudées, sans leur carcasse humaine, elles rejetteront naturellement leurs fautes sur les défaillances charnelles, les influences de milieu, les entraînements, une éducation faussée, les luttes de la vie, les cas de force majeure, de légitime défense, etc. En un mot, elles plaideront les circonstances atténuantes. Mais à quoi bon, s'il n'y a pas atténuation de la peine pour les peccadilles, si le maximum est appliquée à toutes les fautes, grandes ou petites ? Quel travestissement de la justice divine ! Où sera-t-elle cette justice ? Car, si les faibles d'esprit ont le royaume des cieux, le fou qui tue, par exemple, est inconscient, irresponsable et doit les y suivre, alors que la victime morte à l'improviste, sans le sauf-conduit du prêtre, fût-elle un saint, descendra de l'autre côté.

Je m'arrête, pour ne pas m'empêtrer dans l'absurde, et je vais laisser la parole à M. Metzger.

Non, Dieu n'est pas le croquemitaine grotesque ou odieux que nous devons à l'imagination perverse de théologiens sans cœur ni entrailles. Il n'est pas celui de saint Augustin qui damne impitoyablement, sans rémission possible, les enfants morts sans baptême, ni celui de Calvin qui prédestine, de toute éternité, les uns au salut, les autres à l'Enfer.

Ne fallait-il pas avoir perdu tout sens et toute mesure, pour prêter, à la cause suprême, des monstruosités qui ne pouvaient éclore que dans des cerveaux déséquilibrés par l'abus de la logique ou les excès du fanatisme.

Il ne se peut pas qu'un homme soit jugé sur ses croyances seulement. Comment, ignorant comme nous le sommes tous plus ou moins, choisir sûrement, entre toutes, la foi qui sauve ?

D'ailleurs, quelque soit la faute, la disproportion serait infinie entre la faute et le châtiment. Et alors, à quoi serviraient des souffrances infligées et endurées sans but comme elles sont sans mesure, car dans cette absurde invention de l'Enfer, le coupable ne peut s'améliorer ni réparer. L'éternité passera sur son âme sans la modifier. Cette stérilité des angoisses et des douleurs, incessamment renouvelées, des méchants, est-elle compatible avec l'idée divine que nous ne séparons pas de celle de justice, d'amour et de pardon ?

L'Église dit : « Qu'on ait été médisant, calomniateur, voleur, assassin, pourvu qu'on croie, fût-ce au dernier moment, tout est sauvé. Tandis que les victimes qu'on a faites et auxquelles on n'a pas laissé le temps de se repentir et de se mettre en règle avec Dieu, souffriront peut-être toute l'éternité des douleurs intolérables et inextinguibles. » Telle est l'interprétation, que, dans sa mauvaise foi, l'Église a osé donner à l'enseignement du Christ. Que ne dirait-il pas s'il revenait parmi nous, et sous quelles apostrophes indignées n'accablerait-il pas ceux qui ont ainsi mutilé sa doctrine ?

Combien plus vraie la doctrine de Platon qui faisait des peines de la vie future un moyen d'éducation, l'âme ne souffrant d'avoir mal fait que pour être amenée à reconnaître son erreur et à s'amender.

La justice humaine, mieux éclairée, tend à l'amélioration des coupables. Quels qu'aient été leurs crimes ou leurs forfaits, on essaie de les ramener au bien. Et ce que fait la justice humaine, si imparfaite, hélas !

on voudrait le défendre à celle de Dieu qui a pour elle l'éternité comme elle a la toute science.

Pour nous spirites, la porte du salut reste toujours ouverte au pêcheur. Libre et responsable, il lui est loisible de persévérer dans le mal ou d'y renoncer, soit qu'il vive en son corps sur la Terre, ou que, le corps mort, son existence se poursuive sur un autre plan.

La mort n'est donc pas une solution définitive. L'âme revêtue de son enveloppe spirituelle poursuivra sa marche dans l'Au-delà, libre encore, libre toujours, du bien comme du mal. Elle se crée elle-même sa destinée.

La résurrection, ce n'est pas la vallée de Josaphat, ce ne sont pas les assises tardives d'une justice partiale ; la résurrection, c'est l'heure de notre mort et le Jugement Dernier est celui que porte notre conscience sur ses propres fautes.

En un mot le Ciel et l'Enfer ne sont pas des lieux, mais des états d'âme.

Le grand mystique persan Omar Khayyâm avait exprimé déjà cette conviction dans de beaux vers, dont voici la traduction :

> J'ai envoyé mon âme dans le monde des Invisibles
> Pour qu'elle revienne m'en épeler les mystères.
> Et lorsqu'elle revint à moi, elle dit :
> Moi-même suis le Ciel et l'Enfer.

Cette élévation morale qui est en nous, à côté de notre bestialité, n'est-elle pas, en effet, l'image que nous portons en nous-mêmes, du Ciel et de l'Enfer ?

Après l'Enfer biblique, passons à l'Enfer spirite.

En remontant quelque soixante à quatre vingt mille ans, on retrouve dans la doctrine des Védas, mot qui veut dire Vérité, les principes immuables de la doctrine spirite, tels qu'ils ont été, tels qu'ils seront et resteront.

L'Église romaine qui n'a pris naissance qu'à la suite du Concile de Nicée, ne compte que quinze siècles d'existence, et, comme tout ce qui est édifié sur l'erreur, elle s'émiette et ne laissera, dans l'histoire, que le sinistre souvenir de crimes commis sous le couvert de l'Évangile.

Le Spiritisme, essence du Christianisme, lavera celui-ci des éclaboussures que lui a infligées le catholicisme dans sa vénale exploitation de la crédulité publique. C'est le devoir du progrès d'éclairer les masses en les tirant des erreurs où les ont plongées des intérêts de doctrine.

Nous avons vu que notre conscience est notre propre juge, mais elle ne s'éveille ou ne se révèle dans la plénitude de ses fonctions qu'à la mort. Jusque-là son action semble étouffée.

C'est alors que nous voyons combien la transgressent facilement tous ces aveugles volontaires de la terre. Mais ils ne perdent pas pour attendre. Ce qu'on appelle la justice divine et que Dieu a mis en chacun de nous, avec l'étincelle de lui-même qui nous constitue, les guette, sans compromis et sans échappatoire, à l'heure des comptes à rendre.

L'Enfer est en nous et c'est nous-mêmes qui le préparons en nous adonnant à l'excès à des jouissances matérielles, dont nous serons privés quand nous n'aurons plus l'instrument récepteur de ces jouissances qui est notre corps. Mais, bien que l'être matériel assouvisse le besoin et s'en fasse une nécessité par l'accoutumance, il n'en est que l'esclave et non le créateur. Il l'encourage par le plaisir de la sensation, mais reste toujours assujetti à la volonté supérieure de l'être moral.

Pour l'ivrogne, par exemple, la volonté de boire qui a, peu à peu, créé le vice, a intensifié le désir. Celui-ci procède de l'être moral et quand le corps n'est plus là pour savourer cette jouissance, l'être conscient y est toujours et en ressent le désir et le besoin. Ne pouvant le satisfaire à cause de l'absence de son corps, il est poursuivi sans cesse par ce désir qui reste inassouvi, ce qui le torture, le poursuit d'une soif inextinguible, d'une douleur exaspérante.

Toutes les faiblesses charnelles, tous les vices conduisent à cet Enfer moral. Les morphinomanes, les fumeurs d'opium, les satyres, les envieux, les avares et, en principe, toute l'armée du vice et tous ceux qui s'attachent à un besoin qu'ils ne pourront plus satisfaire plus tard, sont, par son arrêt brusque, par la privation, les ouvriers de leurs propres tourments.

Tous créent, pendant leur existence, cet Enfer qu'ils se préparent et qui portera bientôt en lui sa punition ; punition dont ils ne doivent accuser personne, puisqu'ils se la sont infligée à eux-mêmes. Elle durera en proportion de leur morbide appétence, et leur servira d'ailleurs de purification en même temps que d'expiation.

Comme on le voit, il y a des dettes qui se paient dans l'astral et il n'est pas toujours nécessaire de recourir à une nouvelle incarnation pour purger certaines des impuretés contractées dans l'existence terrestre.

Lorsque l'expiation aura atténué les égarements, lavé par la douleur cette fangeuse enveloppe qui a recouvert l'être primitif d'une tare avilissante, alors l'être purifié se souviendra de ses côtés humains, et ceux-ci finiront par dominer sa nature égarée pour le tirer du bourbier.

Beaucoup d'entre nous ont déjà, sur la terre, expié une grande partie de leurs écarts par la souffrance, les déceptions, les afflictions, les revers de toute nature, en même temps que, par de généreuses impulsions ou de bonnes actions, ils ont effacé bien des fautes.

C'est par la charité, les sentiments généreux, l'abnégation et le dévouement que l'on fait son Ciel. C'est l'équilibre de justice éternelle qui punit ou récompense nos actions par leurs propres conséquences.

Parmi les crimes qu'elle réprouve au suprême degré se trouve le suicide. Aussi sa punition est-elle de nature à bannir à jamais de nos mœurs cet acte désespéré, si elle était connue. Les inconsolables qui se suicident, croyant ainsi aller retrouver l'être aimé, en sont, au contraire, plus que jamais séparés par le refus qui leur est fait de le voir, torture morale indescriptible.

Le Dante nous montre ce suicidé par amour, à la suite de la mort de sa bien-aimée, venant chaque jour à la limite du Ciel pour s'entendre dire : « Tu ne la verras que demain. » Toujours demain !

Le suicidé reste dans les ténèbres jusqu'à la minute marquée pour l'heure naturelle de sa mort, rongé sans répit par les affres qui le font assister à la décomposition de son corps. Il ne se croit pas mort et cependant il sent les vers ronger sa chair. Il ressent toute mutilation de son cadavre comme s'il était encore en vie. Un doute s'étant élevé au sujet de la mort suspecte d'un suicidé, l'autopsie en fut ordonnée et il sentait chaque coup du bistouri donné par le chirurgien comme si l'on le vivisectait. Un autre, dont le corps fut livré à la crémation, dit qu'elle lui avait fait endurer des souffrances épouvantables.

Le suicidé est torturé, comme s'il était encore en vie, par les besoins physiques qu'il ne peut satisfaire parce qu'il a lui-même détruit les organes qui pouvaient seuls le servir. Il se trouve ainsi esclave d'un cadavre, lié au corps dont il avait cru se débarrasser, jusqu'au jour du terme qui lui apportera la délivrance. Il est alors appelé à une nouvelle incarnation dans un être inférieur, pour recommencer l'épreuve qu'il n'avait pas eu le courage de suivre jusqu'au bout.

Le criminel placé en présence de son crime en voit toute l'horreur. Toutes les circonstances qui, sur Terre, lui avaient paru le justifier, se retournent contre lui et l'assiègent de terreurs folles. Ses victimes couvertes de sang se dressent devant lui. Il cherche à en détourner la vue et ne peut fuir. La conscience devenue vivante le harcèle malgré ses appels de « grâce ! » et de « pardon ! » auxquels elle répond : « Les as-tu entendus ces appels quand tes victimes te les adressaient ? »

Meurtriers, séducteurs et vous tous qui avez failli sur la terre, pensez à l'incorruptible justice qui vous attend, une torche à la main, pour mieux éclairer à vos yeux la vision vengeresse de vos crimes et de vos écarts.

On se demande également quel doit être le rôle de ces tyrans modernes qui sont tombés dans la cruauté des barbares sans avoir, comme eux, l'ignorance comme excuse ; de ces potentats chargés de crimes, fossoyeurs éhontés et inlassables, qui ont créé une tombe prématurée à la fleur de nos jeunes générations, lorsqu'ils verront la déchéance, l'abîme qui les attend, et lorsque, au-dessus de l'ombre où ils se débattront sans merci, ils sentiront passer les âmes lumineuses de leurs victimes, car ils auront à rendre compte de chaque être dont ils auront causé la mort. C'est un compte que, sur Terre, ils devront régler avec l'histoire et, dans l'autre monde, avec Dieu.

Il est certain qu'ils ne doivent pas en mener large dans leur existence astrale. Comme pour mieux accentuer leur état de dégradation, leur humiliation, le remords les fera reculer avec horreur devant l'apparition de ces silhouettes des humbles, débarrassés du cauchemar de la vie pour, redevenir simplement des Esprits comme eux, sans la distinction des niveaux sociaux de la Terre, mais ayant repris la place que leur assigne leur avancement moral.

Ces potentats de la Terre, alors les plus grands et les plus forts, qui les avaient écrasés sous le talon, envient aujourd'hui le bonheur de ceux qu'ils ont frappés. Où est-elle maintenant leur toute puissance ? Où est-il cet orgueil inextinguible, où est-elle cette auréole du trône, assoiffée de gloire et pétrie de crimes, pour assurer la grandeur d'un seul au prix de la déchéance de tous ?

Dans combien d'incarnations pénibles ces monstrueux bourreaux ne vont-ils pas traîner les tortures de leur conscience pour racheter le passé ?

Mais, de même qu'il y a des hommes providentiels venus parmi nous pour éclairer le monde, de même des monstres qui se réincarnent avec tous leurs appétits sanguinaires deviennent quelquefois des justiciers, inconscients de leur mission, qui ajoutent à leur passif une liste de victimes nouvelles.

Torquemada était un de ces monstres. Qui dit que ses victimes, ou du moins une bonne partie, n'expiaient pas, en montant au bûcher, des crimes passés, et que les autres n'inscrivaient pas à leur actif les cruautés que leur imposait injustement le grand inquisiteur espagnol ? Qui dit que les torches vivantes de Néron, les suppliciés, les torturés, comme Damiens écartelé, ne payaient pas, par la torture, une dette criminelle du passé ?

Tout ce qui nous paraît monstrueux en ce monde n'est souvent dû qu'à la loi d'équilibre entre la faute et son expiation. Il n'existe pas d'injustice et tout a sa répercussion dans le mal comme dans le bien.

Aussi que de martyres, de vies misérables dans les bas-fonds de l'humanité, la justice de cette conscience, qu'ils avaient étouffée dans leur existence, ne va-t-elle pas exiger comme prix du pardon ? Et quand vous verrez des êtres abjects, abreuvés de toutes les misères, objets de tous les coups de l'adversité, ne criez pas à l'injustice, mais souvenez-vous des bourreaux couronnés et dites-vous : « C'est la Justice qui passe. » Si l'on vous disait que cet homme en haillons s'est assis sur un trône, ne vous étonnez pas, ce doit être le sort de bon nombre de souverains.

Le voilà l'Enfer, le seul possible, le seul juste.

Quant aux victimes des guerres, aussi bien que ces pauvres êtres qui tombent sous le couteau des assassins, ne vous méprenez pas sur le rôle qu'ils ont joué dans ces drames. La justice de Dieu ne connaît pas d'exceptions. Parmi ces victimes, les unes n'ont fait qu'acquitter une dette d'expiation, elles ont payé à leur tour quelque faute commise par elles antérieurement. Pour d'autres, c'est un échelon franchi par un sacrifice immérité, qui leur vaut une place meilleure dans l'acheminement ascensionnel.

Toutes les vies sombres de la terre ne sont cependant pas l'objet d'une expiation. Beaucoup qui savent que la souffrance et les épreuves, même imméritées, sont un des moyens rapides d'avancement qui leur permet d'enjamber plusieurs étapes laborieuses, ont la courageuse volonté de choisir, dans ce but, une vie de pénibles épreuves. Ils préfèrent parmi les diverses incarnations que leur offrent leurs guides, celle qui, la plus dure, conduit le plus directement au but.

L'Esprit qui, sorti de la vie, en contemple le cours, voit combien il s'est écarté du but, du progrès qu'il s'était proposé et qu'il n'a fait qu'ébaucher ; et il a conscience des nouvelles incarnations nécessaires. Mais bien que la tâche soit restée inachevée, le repos dans l'astral est de toute nécessité parce qu'un être ne pourrait subir les luttes, sans discontinuité, de deux existences consécutives. La lassitude de la vie, la trêve forcée dans le monde de repos, lui permettent de se recueillir et de reprendre de nouvelles forces, de nouvelles résolutions pour continuer sa marche en avant.

Rien ne se perd, chaque douleur efface une faute. Le grand livre de la destinée enregistre toutes les actions, les intentions, les bonnes comme les mauvaises, les sacrifices, souffrances, dévouement, abnégation. Tout, le bien comme le mal, a sa place dans la balance finale.

Il n'y a pas de balle perdue. Chacune frappe où elle doit frapper, et si elle se trompe, chaque épreuve imméritée s'inscrit, à l'avoir de la victime, dans le bilan de la dernière heure.

Une balle perdue serait une manifestation du hasard, or le hasard n'existe pas, car il serait l'imprévu, c'est-à-dire une restriction à la prévoyance, à la connaissance, à la volition du Créateur qui plane sur toutes choses. Ce serait une diminution de sa puissance, il ne serait plus infini.

Tout obéit à des lois qui nous échappent, dont nous ne voyons que les effets et auxquelles, faute de pouvoir les expliquer, nous donnons les noms de hasard, chance, coïncidence, imprévu, etc.

Nous avons vu, au chapitre de la mort, que, souvent, des Esprits descendent, pour les recevoir dans l'autre vie, sur des soldats qui *allaient être frappés.*

Nous avons vu également ce soldat au front qui, en train de creuser une tombe à un camarade défunt, entendit tout d'un coup une voix intérieure lui crier : « Sauvez-vous, vite. » Ayant cru néanmoins pouvoir achever son ouvrage, la même voix répéta : « Mais sauvez-vous donc ! » Cette fois, il s'éloigna, et il n'avait pas fait dix pas qu'une bombe frappait l'endroit qu'il venait de quitter.

N'est-ce pas là une preuve, puisqu'il était connu de son protecteur occulte, que le point précis où elle devait tomber était marqué et n'était point l'objet du hasard.

Comme autre preuve que le hasard n'existe pas, nous avons vu, page 278, ce cas, rapporté par M. de Rochas, d'un célèbre chirurgien qui avait rêvé anticipativement le nombre correct des numéros gagnants d'une loterie, et celui de M. Gallet, qui avait été prévenu par une intuition obsédante, du nombre de voix qui déterminerait l'élection présidentielle de M. Casimir Périer.

On pourrait multiplier ces exemples à l'infini ; ils ne sont pas plus extraordinaires que la prémonition de morts, à jour et heures fixés, et révélées quelquefois longtemps d'avance.

Un mot de la grande guerre. Peut-on attribuer ses causes aux auteurs visibles ? Non, pas plus qu'on ne peut attribuer uniquement la fortune des batailles à ceux qui les exécutent, mais qui ne sont que les instruments de forces invisibles qui les conduisent. Derrière chaque engin, un voyant pourrait découvrir la présence de ceux qui, en dirigeant ses mouvements, donnent à l'humanité son impulsion vers les destinées futures.

La marche du conflit, nous dit une communication faite à Tudor Pole (1), est depuis sept ans résolue dans le monde où se poursuivent les destinées, par delà l'horizon de la conscience humaine.

Les ambitions personnelles, l'égoïste orgueil sacrifiant les masses au bon plaisir d'un seul, ne seraient qu'un instrument. Le conflit est plus haut et n'est que la matérialisation, sur la terre, de tout un travail préparatoire fait, dans l'astral, par des puissances occultes.

L'heure expiatoire d'une dynastie de bandits avait sonné.

---

(1) *La Grande Guerre*, Beaudelot, 30, rue du Bac, Paris.

DIEU

> Si Dieu n'existait pas, il faudrait l'inventer.
> VOLTAIRE

Qu'est-ce que Dieu, ce grand inconnu qui symbolise le mystère de la Création ?

La réponse est bien simple, nous n'en savons rien.

C'est un nom conventionnel qui ne donne aucune explication et aucune idée de ce qu'il représente. Comment nous, qui ne pouvons ni comprendre ni définir l'électricité, la lumière, les fluides, la nature de la pensée, l'infini, pourrions-nous arriver à concevoir ce mystère qui est là partout, qui se manifeste dans tout, que nous avons en nous et dont pourtant toute conception nous échappe. Est-ce une abstraction, une entité, une essence ou autre chose ?

On nous dit qu'il a tout créé. Assurément, car s'il n'avait pas tout créé, quelqu'un aurait créé le reste et il ne serait plus l'infini.

Au surplus si nous sommes entourés de mystères sans nombre, celui qui les a créés est bien le plus grand de tous. Il résume en lui deux fois l'infini : l'infini de l'Être lui-même et l'infini de l'impossibilité de s'en faire une idée. S'il nous était possible de le comprendre, ce serait déjà l'amoindrir. Comme dit Éliphas Lévi, un Dieu défini est un Dieu fini.

On l'appelle Dieu faute d'un mot plus grand, dit Victor

Hugo, mais quelque grand que soit le mot il ne peut jamais, n'étant pas l'infini, être à la hauteur de sa nature infinie.

C'est l'x du grand problème. Ne pouvant mieux le désigner, nous le traduisons par un mot vague qui ne signifie rien, qui n'explique rien, mais qui contient tout.

Glorifié par les uns, nié par les autres, monopolisé par les religions, mobilisé pour leur défense par certains peuples, nous sommes comme une réunion d'aveugles donnant chacun son avis sur les couleurs.

En effet, les peuples ont fait une terrible consommation de dieux de toute espèce. Si le seul fait de les créer avec notre imagination suffisait pour qu'ils existassent, quelle terrible armée de rivaux célestes n'y aurait-il pas là-haut !

De tout temps l'homme a façonné Dieu suivant ses besoins. Les religions en disposent comme s'il leur appartenait et l'assaisonnent à leurs intérêts sans le consulter.

Que dire de blasphèmes comme ce cri de « *Dieu le veut !* » poussé par les sicaires du duc de Guise, dans cette terrible nuit de la saint Barthélemy, lorsque les poignards s'abaissaient de toute part sur les malheureux coréligionnaires de Coligny ?

Ce *Dieu le veut* a, dans l'histoire de la catholicité, retenti comme excuse à tous les crimes.

En Angleterre et aux États-Unis, où les sectes pullulent, il surgit fréquemment des religions nouvelles (et quelquefois d'ailleurs chez nous aussi) (1). Elles sont au nombre des inventions communes. A quand le brevet S. G. D. G. ?

On ne peut pas définir l'inconnaissable, car n'ayant ni forme, ni limite, il faudrait être Dieu lui-même pour nous expliquer ce qu'il est.

Il y en a qui prétendent que le ciel est vide, mais ils ne disent pas ce qu'ils mettent à sa place pour expliquer la création.

On ne cesse de nous dire : il faut adorer Dieu. Mais on ne peut pas adorer sur commande, adorer ce qu'on ne connaît pas. On nous dit : c'est le Créateur de l'univers. Cela nous montre

(1) Voir *les Petites Religions de Paris*, par JULES BOIS.

son œuvre, mais ne nous dit pas ce qu'il est. En attendant que nous le connaissions mieux pour pouvoir l'adorer, nous restons conscients de notre néant devant son immensité, nous sommes tout prêts à nous prosterner devant sa grandeur.

Dans l'autre vie, dit-on, tout est amour. Je le crois. Nous le comprendrons mieux et le pratiquerons quand nous y serons. En attendant, sa justice ne peut pas voir un blasphème dans l'incertitude qui nous agite. Nous savons qu'il est tout, qu'il a fait tout, mais nous sommes trop peu de chose pour savoir ce que commande cette insondable disproportion, cette incommensurable puissance qui nous éblouit et nous écrase.

Le sentiment instinctif de l'existence de Dieu ou d'un dieu, est partout, même chez les sauvages, où, comme nous dit Allan Kardec, c'est un souvenir qu'ils ont conservé de leur vie d'Esprit.

« Qui sait, dit Mæterlinck, si notre principal tort n'est pas de croire qu'une Intelligence, fût-ce une Intelligence des millions de fois plus vaste que la nôtre, dirige l'univers ? C'est peut-être une force d'une tout autre nature, une force qui diffère autant de celles dont se glorifie notre cerveau, que l'électricité, par exemple, diffère du vent qui souffle sur la route. Il ne s'ensuit pas qu'il n'y ait pas dans l'univers, une force très supérieure à la pensée, une force n'ayant avec elle aucun rapport imaginable, qui anime et gouverne toutes choses selon d'autres lois et dont on ne trouve en nous que des traces insaisissables, de même qu'on ne trouve dans les plantes ou les minéraux que des traces presque insaisissables de pensée. »

Écoutons ce que dit maintenant Léon Denis dans cette pure et poétique envolée de la Grande Énigme (1).

Les matérialistes disent : « Moi, je n'ai pas besoin de Dieu. » Avez-vous jamais entendu dire à la fleur : « Je n'ai pas besoin de soleil. » Avez-vous jamais entendu dire à l'enfant : « Je n'ai pas besoin de père. » ; à l'aveugle : « Je n'ai pas besoin de lumière ».

« Dès que l'idée de Dieu s'affaiblit dans une âme, la notion du moi c'est-à-dire de la personnalité, grandit aussitôt ; elle grandit au point

---

(1) Leymarie, éditeur, 42, rue Saint-Jacques, Paris.

de devenir tyrannique et absorbante. L'une de ces notions ne s'accroît et se fortifie qu'au détriment de l'autre. Qui n'adore pas Dieu, a dit un penseur, s'adore lui-même.

« Dieu est le soleil des âmes. Lorsqu'on prétend que l'idée de Dieu est inutile, indifférente, autant dire que le soleil est inutile, indifférent à la nature et à la vie.

« Dieu ne saurait être atteint par les erreurs et les fautes que les hommes ont commises en son nom. Il plane au-dessus de tout. Il est au-dessus de toutes les dénominations. Dieu nous parle par toutes les voix de l'infini. Il nous parle, non pas dans une bible écrite il y a des siècles, mais dans une bible qui s'écrit tous les jours, avec des caractères majestueux qui s'appellent l'océan, les mers, les montagnes, les astres du ciel ; par les harmonies douces ou graves qui montent du sein de la terre ou descendent des espaces éthérés.

« Dieu est inconnaissable dans son essence, dans ses profondeurs intimes, mais il se révèle par toute son œuvre, dans le grand livre ouvert sous nos yeux et au fond de nous-mêmes.

« Il est des choses si profondes qu'elles se sentent et ne se décrivent pas. D'ailleurs on ne peut définir Dieu. Définir c'est limiter. »

Si vous pouviez concevoir ce qu'est Dieu, dit Julia, l'Univers deviendrait son temple où tout est amour.

On entend parfois des matérialistes ergoteurs tenir ce raisonnement absurde : « Mais pourquoi Dieu aurait-il le privilège de la déité, à l'exclusion de toutes les autres créatures ? D'où tiendrait-il ce privilège ? S'est-il donc créé lui-même, ou qui l'a créé ? »

Question qui rappelle l'insoluble dilemme de savoir si la première poule a été créée par un œuf, et qui aurait pondu cet œuf ? ou si le premier œuf a été pondu par une poule, et alors d'où la poule serait-elle sortie ?

Ces subtilités proviennent de ce qu'ils font de Dieu une puissance extérieure, conduisant l'Univers avec la partialité d'un souverain autocrate, dirigeant les êtres à sa fantaisie.

Non, il n'y a pas de privilège dans la justice de la création. Son existence et la nôtre ne sont pas dues à deux souffles de vie différents. Il n'y a pas de puissance ayant créé, au préjudice d'autres êtres, en faveur d'un seul, une prérogative inexplicable. Il n'y a pas de pouvoir dictatorial. Ce qu'Il est en grand, nous le sommes en petit, parce que tous les êtres animés ne font qu'un avec Lui, comme nous allons le voir.

Étant le Tout, partout et dans tout, on peut dire que la nature, l'univers, représentent, au point de vue figuré, l'ensemble de son être, tandis que l'intelligence directrice suprême qui anime la nature, faite d'amour, qui en est la plus grande force, constitue ce que, toujours au figuré, nous pourrions appeler son âme, l'âme de l'univers, ce que, dans notre entendement, nous appelons Dieu.

Au lieu d'un Dieu extérieur à l'existence des choses et qui les dirige, au lieu de la préexistence de Dieu ou de l'Univers, présumant l'un le créateur de l'autre, il faut les concevoir comme spontanés et simultanés, comme deux parties d'un tout qui ne peuvent être séparées, en rayant le mot *créé*, qui implique un créateur, ce qui conduirait à cette absurde anomalie : le créateur du Créateur.

Ils ne font qu'un, et Dieu est lui-même l'Univers, l'Univers étant en lui et comprenant l'universalité des choses. Tout, choses et êtres, en est issu. Les choses proviennent, à leur origine, du fluide universel, dont elles continuent à sortir, ou bien où elles rentrent en s'y fondant, en vertu de lois qui les produisent et les dirigent, lois émanées de la sagesse créatrice, auxquelles elles doivent obéir aveuglément, comme l'instrument obéit avec passivité à la main qui le manie.

Ce fluide universel qui baigne la totalité des choses, exerçant son action sur toutes les molécules de l'Univers, émane de Son essence et, du fait du souffle divin qui l'anime, contient le fluide vital qui est Sa grande âme et où sont puisées toutes les âmes. Elles sont donc, non une création, mais des émanations de Lui, ce qui a fait dire à Jésus que nous sommes en Dieu et que Dieu est en nous.

Tous les êtres venant de Lui, il n'existe donc pas deux sortes de vie, pas de privilège. Il se subdivise, se partage en nous à l'infini. L'être, en partance pour son évolution, sort de cette essence vitale à l'état atomique et poursuit son pèlerinage à travers les existences pour arriver au terme suprême de l'évolution.

L'homme complètement évolué ne jouit pas d'un privilège qui le rende indépendant de sa source. *Complètement évolué* implique l'idée d'un acheminement graduel, par l'évolution des âmes, vers ce qu'elles étaient avant de sortir de Dieu, jusqu'à ce qu'elles aient atteint, reconquis, pour pouvoir y rentrer, la communion de perfection qui fait l'unification avec Lui, jusqu'à ce qu'elles soient redevenues identiques avec Lui, redevenues Dieu. Et les parcelles distraites du Grand Tout rentrent simplement dans ce qu'elles étaient avant d'en sortir.

A mesure que ces parcelles qui en sont émanées s'y refondent, d'autres en sortent continuellement pour commencer leur évolution. C'est Lui qui prend des parcelles de Lui-même, des étincelles de son essence, des gouttes de son sang pourrait-on dire en langage figuré, pour les lancer dans l'arène des existences. Nous ne sommes donc pas des victimes, indépendantes de notre volonté, condamnées à errer ainsi de par les mondes qu'il a créés pour servir de champ de bataille à nos luttes. C'est Lui-même qui se condamne, en notre personne, à ces voyages. Il est devenu notre individualité jusqu'à ce que nous redevenions la sienne.

Et ainsi, sans discontinuité, des âmes nouvelles sont lancées dans le tourbillon de la vie, comme un nuage qui se fond en gouttelettes de pluie, comme des gouttes d'eau prises et restituées à l'océan.

Elles ne perdent rien pour rentrer dans le Grand Tout et conservent leurs perceptions qui ne font au contraire qu'accroître en puissance, devenant à leur tour, dans l'harmonie du Grand Tout, la dispensatrice des créations nouvelles.

Leur *moi* grandissant peu à peu, s'élargit jusqu'à ce qu'il devienne le *moi* universel. C'est le cycle, c'est le mouvement perpétuel dans le cercle évolutif de la vie.

La préexistence et la survivance, qui résultent de ces détachements et de ces réintégrations, prouvent et constituent notre immortalité, puisque nous ne sommes qu'une partie du Dieu immortel, notre voyage à travers les siècles étant émaillé de vies, qui sont comme des songes entre l'infini du passé et l'infini de l'avenir.

La survie, c'est-à-dire la prolongation dans l'astral de notre existence présente, est donc la rentrée naturelle dans l'état où nous nous y trouvions dans la période de préexistence, c'est-à-dire avant de venir sur la Terre.

Ayant Dieu en nous, les mots de fatalité et de libre arbitre se fondent en un seul, car c'est nous qui créons les nécessités et les péripéties de la propre existence pour laquelle nous allons nous incarner, aidé des conseils de nos ainés en évolution. Nous étudions et réglons, suivant nos besoins, les conditions dans lesquelles nous allons nous placer dans cette vie, de même que ses limites. Dès que la réincarnation a été jugée impérative, nous avons choisi, par nécessité de progrès, le moment de notre naissance ainsi que les milieux qui répondent le mieux à notre future épreuve.

Si donc la naissance et la mort sont les deux pôles imposés à notre vie, dans la limite desquels nous jouissons en tout, de notre libre arbitre, c'est nous qui avons accepté ces pôles que nous subissons, c'est nous-mêmes qui avons fixé le travail de réparation ou de progrès pour lequel nous avons recommencé une vie.

Nous ne pouvons donc pas accuser Dieu des maux que nous subissons, puisqu'il nous confie la direction absolue de nos destinées et nous donne la vie, sa vie, avec la pleine liberté de la conduire à notre gré.

Nous ne pouvons pas non plus accuser notre généreux bienfaiteur d'user d'un pouvoir discrétionnaire à notre égard, puisque l'humanité tout entière est comme la démocratisation d'un pouvoir absolu dont il a dévolu à chacun de nous une parcelle.

Et alors que ces molécules de Lui luttent et se débattent en nous dans les sentiers ardus des existences, Lui, le Grand Tout, comme un père qui veillerait sur ses enfants, est toujours prêt à répondre à notre appel quand notre pensée se reporte vers Lui.

Et c'est de même, pour faciliter notre tâche, que des Invisibles suivent nos pas pour nous aider, nous conseiller, nous influencer, mais sans entraver ni restreindre notre liberté.

Arrêtons-nous au seuil de cet immense mystère et citons, pour finir, les jolis vers d'Alfred de Musset qui terminent son admirable poème de l'Espoir en Dieu.

>Chrétiens des temps passés et rêveurs d'aujourd'hui,
>Croyez-moi, la prière est un cri d'espérance !
>Pour que Dieu nous entende adressons-nous à lui,
>Il est juste, il est bon, sans doute il vous pardonne.
>Tous vous avez souffert, le reste est oublié.
>Si le ciel est désert nous n'offensons personne ;
>Si quelqu'un nous entend qu'il nous prenne en pitié.

LA PRIÈRE

Il y a deux sortes de prière. La première ce sont les prières conventionnelles des manuels, des dévotes, des prêtres des chapelets, des bréviaires et tout ce qui se lit ou se débite distraitement, du bout des lèvres. Tout cela n'a aucune portée.

Il y aussi des prières demandant d'injustes faveurs ou des grâces impossibles qui sonnent comme une insulte, car, comme dit Henri Constant, adresser à Dieu des prières qui entraîneraient le malheur et la ruine d'autrui, est lui faire une injure en le supposant capable de pareilles injustices. Mais, bien plus fort, les âmes dévotes n'hésitent pas à faire sur lui des tentatives de corruption : on donne de l'argent aux prêtres pour dire des messes en faveur des uns et des autres; on achète des indulgences, on brûle des cierges, on remplit les troncs des chapelles où sont adorés des saints réputés pour *leur influence* (?) auprès de Dieu.

Les saints !! Lisez l'histoire si vous voulez être édifié sur l'usurpation que serait, pour beaucoup d'entre eux, un pareil titre, s'il avait réellement un fondement quelconque. Mais n'est-ce pas une impudente dérision que d'attribuer au pape le droit de décider quelle place un être quelconque occupera dans l'autre monde et d'imposer son choix à Dieu ! Qu'ils le font petit ce Dieu dont ils ne peuvent concevoir l'immensité, et quelle prétention, à l'infiniment petit que nous sommes, de vouloir dicter des volontés à l'infiniment grand !

Il y a aussi des prières qui vous laissent rêveurs. Lors de la guerre Italo-Turque, j'ai rencontré un brave curé de campagne qui me fit cette naïve confidence : « Je dirais bien un petit pater pour que les Turcs soient battus ! »

A quoi peut tenir le sort des armes ! Qui aurait cru que cet obscur tonsuré de village allait intervenir auprès de Dieu pour décider de l'issue de la campagne ?

Que penser également de prières qu'on sert toutes faites et toutes imprimées pour vous épargner les élans du cœur et vous éviter la peine de vous mettre en frais de fervente conviction ?

Pourquoi, par exemple les émailler, d'absurdités ridicules, comme : « *Mon Dieu qui êtes aux Cieux* » Pourquoi lui dire où il est, puisque vous n'en savez rien, et que lui seul le sait. Pourquoi ne pas dire : « Que votre justice soit faite » au lieu de « Que votre volonté soit faite ».

Pourquoi également dire : « Vous qui êtes bon, juste et généreux. » Vous avez l'air de vouloir le flatter pour tâcher de gagner ses faveurs. Tout ce que vous pouvez lui dire, il le sait, et toutes ces formules banales, tous ces lieux communs ne sont pas des prières, mais des patenôtres sans sincérité, récitées machinalement comme une leçon, pendant que votre esprit vagabonde dans un autre ordre d'idées.

Non ; la vraie prière ne peut qu'être improvisée dans un élan du cœur, un élan non calculé, non préparé, aussi bref, aussi sincère que possible ; une projection de pensée ardente, où la ferveur de votre appel ignore la phraséologie des manuels. Elle gît dans l'intention, dans la pensée et Dieu lit vos pensées, à mesure qu'elles surgissent. Les paroles n'en sont que la traduction superflue.

Une prière que nous devrions adresser chaque jour à Dieu est de lui demander de nous guérir — car nous sommes tous malades — non des plaies du corps, mais des blessures de l'âme. Nos maladies s'appellent l'égoïsme, la médisance, l'orgueil, la vanité, la convoitise, la haine et tous les écarts humains qui nous fourvoient sur des pistes dangereuses et nous créent de nouvelles dettes envers notre conscience.

Puisque tout, électricité, son, lumière et même la pensée et les effluves télépathiques, demande un véhicule d'ondes fluidiques comme moyen de propagande, quel peut être le mécanisme de ces ondes fluidiques en ce qui concerne la prière ?

A-t-elle à voyager dans l'espace vers une destination qui nous est inconnue, ou est-elle cueillie à la source de notre pensée à mesure de sa conception, avant même toute émission, puisque Dieu est partout ?

Pensez à l'atmosphère de milliards de prières s'élevant de tous les mondes. Assurément Dieu est infini et l'Infini peut répondre à tout. Mais n'est-il pas plutôt probable que les choses ne sont pas ainsi arrangées et que la prière a une autre destination qui l'attend au seuil même de notre âme.

L'Inconnu qui l'écoute n'agit-il pas comme les Esprits qui sentent sur la terre les sympathies, les élans, les appels, sans avoir besoin que ceux-ci aillent les chercher dans leurs sphères ?

Également, quand nous lançons, comme un fervent appel dans un élan du cœur, cette exclamation : «Mon Dieu!» qui nous entend ?

Est-ce Dieu, ou quelque principe divin qui nous est inconnu, ou même notre ange gardien ? En tout cas Dieu n'a pas besoin de se multiplier pour descendre vers nous tous, pour recueillir nos prières. Il est là tout naturellement, toujours, comme la lumière pénétrant partout à la fois et dont chaque parcelle qu'elle baigne reçoit sa part. Et cette universalité s'applique logiquement aux êtres, aux plantes, aux germes les plus microscopiques, tous imprégnés de lui, ce qui a fait dire à Victor-Hugo : L'homme et le moucheron sont égaux devant Dieu.

L'apôtre Antoine, de Jemeppe, estimait qu'appuyée sur la charité, la prière, ce refuge des angoisses du cœur, était la plus grande puissance que Dieu ait donnée à l'homme sur la Terre.

Archimède disait qu'avec un levier et un point d'appui il soulèverait le monde. La prière, faite de ferveur et de charité, nous offre un levier moral qui ne connaît pas les limites des mondes et exerce son pouvoir en consolante influence, dans l'Invisible, sur les âmes déchues, comme elle nous gagne les faveurs de Dieu, aussi bien que les sympathies des Esprits élevés.

L'AMOUR

> Plus l'amour s'épanche, plus il surabonde,
> LAMMENAIS (*Paroles d'un Croyant.*)
>
> De la discorde naissent les maux des humains.
> De la concorde résulte le bonheur complet.
> ALLAN KARDEC.

L'Amour, nous disent les Esprits, est le secret du Ciel, la grande loi qui régit l'Univers. Les formes de l'amour sur la terre n'en sont que des rayons affaiblis.

Que Dieu aime toutes ses créatures comme un père aime ses enfants, on le comprend, mais les enfants sont des ingrats, il ne faut pas s'attendre à une réciproque qu'ils ne comprennent que quand ils ont quitté ce monde. Il ne faut pas attendre des pauvres humains qu'ils considèrent tous les hommes comme leurs frères. C'est fort beau en principe, mais, dans l'état de notre société, c'est impraticable. Aimer son prochain comme soi-même, aimer ses ennemis, ne sont pas sentiments de ce monde. Adapté à notre terre, cela peut se traduire par l'absence de toute animosité, par des dispositions bienveillantes à l'égard de tous, une main tendue à toutes 'es infortunes, un élan secourable, même envers ceux qui ne le méritent pas.

Mais il n'y a pas que l'amour des êtres les uns pour les autres, ni l'amour des époux, des fiancés, des parents et des enfants ; ni même l'amitié qui en est une forme mitigée, ou 'a sympathie qui en est un reflet atténué. Il y a aussi l'amour de la patrie, de l'humanité, du foyer, l'amour des arts, du beau, du vrai, du bien, l'amour des animaux, des voyages, des sports, et tout ce qui forme une passion, à quelque titre que ce soit.

Il y a l'amour qui va jusqu'au sacrifice, comme celui de Jeanne d'Arc pour la France et Jésus pour l'humanité. Dieu lui-même n'a-t-il pas fait notre propre vie des étincelles de la sienne ?

Tout cela représente des degrés et des nuances du mot aimer. Il y a encore en nous d'autres cordes qui font vibrer l'amour et qui se manifestent sous d'autres noms, tels, par exemple, le dévouement, l'esprit de sacrifice, la charité, le désintéressement, l'abnégation, la générosité, la fraternité, la serviabilité, la bienfaisance, la reconnaissance, la pitié, le pardon des injures, en un mot toutes les aspirations, toutes les expansions généreuses, tous les élans du cœur.

Et cependant, en réalité, nous ne savons pas ce que c'est que l'amour. Nous n'aimons pas, nous apprenons à aimer. De l'autre côté seulement, ces rudiments, à peine ébauchés, que nous épelons, que nous bégayons, se coordonneront et s'épanouiront dans cette atmosphère d'amour d'où émane la force créatrice. C'est cet amour que nous n'avons pas de mot pour définir, qui crée, et qui conduit le monde.

Mais où il devient absolument méconnu, c'est chez ces êtres agressifs qui voient, dans tout inconnu, un ennemi et dont les premiers mots sont des paroles de critique, comme les premières impressions un sentiment d'animosité. Tout cela part d'un cœur haineux, qui, en attendant l'heure de l'expiation, trouve déjà sa punition sur la terre sous toutes sortes de formes, sans compter le vide qu'ils créent autour d'eux et l'effet de répulsion qu'ils exercent sur l'amitié, la sympathie, et sur toutes les mains tendues qui se retirent à leur approche.

L'égoïsme qui est une des formes négatives de l'amour, est comme une racine de l'individualité animale, restée implantée en nous ; mais lorsqu'il généralise son indifférence pour les intérêts de ses semblables en endossant la formule haïssable du *ré bien-aimé* « Après moi la fin du monde » il prononce sa propre déchéance astrale.

S'ils se croient à l'abri des représailles, ceux qui, dans l'ignorance des châtiments qui veillent, prononcent cette parole de suprême égoïsme, ils édictent au contraire eux-mêmes leur propre condamnation, que leur infligera une existence prochaine.

Que sont les biens de ce monde sans la communion de la foi ; la foi, cette fiancée de notre âme qui, de sa main de charité et d'amour, nous ouvre les portes du Ciel ?

L'amour est un trait d'union entre tous les êtres. Si nous n'étions pas si injustes, nous verrions que ceux que nous accusons, nous ont peut-être mieux traités que *nous* ne les avons traités nous-mêmes. Nous ne nous rappelons que leurs torts, demandons-leur pardon des nôtres et nous les verrons tendre les bras, prêts à tout oublier.

Alors, peu à peu, nous commencerons à entrevoir la sagesse de l'amour qui est la grande loi de l'Au-delà, à sentir qu'elle nous rapproche de Dieu et nous donne la paix du cœur. Et au lieu de suivre nos rancunes jusque dans la mort, nous nous créons ainsi, de l'autre côté, des amis qui viennent nous prodiguer leur aide et nous entourer de leurs fluides bienfaisants, au lieu d'ennemis qui se vengent de nous en nous poussant au mal.

Celui qui a dépensé son cœur pour l'humanité, a gravi, à chaque bonne œuvre, un échelon vers le ciel.

Il y a une forme d'égoïsme qui s'adresse aux masses, c'est l'égoïsme collectif.

Le père Loyson dit, dans une de ses communications à ce sujet : « Les néfastes doctrines qui ont exalté le *moi* aux dépens du *nous* et l'individu aux dépens de l'ensemble humain dont on ne peut le séparer, ont créé une amoralité générale, une dégénérescence de la conscience que rien n'est capable d'enrayer (1). »

Le patriotisme étroit et féroce comme le chauvinisme, le

(1) RUFINA NOEGGERATH. *La Survie*.

jingoïsme, l'irrédentisme, le pangermanisme, est l'égoïsme des peuples.

Le mal s'étend comme une lèpre sur la nature et sur l'âme. Mais c'est nous qui, par nos égoïstes désirs, nos instincts misérables, créons la douleur. BLAVATSKI.
Tant que nous restons dans l'égoïsme, tant que le vacarme des désirs et des appétits gronde autour de nous, tant que vont et viennent les vagues des passions, cette voix sublime de l'amour n'atteindra pas nos oreilles. C'est seulement quand la paix s'est établie que parle la voix plus muette que le silence, la voix du véritable nous-même. ANNIE BESANT.

Il est cependant si facile, avec un peu de réflexion et de bonne volonté, d'être bon ou au moins tolérant. Dans tous les êtres, cherchons les qualités morales et physiques, avant de voir les défauts ; les qualités morales de l'être parce qu'elles dépendent de lui, tandis que les qualités physiques n'en dépendent pas. Cherchons toujours ce qui nous rapproche et non ce qui nous sépare. Soyons indulgents et voyons, avant de nous plaindre de quelqu'un, s'il n'a pas à se plaindre de nous, car notre premier mouvement est toujours de croire que ce sont les autres qui ont tort et pas nous.

Tâchons de pardonner à ceux qui nous ont offensés. Notre souvenir, meurtri par les angoisses des cruelles tortures infligées par des âmes viles, s'insurge, il est vrai, contre ce pardon qui répugne à notre juste ressentiment, contre ce qui nous paraît une lâcheté. Le sacrifice en est d'autant plus grand et il nous en sera davantage tenu compte. Pour alléger notre répugnance, disons nous que notre vindicte n'est pas, pour le coupable, une punition, mais que la vraie punition qui l'attend est certaine. Ce n'est pas nous qui en sommes chargés, nous ne sommes pas son justicier. Notre pardon ou notre oubli de sa faute ne l'en absout pas et ne le soustrait pas à la justice. Alors cette espèce de satisfaction à notre ressentiment, de consolation morale, nous aidera peut-être au sentiment plus grand et plus noble du pardon, ou au moins à l'abandon des haines et des rancunes, premier pas vers le pardon.

La punition étant dans d'autres mains, la vengeance serait comme si nous prenions cette punition dans la nôtre. Usurpation d'attributions. Rayons donc ce mot et n'exerçons jamais de représailles qui nous créeraient, à nous-mêmes, des torts et nous exposeraient également à une punition.

La plus noble vengeance est de faire du bien à nos ennemis pour nous venger du mal qu'ils nous ont fait. Nous en avons tous des ennemis, mais le plus acharné à nous nuire, c'est nous-mêmes. Ce sont nos passions, nos appétits malsains, notre aveuglement sur nos propres défauts, et chez beaucoup, hélas! des vices, des tares, des stigmates.

Aussi soyons indulgents, pardonnons à tous, excepté à un seul qui est nous-même.

Dans les petits griefs que nous pouvons avoir contre certaines gens, disons-nous bien qu'après tout, ce n'est pas tant à nous qu'à eux-mêmes qu'ils ont fait du tort et eux-mêmes vous vengent ainsi d'eux, par les réparations ou l'expiation auxquelles ils se condamnent.

Écoutons encore ces conseils de Henri Brun. « La passion du mal peut être rare, mais combien plus rare la passion du bien. Partout l'indifférence. On ne fait pas grand mal parce qu'on n'en a pas l'occasion. Moralité à ras de terre, sans coups d'ailes vers les sommets. Que manque-t-il à l'homme pour chasser la bête et susciter l'ange ? La foi. Il sera sauvé quand il entendra la voix qui lui crie : « Prends garde. Aucun de tes actes n'est indifférent ! Rien ne se perd dans l'Éternité. Tu auras des comptes à rendre. Respecte-toi si tu veux que Dieu te considère. Fuis les joies impures et les joies injustes, car tu les achèteras au prix de longues et cruelles souffrances. Recherche, accepte les dures privations, car elles seront rachetées par de suaves félicités. »

Ces sages paroles devraient être notre règle de conduite. Le mot amour est tissé de toutes ces vertus dont chacune est un rayon bienfaisant. Et quand nous les aurons pratiquées, nous pourrons nous présenter devant le Juge suprême sans terreur.

M. A. Janvier a étudié l'amour sous toutes ses formes, depuis les règnes inférieurs de la nature, en passant par les cristaux et les plantes, et montre qu'il est indissolublement lié à toutes les autres forces. Ce sont des pages excessivement curieuses que l'on ne peut manquer de lire avec le plus grand intérêt.

Comme le fait ressortir Annie Besant, la loi d'amour pourrait se formuler ainsi : « Considère chaque personne âgée comme ton père ou ta mère ; regarde toute personne de ton âge comme ton frère ou ta sœur et toute personne plus jeune que toi, comme ton enfant. »

Si tous voulaient obéir à cette loi dans son intégrité, notre terre deviendrait un paradis, et c'est dans ce but que la famille a été constituée.

L'amour, ajoute Mme Besant, est caractérisé par la sympathie, le sacrifice de soi-même, le désir de donner. Pour l'homme qui ne vit que pour lui-même, attentif uniquement à rechercher le plaisir et à fuir la douleur, la vie offre à ses sens les objets du plaisir et stimule ses désirs, mais toujours le fruit du désir se change en cendre dans la main qui les cueille.

La loi veut que toutes les herbes empoisonnées de la passion personnelle, poussée au cœur de l'homme à l'ombre de l'égoïsme ignorant, disparaissent l'une après l'autre, brûlées au feu de la souffrance, avant que la fleur d'amour puisse se dresser, rayonnante et pure sur leurs cendres.

Par les coups multiples et inattendus de la souffrance, la vie se charge de nous enseigner la dure mais nécessaire leçon du Renoncement, la plus difficile peut-être et la plus longue à apprendre de toutes. Peu à peu, s'élève dans le cœur de l'homme la fleur sainte du sacrifice, première émanation et prémisses du véritable amour.

Il n'y a pas un être qui ne manifeste à un moment quelconque, dès l'instant où il est susceptible d'amour, un éclair de dévouement, de renoncement, de sacrifice ; et cet éclair suffira, fût-il isolé au cours de toute une existence de crime, pour allumer sur le plan de la sagesse, une étoile étincelante qui jamais plus ne s'éteindra, pour amorcer le lien que la mort ne peut rompre.

Le cœur des mères nous offre le spectacle de l'amour le plus sublime dans l'égoïsme qui, par son excès même, nous frappe d'un admiratif étonnement. »

Nous finirons par une communication de l'Au-delà donnée par Héroan à Rufina Nœggerath.

« Pourquoi deux personnes sont-elles indissolublement unies par l'amour ? Parce que certaines particularités des fluides les font vivre les unes pour les autres.

« Toute âme a l'épouse de son âme. Ces deux âmes se sont rencontrées dans un nombre incalculable d'incarnations, leur principe s'est illuminé d'amour par la paternité ou la maternité. Elles se sont recherchées, elles étaient faites pour s'attirer. Leur évolution respective se reproduit toujours dans le même cycle, et le plus souvent dans le même milieu, afin qu'elles puissent se revoir, s'aimer, se soutenir, se dévouer l'une à l'autre.

« Ces âmes se séparent pourtant ! C'est une nécessité du progrès, il peut s'écouler un espace de temps sans qu'elles se revoient, mais quelle puissance l'amour ne peut-il vaincre ? L'amour, c'est le flambeau qui les éclaire l'un et l'autre et l'un par l'autre. C'est leur but éternel, c'est leur garantie pour aller dans l'harmonie qui les attire.

« Vous qui êtes séparés, vous qui attendez, soyez consolés ! Si vous aimez vous n'êtes pas seuls à veiller sur l'âme que vous gardez pour une âme chérie. Quelque séparation qu'il puisse y avoir entre elles, de temps et de distance, par une force qui leur est inhérente, ces âmes finissent par se rejoindre pour ne plus se quitter. »

Aussi pourrait-on dire que l'être aimé n'est souvent qu'un être retrouvé, longtemps cherché, par un cœur qui se souvient.

L'INFINI

> Combien ce que la vie emporte sur son aile
> Est sans comparaison avec l'heure éternelle.
> LAMARTINE.
>
> A l'infini il faut l'inépuisable.
> V. HUGO.

S'il ne nous est pas donné de concevoir l'infini, nous ne pourrions pas non plus comprendre qu'il n'existât pas, car si l'espace connaissait des limites, on se demanderait ce qu'il y a au delà.

De même, le temps n'a pu avoir de commencement, car, également, on se demanderait ce qui a précédé ce commencement ; ni de fin, parce qu'on se demanderait ce qui doit venir ensuite, le temps marchant toujours.

Comme le remarque Reynaud, nous ne pouvons pas concevoir une étendue au delà de laquelle il n'y aurait plus d'étendue et un temps au delà duquel il n'y aurait plus de temps.

A moins de supposer le néant ! Que veut dire néant ? C'est le rien absolu, l'absence de toute chose. Peut-on décrire le rien absolu ? Peut-on concevoir l'absence de quelque chose qui n'existe pas ?

La limitation de l'Univers serait du même coup la limitation de l'infini de Dieu, permettant de supposer qu'au delà, dans ce rien absolu, il y aurait un Univers d'une autre sorte avec un autre Dieu.

Entamer l'infini c'est entamer Dieu, c'est détruire son immensité infinie en lui donnant des bornes. C'est lui créer une concurrence possible.

S'il y avait un néant au delà de certaines bornes, il faudrait que lui-même fût infini ; sans cela il retomberait dans les limitations de notre Univers. Et s'il était infini, il deviendrait plus grand et plus important que le nôtre, puisque tout ce qui est fini n'est qu'un grain de sable à côté de tout ce qui est infini ; et, alors, on se demanderait ce que peut être ce néant tout-puissant et sans bornes qu'il nous est défendu d'enfreindre et dont nous ne pouvons soulever un coin du rideau, et qui l'a créé ? Car, même pour que ce rien existe, il faut qu'il y ait eu une conception possible de ce qu'est *Rien*, et que quelqu'un, par conséquent, l'ayant conçu, l'ait créé. On se dirait toujours : il y a l'espace. L'espace, c'est quelque chose qu'on peut concevoir. Comment peut-on l'anéantir pour mettre le Rien à sa place ? Et encore, comment se trouverait là ce vide, et pourquoi ?

L'infini dans le temps ne peut s'expliquer que par l'état stationnaire. Le temps n'existe pas pour l'éternité, car, s'il existait, il comporterait forcément, pour pouvoir se supputer, des divisions quelconques, comme nous comptons par siècles ou par années. Mais une supputation supposerait un commencement, ce qui détruirait l'éternité. Le temps en dehors de nous n'existe pas, il est immuable et immobile, ce qui veut dire que ce qui a pour nous une marche graduée est en réalité dans un même plan et sans mouvement. Il n'y a de commencement et de fin que pour ceux qui, comme nous, ayant un commencement et une fin, ont été forcés de déterminer le temps qui s'écoule entre ces deux extrémités, pour classer nos actions.

Nos sens, notre pensée, nos conceptions, notre être tout entier, moral et physique, étant bornés de toutes parts, nous ne pouvons espérer comprendre des choses pour lesquelles nous manquons des facultés nécessaires à cette compréhension.

Dans le rêve également, nous sommes souvent poursuivis

de visions inextricables, qui nous paraissent claires et simples au réveil. Sans doute quand nous nous réveillerons du rêve de cette vie, toutes ces questions se dénoueront pour nous avec la même simplicité.

Les milliards d'infiniment petits s'agitant dans une goutte d'eau qui est pour eux un monde, pourraient-ils concevoir ce qu'est l'océan ? Ne sommes-nous pas du plus au moins comme des infiniment petits devant la création ? Que sommes-nous de plus qu'eux ?

Si nous pouvions multiplier les milliards d'êtres qui pullulent dans la création par les milliards de mondes qui peuplent l'Univers, aurions-nous, même à un faible degré, l'idée vertigineuse, comme nombre et comme étendue, de ce qui existe ?

Ne devons-nous pas rayer le mot Infini de notre entendement, parce que nous ne pouvons pas plus le concevoir qu'un aveugle ne peut concevoir la lumière.

Chaque instrument nouveau qui nous permet de plonger plus avant dans l'infiniment grand ou l'infiniment petit, ne fait qu'en reculer sans cesse ce que nous croyons en être les bornes.

On a découvert des millions de soleils, chacun entouré d'une famille de planètes et de satellites, dans l'océan de l'espace dont nous avons à peine effleuré la zone qui nous environne.

« Supposons, nous dit Flammarion, que nous plongions en ligne droite dans l'espace avec la vitesse de la lumière ou de l'électricité. Supposez qu'après une course folle de quelques milliers d'années, notre firmament actuel, avec sa voie lactée et ses nébuleuses, ait complètement disparu à nos yeux, et, qu'avançant toujours, nous dépassions également ce nouveau firmament et une succession d'autres toujours nouveaux, toujours changeants, nous ne serons pas plus avancés qu'à notre point de départ. »

Comme les innombrables grains de sable des déserts et des plages, comme les gouttes d'eau des océans, les feuilles des arbres, et les infiniments petits qui pullulent dans tous les corps, les mondes dans l'Univers ont été semés comme des poignées de sable d'or répandues à profusion ; armée gigantesque qui éclaire les profondeurs de l'espace infini.

Camille Flammarion croit que l'Univers constitué par le milliard de soleils révélés par la télescopie et la photographie céleste, n'est pas unique. Rien, dit-il, ne prouve que ce milliard existe seul dans l'infini et que, par exemple, il n'y ait pas un deuxième, un troisième, un quatrième et cent mille autres univers semblables aux autres. Ces univers peuvent être séparés par des espaces absolument vides, dépourvus d'éther et, par conséquent invisibles les uns pour les autres. Il semble même que nous connaissions déjà des étoiles qui n'appartiennent pas à notre Univers sidéral. Nous pouvons citer par exemple avec Newcombe, l'étoile 1830 du catalogue de Groombridge, la plus rapide dont le mouvement ait été déterminé. On l'évalue à 320.000 m. par seconde, et la force attractive de notre Univers entier ne peut avoir déterminé cette vitesse. Selon toute probabilité, cette étoile vient du dehors et traverse notre univers comme un projectile. On en peut dire autant de la 9352e du catalogue de Lacaille et même d'Arcturus, la quatrième en grandeur des étoiles visibles, et de μ de Cassiopée.

Ajoutons que les puissances de la Nature sont sans limites, dans l'étendue comme dans la durée. La lumière qui franchit 300.000 kilomètres par seconde, met vingt mille ans à traverser la voie lactée, fourmilière d'étoiles, dont nous faisons partie. Ces familles ou nébuleuses sont innombrables et on en découvre tous les jours de nouvelles, par exemple la deuxième d'Orion, dont l'étendue épouvante l'imagination. Nous vivons au sein d'un absolu sans limites, sans commencement et sans fin (1).

Se fait-on une idée de la puissance qui préside à ces mondes et qui les a créés ? Combien nous sommes petits en présence de cet infini et combien nos plus importantes affaires deviennent peu de chose !

Il semble qu'il n'y ait de limite nulle part et quand on retombe de l'infiniment grand dans l'infiniment petit, rien ne nous dit qu'il n'y ait pas encore d'autres infiniment plus petits, ou d'essence complètement différentes, constituant des mondes que nous ne voyons pas.

(1) J'emprunte ces données astronomiques à la *Grande Énigme* de LÉON DENIS, page 200.

Que sont, dans ces infinis, nos grandes guerres et quelle différence présentent-elles aux yeux de l'Éternel avec les batailles de fourmis, ou même avec ces combats épiques qui se livrent dans notre sang entre leucocytes, phagocytes et micro-organismes ?

Lorsqu'on voit ces armées d'êtres vivants dans ce que peut retenir d'eau la pointe d'une aiguille, on ne peut s'empêcher de songer à ces quelques lignes de Pascal :

« L'homme pensera peut-être que c'est là l'extrême petitesse de la Nature. Je veux lui faire voir là-dedans un avenir nouveau. Je veux lui peindre non seulement l'Univers visible, mais l'immensité qu'on peut concevoir de la Nature dans l'enceinte de ce raccourci d'atome. Qu'il y crée une infinité d'Univers, dont chacun a son firmament, ses planètes, sa terre, en la même proportion que le monde visible. »

LA PUISSANCE DE LA PENSÉE

Avons-nous jamais réfléchi au contraste extrême entre les limitations, les pouvoirs de notre corps, et la liberté sans limite de notre pensée ? Elle sillonne, toujours libre et insaisissable, toute la création et déborde même dans des visions qui dépassent le réel sans que rien ne l'arrête, ni le temps ni l'espace, ni le passé le plus lointain, ni les barrières de l'invisible, ni les ardeurs du soleil ou les froids glacials, ni les lois physiques, ni la profondeur des mers, les ténèbres des nuits ou de la tombe. Elle peut se permettre toutes les fantaisies, se figurer qu'elle accomplit des miracles, qu'elle crée, détruit, édifie, bouleverse, elle reste libre, comme une folle, ivre de cette liberté qu'aucune puissance ne peut entraver ou limiter.

Elle entre à la naissance dans notre être, comme pour éclairer une demeure temporaire, et, ainsi que la lumière, elle ne conserve aucun lien matériel qui l'y rattache ou qui l'y retienne. Aussi, que deviendra-t-elle quand, prenant son essor, elle quittera cette prison de la terre ?

Elle est comme un reflet de l'âme et nous donne l'idée d'une étincelle échappée de la grande lumière créatrice.

La Bruyère prétend que tout a été dit, depuis sept mille ans qu'il y a des hommes qui pensent. Ce n'est pas depuis sept mille ans mais bien plutôt depuis soixante-dix mille ans qu'il y a des penseurs et des philosophes. Et l'on ne semble pas plus avancé que le premier jour, puisque l'on n'est d'accord sur aucune vérité et que tout est controversé.

Nul n'a pu expliquer la pensée, dont la parole n'est qu'un instrument. Nous ne la possédons pas, elle nous possède ; elle nous donne conscience de nous-mêmes et nous ne pouvons en comprendre ni l'essence ni le mécanisme.

Elle jouit de pouvoirs encore mal définis, parmi lesquels la télépathie, la faculté d'extériorisation de notre double sous forme d'apparitions, et bien d'autres manifestations non encore soupçonnées ou à peine entrevues.

Elle emporte avec elle, à la mort, la conscience de notre être. Elle ne laisse aucune trace dans ce corps qui, sans elle, ne souffre plus. Sans cela, quelle horrible torture sa décomposition ne serait-elle pas pour lui !

Messagère ou manifestation de l'âme, elle est dans le corps la partie dirigeante comme le corps est la partie agissante. C'est le moteur caché de notre existence, comme si, nous gouvernant du dehors, elle n'était pas en nous, bien qu'elle soit notre moi conscient.

Certains auteurs disent que l'âme se partage à l'infini dans les molécules du corps pour leur donner la vie, mais c'est attribuer à l'âme ce qui est le rôle du fluide vital qui, en effet, se subdivise à l'infini ; mais l'âme est plus haute que ce rôle mécanique et reste cette chose impondérable, insaisissable et inscrutable qui est le secret de Dieu.

Le corps peut sommeiller, se reposer, s'anéantir. L'âme ne sommeille jamais, elle est l'Esprit qui veille, l'Esprit éternel et immortel. Mais tout cela n'explique pas la nature de la pensée, parce qu'elle seule pourrait l'expliquer et nous ne pouvons pas, comme on dit figurativement, la capter.

La pensée est comme une télégraphie sans fil toujours en activité et dont les messages, à notre su ou à notre insu, s'envolent sur de subtiles ondes hertziennes encore inconnues, qui constituent le courant télépathique dont elle se sert pour se communiquer.

Mais lorsqu'elle prend son vol à travers les mondes, peut-on dire qu'elle soit portée sur un fluide assez puissant et assez subtil pour lui faire franchir les distances les plus reculées instantanément. Cependant, elle exerce une projection au dehors, mais peut-on admettre, si vertigineux que puisse être un mouvement, qu'il y ait là des vibrations successives de l'éther ? Qui sait !

Il est certain cependant que ce rayonnement a ses limites, que la pensée n'est souvent que le reflet incohérent de ce qui se passe autour de nous. Ces pensées machinales d'ailleurs n'ont aucune force de projection, ni aucune portée, si elles ne sont doublées d'une intention, qui est une manifestation de la volonté. Le cerveau peut concevoir toutes les fantaisies les plus désordonnées sans qu'elles soient suivies d'effet. Une pensée fugitive doit être comme une lueur perdue, qui n'a eu le temps de rien éclairer.

Je sais bien que, comme pour la lumière, le cerveau doit subir la loi de réfraction télépathique, mais dans quelle mesure ?

Quand la volonté est en jeu, c'est différent. La pensée peut influencer des plaques photographiques directement. Le regard fixé sur un objet peut ensuite reporter cet objet sur la plaque, par la projection de la pensée à travers l'image de cet objet imprimée sur la rétine. Elle peut créer des obstacles imaginaires qui, pour les somnambules, deviennent des obstacles réels.

Qu'est-ce que la volonté sinon une pensée intensifiée par un objectif, par un but ? Dans ce cas, elle devient une force, ayant une certaine puissance de projection. Comme elle a un point de départ, elle a un point d'arrivée, et, de ce fait, elle devient créatrice de bien et de mal et ses conséquences peuvent être comparées, dans le mal, à l'instigateur d'un crime, qui, sans être la main qui frappe, est la suggestion qui l'a armée. Dans le bien, quand vous pensez avec un sentiment vrai et sincère au bien-être d'un autre et que vous désirez l'aider, vous l'aidez en réalité. La pensée est, dit Julia, le vrai monde dans lequel nous vivons, notre enveloppe matérielle seule nous empêche de nous en rendre compte.

Elle a un point d'arrivée, disons-nous. Quel est-il ? Est-ce le but qu'elle se propose ? Pas toujours, ou du moins, pas exclusivement, parce que, d'aventure, elle rencontre en chemin une foule d'esprits qu'elle frappe d'influences, dont ils ne connaissent pas la provenance, et qui peuvent les fourvoyer à leur insu. Elle crée donc une ambiance de bien ou de mal. Nous faisons par des pensées généreuses, charitables, affectueuses, du bien à des êtres que nous ignorons et à qui nous apportons ainsi la manne céleste.

La preuve de la force de cette expansion est qu'il suffit mentalement d'appeler un de nos morts pour qu'il nous entende et descende vers nous.

Aussi, de même que la main qui arme un criminel est plus coupable que la main qui frappe, de même notre pensée a plus de poids aux yeux de Dieu que nos actions, parce que notre pensée s'envole dans l'espace, comme un rayon lumineux que peut capter tout esprit, et laisse une empreinte qui peut semer des influences, tandis que nos actions, comme notre corps mortel, restent à la terre, passagères et sans répercussion, n'atteignant que le but proposé. Les fautes de l'esprit, disent les désincarnés, sont pires, au point de vue de la conscience et de la justice, que les fautes corporelles qui, jusqu'à un certain point, sont la conséquence de notre nature animale, bestiale, dans laquelle notre âme est emprisonnée et dont elle subit l'influence.

Les pensées charitables, affectueuses s'inscrivent ainsi à notre actif, tandis que les pensées haineuses, impures, malfaisantes, nous créent une dette ultérieure à payer et se gravent sur notre périsprit comme un stigmate.

Mais sommes-nous bien sûrs que nous sommes les créateurs de nos pensées ou ces pensées sont-elles subies par nous, c'est-à-dire éclosent-elles sous le souffle de conseils salutaires ou de tentatives de corruption, de bons ou de mauvais esprits, ou émanent-elles peut-être de notre subconscient ?

Toute pensée fugitive, inspirée par une cause fortuite ou par l'ambiance, ne peut créer un délit moral. La pensée n'acquiert droit de cité dans notre esprit que quand notre raison l'a acceptée, que notre volonté la retient et que, assurant ainsi notre complicité, notre responsabilité est alors engagée.

Nous sommes une arène où des forces et des influences étrangères, de toute nature, se livrent à des luttes qui sont comme une action dirigeante de notre moral. De même, des forces qui émanent de nous, sans le concours conscient de notre volonté, nous apparaissent comme des énergies étrangères, ce qui prouve qu'il y a encore, en nous, des forces latentes que nous ne soupçonnons pas. On a beau descendre en soi-même, on se perd dans le labyrinthe que nous portons en nous et dont la création a seul le secret.

L'espace est comme un océan de molécules sans cesse en action, engendrées par nos pensées. Les idées *qui sont dans l'air* comme on dit, doivent venir de ces cohues d'idées qui sont les ambiances du sixième sens.

Nous savons que les mots laissent une empreinte sur la plaque sensible de notre cerveau, comme les couleurs et la lumière laissent une impression sur la rétine.

Nous connaissons l'influence de la pensée sur le mécanisme humain ; tous nos mouvements lui obéissent docilement, mais nous ne saurons jamais l'étendue de la toute puissance de notre volonté sur nous-mêmes. Il y a des degrés dans la force de la volonté et, à mesure qu'elle grandit en fermeté, elle arrive à disposer de notre moral comme d'une cire molle et peut même exercer, sur notre être physique, une influence tout aussi considérable que celle des suggestions hypnotiques.

Sa force est telle que si on la concentre sur un objet, toutes les autres préoccupations et sensations disparaissent. Une vive impression peut rendre la voix à un muet, faire mouvoir un paralytique. Les martyrs, les blessés de la guerre, et bien d'autres, oublient leur douleur sous l'excitation du moment, parce que l'intense concentration morale sur un objet suspend toutes les autres perceptions.

La domination de la volonté sur nous-mêmes nous rend maîtres de nous. Vous ne pouvez pas diriger les autres si vous êtes votre propre esclave et si vous n'avez pas acquis d'abord, par la fermeté et la volonté, de l'empire sur vous-même. Pas de faiblesse, pas d'excuse, chassez sans pitié les appétits dépravés de votre imagination. Votre pensée peut arriver à commander à votre corps et vous donner une supériorité morale qui plane par-dessus toutes les difficultés humaines.

Julia dit à cet effet : « Tout ce que vous savez du pouvoir de l'esprit sur la matière n'est rien en comparaison de la vérité. Vous êtes comme des chenilles, comparés à ce que vous pourriez être. »

La pensée nous offre encore l'effet curieux du travail de fermentation qui s'opère en elle à notre insu. Nous avons vu ou entendu, machinalement, sans le remarquer, une chose à laquelle nous n'avons dans le moment attaché aucune importance. Nous sommes surpris au bout de quelque temps, de la retrouver dans une sorte d'état de germination. Elle a subi une gestation, elle a grandi, s'est développée, et, de simple germe, l'idée primitive est devenue une idée féconde qui porte des fruits inattendus.

La pensée a bien d'autres pouvoirs et bien d'autres manifestations. Elle exerce une influence incalculable, par la télépathie, sur la vie planétaire et interplanétaire, comme nous le verrons. Elle est le trait d'union actif avec notre subconscient et elle renferme une multitude de secrets que nous ne connaissons pas, et qui sont autant de forces. Tout ce'a devra être étudié à son heure, quand nous aurons élagué les premières erreurs, défriché les premières entraves qui nous empêchent de pénétrer plus avant dans les profondeurs mystérieuses de notre être impénétrable.

Socrate, tu l'avais compris quand tu nous dis : Connais-toi toi-même !

Mais, *nous*, ne l'avons pas encore compris actuellement.

Voyons, pour finir, l'appoint que nous apporte la science sur ce sujet (1).

---

(1) Ce qui suit a été reproduit par l'auteur, dans le numéro de la *Revue Spirite* d'octobre 1917.

La science qui n'admet les phénomènes psychiques que quand elle peut, pour ainsi dire, les matérialiser pour les toucher du doigt, n'aura qu'à s'incliner devant les preuves, que voici, de la puissance de la pensée.

Il y a environ deux ans, un journal médical avait décrit le récepteur de Reichenbach, espèce d'écran qui devenait lumineux quand on l'approchait d'une personne douée d'une grande activité cérébrale, ce qui avait fait conclure à l'existence d'ondes cérébrales.

M. Wilson, l'inventeur du télégraphe psychique (décrit page 259), avait alors, nous apprend le *Light*, repris, pour son compte, les expériences faites à ce sujet par le baron Reichenbach, cet infatigable pionnier toujours à la poursuite de découvertes scientifiques.

Il y appliqua le principe du *medium métallique* qui avait fait le succès du télégraphe psychique, et réussit à construire, pour y enfermer ce fluide artificiel, une espèce de fiole, analogue à la bouteille de Leyde, qui, en guise de fluide, contient des feuilles métalliques, accumulant l'électricité. Sa luminosité pouvait être intensifiée par le courant en une espèce d'éclair, sous le seul effort de la volonté, comme l'accumulation d'électricité fait jaillir une étincelle par la tige métallique de la bouteille de Leyde.

Dans l'appareil primitif, l'écran ne devait pas se trouver à plus d'un mètre environ du foyer de l'activité cérébrale. Grâce au nouvel appareil, rendu extraordinairement sensible par le médium métallique, la distance n'a aucune influence, le sujet peut être aussi éloigné que l'on veut ; sur quelque point de la terre qu'il se trouve, l'appareil obéit de loin à sa pensée.

Mais il y a une condition magnétique à observer. Il faut que le fluide métallique soit en harmonie avec le fluide du sujet qui produit un effort de la pensée. C'est la seule condition, mais elle est absolue.

Les expériences ont été des plus concluantes et les vibrations terrestres n'ont eu aucune influence perturbatrice sur l'appareil, comme cela arrive dans d'autres cas.

Ceci n'est, bien entendu, que le préliminaire d'expériences qui mettront probablement sur la voie de nouvelles découvertes ; mais son émergence dans le domaine télépathique, provoquée scientifiquement, sa projection fluidique, comme des ondes hertziennes cérébrales, appellent certainement toute l'attention sur un lien scientifique qui peut nous donner la clé de bien des choses.

Non content d'en enregistrer les effets à distance, voici qu'un inventeur prétend la capter à sa source et la photographier. La *Revue Scientifique des Etats-Unis* a publié à cet effet un article de M. Baff, dans lequel celui-ci déclare pouvoir, au moyen du cinématographe, suivre les diverses opérations mentales qui ont lieu dans les cellules du cerveau et nous faire assister à leur éclosion et à leur évolution.

Nous savions déjà que l'idéoplastie, ou condensation d'une idée en image semi-matérielle, est, de ce fait, capable d'influencer une plaque photographique ; mais voyons ce que dit M. Baff.

Un appareil radiophotographique est de même chargé de surprendre le processus cérébral à la manière de l'idéoplastie et de le projeter sur un écran ou sur une toile tendue, comme dans le cinéma, de façon à permettre au spectateur de suivre le travail de la pensée, depuis le moment où elle a commencé à germer jusqu'à son émission complète.

L'appareil doit amplifier de six mille fois au moins les cellules cérébrales pour surprendre ce premier germe et saisir les effets successifs de l'émission. Attendons le résultat des expériences.

CIRCONSTANCES ATTÉNUANTES

Je suis une recrue de la dernière heure. Jusqu'à un âge avancé, j'ai, comme le plus grand nombre, chevauché inconscient dans le camp des incrédules. Entraîné, sans m'en rendre compte, dans les croyances négatives du matérialisme, emporté par le courant qui charrie les masses, insouciant de l'abîme où il les entraîne, j'ai suivi, comme tout le monde, le chemin un peu conventionnel de l'existence, lorsqu'un événement douloureux s'est dressé devant moi, comme pour attirer mon attention sur la pente dangereuse où je glissais.

Je ne doutai pas un instant que l'avertissement ne fût venu d'un autre monde. Alarmée sans doute à l'idée (que ma pauvre compagne partageait avec moi) de l'état d'indifférence dans lequel nous vivions, elle a, sans perdre de temps, semé à chaque pas sous mes pieds, les avertissements qui finirent par m'ouvrir les yeux ; me rendant ainsi le plus grand service qu'elle pouvait me rendre de l'autre monde.

J'ai alors entrevu des horizons nouveaux, je me suis éveillé comme d'un long rêve ; mon existence a changé de cours comme éclairée par un flambeau libérateur. Je suis entré dans une nouvelle vie en parfaite communion avec ma chère disparue, que je sens là, sans cesse, à mes côtés, comme un réconfort et une protection. Son souvenir constant qui est toujours devant mes yeux, efface de sa douce lumière ce qui s'agite autour de moi.

Mais n'est-ce pas un peu là l'histoire de tous les convertis ?

Le jour où la vérité a déchiré le voile des illusions de ma vie, mon existence passée m'est apparue sous un nouveau jour. Que de reproches alors, que de remords même, combien l'on sent que l'on a fait fausse route, combien l'on maudit les perfides suggestions des entraînements ! On regrette les occasions perdues, on condamne ses propres faiblesses et les pièges qu'on aurait pu éviter. Notre nature animale, avec tout son cortège de séductions, nous a fourvoyés dans les jouissances, les passions, l'orgueil, la vanité, la soif du gain.

Quel est celui, dit Allan Kardec, qui, au terme de sa carrière, ne regrette pas d'avoir acquis trop tard une expérience dont il ne peut profiter ? Mais cette expérience tardive n'est point perdue, il la mettra à profit dans une nouvelle vie.

Il est trop tard. On est déjà trop avancé sur le chemin de l'existence, on descend la côte, le terme approche. Comment expier nos fautes, réparer nos erreurs ? Il n'est plus temps, quand le condamné voit suspendu le couteau vengeur, pour se repentir efficacement, pour réparer.

Si nous n'apportons pas avec nous un bagage compensateur, nous aurons à payer notre dette, soit par de nouvelles incarnations, soit par un séjour que les brumes de l'erraticité préparent à ceux dont le degré d'épuration n'a pas justifié la mission qu'ils s'étaient proposée dans l'existence qu'ils quittent.

Dieu aura-t-il pitié de nous ? L'incorruptible justice ne nous permet pas d'espérer qu'il efface nos fautes par un simple pardon. Nous seuls devons les effacer en les réparant ou en les expiant. Et alors, nous sentons monter en nous, du fond de notre être, un appel à la pitié : Nous avons péché, oui, nous le voyons maintenant *parce que nous croyons*. Matérialistes, les scrupules ne nous arrêtaient pas ; nous n'étions pas troublés de l'idée que nous aurions un jour à rendre compte de nos écarts à notre conscience.

Ah ! nous disons-nous, si nous avions su ! Si c'était à refaire ! Combien différente eût été notre vie ! Nous aurions peut-être fait l'économie de plusieurs réincarnations.

Eh bien, peut-on en vouloir à l'aveugle qui, seul, avançant dans sa nuit noire, trébuche sur les obstacles du chemin ; qui est égaré sur une fausse piste par des bruits séduisants, une lueur trompeuse ? Cette cécité qui couvre ses fautes n'est-elle pas une atténuation à sa responsabilité ? Cette espèce d'inconscience du péché, par ignorance, ne doit-elle pas militer en faveur d'une certaine indulgence ?

Nous sommes cet aveugle. Dieu est l'infinie bonté comme il est l'infinie justice. Il ne peut pas nous faire grâce, mais dans sa mansuétude, tenant compte de notre égarement involontaire, de notre repentir, de nos bonnes résolutions pour ce qui reste de chemin à parcourir, de notre désir de nous amender et de réparer, autant que nous le pourrons, nos erreurs, sa bonté ne peut-elle pas s'exercer à notre égard en mettant sous nos pas, des moyens de racheter nos fautes et d'expier nos écarts dans des épreuves plus douces que celles qui attendent l'égaré endurci, succombant au milieu de ses erreurs ?

Quelque appel cependant que nous puissions faire aux circonstances atténuantes, tout coupable est prisonnier de la justice immanente ; nous n'en avons pas moins commis les fautes qu'il faudra réparer.

Néanmoins, ne perdons pas courage. Les ennuis sont de ce monde, mais la récompense est là-haut. Nous achetons le repos et la béatitude de l'Au-delà par nos meurtrissures d'ici-bas.

C'est l'accumulation de tribulations quotidiennes qui constitue notre fonds d'avancement et nous permet de nous présenter avec confiance devant notre Juge, armés de circonstances atténuantes qui acquittent une foule de nos petites dettes passées.

Mais le doute qui rôde autour de nos convictions, comme une instinctive inquiétude au milieu de tous les mystères qui nous entourent, me dit tout bas : « Tu te réincarneras pour réparer, mais si dans ta nouvelle vie, tu as oublié ce que tu as fait dans la précédente, comment pourras-tu savoir ce que tu as à réparer ? »

Ah ! si nous pouvions conserver le souvenir de ce que nous venons faire ici-bas, de notre mission à remplir ! La vie prendrait une tout autre direction. Au lieu de marcher à l'aveuglette sans boussole et sans gouvernail, notre vie, qui va à la dérive, pourrait aller droit au but.

Mais alors est-il bien sûr, si nous devions faire notre chemin dans l'existence avec cette épée de Damoclès devant nos yeux, que nous en remplirions mieux l'objet ? Notre libre arbitre ne serait-il pas constamment entravé ? Et puis, quel mérite aurions-nous si nous étions ainsi conduits par la main ? Cette influence nous troublerait au point que nous ne nous sentirions plus libres. N'est-ce pas plutôt un acte de sagesse de la Providence d'en avoir ainsi décidé ?

Supposons un soldat qui doive traverser les lignes ennemies, porteur d'un message, au prix de mille dangers. Il s'en tire à son honneur, il en a tout le bénéfice.

Si, au contraire, on l'informe des chemins à prendre pour échapper à ces dangers, il n'est plus qu'une machine et n'a aucun mérite.

D'ailleurs, Dieu n'a-t-il pas mis en nous des guides infaillibles comme la raison, la conscience, le sentiment du devoir, qui nous parlent sans cesse de progrès, de justice, de moralité, sans nous dire pourquoi ? Nous sommes prévenus à chaque pas, mais nous sommes trop aveugles pour en tenir compte. Avant notre incarnation, nous avons pris, pour les apporter avec nous dans le voyage, toutes les résolutions qui devaient nous guider, et notre subconscience, cette espèce d'ange gardien que nous avons en nous, nous les rappelle sans cesse à notre insu.

Il y a des millions d'êtres, des peuplades, des tribus entières qui vivent et meurent sans jamais avoir connaissance de ces questions, sans s'imaginer un instant qu'ils accomplissent une mission.

N'est-ce pas là précisément une preuve que la pré-cognition n'était pas dans les desseins du Grand Maître, puisqu'il a laissé dans l'ignorance toute cette pullulation d'êtres sur la terre.

Ces questions sont bien troublantes. Quelque chose d'instinctif me dit cependant tout bas : « Pour toutes ces raisons, il ne faut pas que tu te rappelles ; mais ta subconscience, qui n'a pas oublié, est là qui veille pour te préparer les épreuves nécessaires, t'aider à les supporter et te guider. Et les vraies circonstances atténuantes, aux yeux de Dieu, sont tes efforts et tes bonnes intentions, dont il tiendra compte. »

UNE PAGE D'HISTOIRE

Jean-Baptiste, a déclaré Jésus, n'était que la réincarnation d'Élie. On a, de même, considéré le Christ comme une réincarnation de Chrishna et du Bouddha, mais il n'y a aucune donnée certaine à cet égard.

Voici tout ce que nous savons de lui, d'après une communication d'Abailard : « Jésus fut un homme avant d'être un pur Esprit. Il a dit lui-même : « Je suis le fils de l'homme. » Pourquoi en faire un Dieu ? Il était dans la chair, mais il la dominait au lieu d'être dominée par elle. Il éprouva, avant de devenir le divin crucifié, une grande passion qui le prépara à sa haute mission et il porta successivement dans ses diverses incarnations les plus grands noms, les plus justement vénérés. Il se manifesta dans la gloire et il eut la puissance, avant de revenir une dernière fois comme le plus doux, le plus humble des hommes. » (1)

Combien il serait intéressant d'étudier, au point de vue des réincarnations, certaines individualités qui ont laissé, de leur passage en ce monde, un sillage profond, comme Shakespeare, Napoléon, et tant d'autres.

Quel progrès peut avoir fait la puissante nature de Victor Hugo ? Que peut être devenu ce capricieux et malade, inassouvi d'amour, Alfred de Musset ? Tous ces grands hommes de l'anti-

(1) Extraits posthumes de PIERRE DE BÉRANGER (dit Abailard). Bibliothèque Chacornac, 11, quai Saint-Michel, Paris.

quité ? Cette lumineuse pléiade d'hommes de génie qui ont servi de piédestal à Louis XIV ? Qui nous dit que Molière n'était pas la réincarnation d'Aristophane ; que Corneille et Racine n'avaient pas fait revivre leurs devanciers comme Eschile, Sophocle et Euripide ; qu'Ésope n'était pas venu développer son œuvre dans la personnalité de Lafontaine, que Galien et Hippocrate n'ont pas continué leur mission humanitaire dans le corps d'un Claude Bernard, d'un Harvey (1), d'un Pasteur ; que Napoléon n'était pas la réapparition de César ; que Descartes n'avait pas ressuscité Aristote, et que Guillaume II n'était pas l'ombre inassouvie d'un Néron ou d'un Attila ?

À côté de cela, que dire de la mégalomanie de tous les Napoléon, les Hugo, les Marie-Antoinette, les Marie Stuart, les Chopin de fantaisie qui s'imaginent que ces personnages leur ont fait l'honneur de se servir d'eux pour renaître, et qui, si on les compare à leur nouvelle prison, auraient singulièrement déchu. J'en ai rencontré deux qui ont failli se prendre aux cheveux, tous deux étant persuadés qu'ils étaient le petit caporal. Les Napoléon sont très demandés. Pendant que l'original suit tranquillement, dans l'autre monde, les péripéties du mouvement européen, il en surgit ici de tous les côtés. L'impatience même des candidats est telle qu'il y en a de nés avant la mort du sujet authentique qu'ils croient revivre en eux.

Il y a, parmi les réincarnés que nous connaissons, des noms qui nous sont familiers comme Bernard Palissy et Mozart, actuellement dans Jupiter.

Beaucoup, en quittant cette terre, s'incarnent dans Uranus, qui est d'un degré plus avancé que nous.

Abordons maintenant cette curieuse page d'histoire que nous devons aux communications spirites, obtenues par Mme de V., pendant l'hiver de 1916, avec le médium Marie M. (2).

S'il est assez difficile à un inconnu d'obtenir une audience personnelle d'un souverain, il n'en est plus de même quand ceux-ci

(1) Célèbre docteur anglais à qui on doit la découverte de la circulation du sang.
(2) Nice, Imprimerie de l'*Éclaireur*, 27, avenue de la Gare.

ont quitté la terre ; ils répondent plus volontiers à notre appel et se manifestent même, quand ils le peuvent, avec un certain empressement.

C'est que leur position n'est plus aussi brillante. La fonction crée des devoirs ; et tous ceux qui s'y sont aventurés ont à répondre aux responsabilités de leur mandat.

Ils remplissent, à leur insu peut-être, une mission ici-bas, et il y en a extrêmement peu qui, au point de vue spirituel, puissent se présenter la tête haute devant le Juge suprême. Aussi n'occupent-ils pas, dans l'espace, une position aussi enviable que sur la Terre et sont-ils extrêmement délaissés. Quand on les appelle, ils manifestent leur reconnaissance. Ils se sentent attirés par ceux qui les aiment et semblent heureux qu'on ait pensé à eux.

Ils sont unanimes à reconnaitre que les prières leur font du bien par l'affection qu'elles leur prouvent.

Ils ajoutent, dans un soupir de regret : « Les rois sont trop orgueilleux et sont entourés de tant de flatteurs qu'ils croient que tout leur est permis. Nous avons tous failli à notre mission ; la tentation des plaisirs était trop forte autour de nous. »

Tous ne se manifestent pas ; beaucoup d'ailleurs sont réincarnés. Quelques-uns cependant entendent notre voix. Les voici dans l'ordre des séances successives.

Les communications ont été recueillies par une grande dame assistée d'un excellent médium, qui, détail curieux, ne connait pas un mot d'histoire. J'en extrais ce qu'elles renferment de plus saillant :

La première évocation fut celle de saint Louis. Il se repent d'avoir fait ses deux croisades. Dieu! dit-il, préfère des infidèles en vie à un chrétien meurtrier. J'ai expié, je ne devais pas conduire ma vie comme je l'ai fait. Ici je ne suis qu'un malheureux Esprit qui n'a pas compris sa mission de *Roy*. Cependant je n'ai pas fait de mal, mais j'étais sous la domination de l'Église ; elle est plus fautive que moi.

Et comme on le remerciait d'avoir répondu à l'appel, il ajouta : « C'est moi qui vous remercie, je ne suis plus un *roy*, mais un simple Esprit qui a beaucoup à se faire pardonner. Nous avons pu être de grands hommes sur la Terre, cela ne nous empêche pas d'être ici de pauvres esprits d'un rang bien inférieur. »

François Ier lui succède :

— Si les rois savaient leur mission, gémit-il, ils se conduiraient autrement. Au lieu de donner le bon exemple, j'en ai donné un déplorable et je l'ai bien expié ! J'ai passé mon temps en plaisirs et je ne voudrais pas recommencer pour avoir encore à souffrir ce que j'ai dû souffrir. Dieu m'a dit : « Malheur à ceux qui font tant de victimes ! » Avoir été roi ou pape, c'est comme n'avoir rien été. L'évolution vient du moral et pas de la situation. Un simple mortel peut être beaucoup plus évolué qu'un roi.

— Mais, lui dit-on, on vous doit la Renaissance. Vous avez protégé les lettres et les arts. Sur la Terre il faut des hommes comme vous, comme Henri IV, Louis XIV et Napoléon.

— Mais non, fût la réponse, tout cela ne compte pas. Cette évolution n'est pas celle qu'il faut pour le ciel et nous sommes de pauvres Esprits, d'un rang inférieur.

Notez que cette dernière phrase est comme un cliché qu'ils répètent tous.

On appelle, à la séance suivante, Louis XII.

— Que les souverains sont donc à plaindre, s'écrie-t-il ! Ils ont un devoir si grand à remplir que pas un encore n'y est arrivé. Et il y a des gens qui envient le sort des rois ! Vanité que la grandeur ! On m'a appelé le père du peuple, mais je n'ai pas fait tout ce que j'aurais dû. Néanmoins je n'ai pas eu trop à expier. Je ne suis pas un esprit trop malheureux parmi les rois.

Vient ensuite Henri II. Comme les autres, il confesse qu'il n'a pas fait son devoir et que sa vie a été consacrée à ses plaisirs. Quand on lui dit qu'il a donné Metz, Toul et Verdun à la France, il se récuse en disant que ce n'est pas à lui qu'on les doit, mais à ceux qui le servaient. Il reconnaît qu'il n'était pour rien dans les troubles religieux de son règne, il n'a pas persécuté les protestants. Les Guise ont été ses meilleurs auxiliaires.

Une autre séance amène Charles IX.

Il gémit en pensant à la saint Barthélemy. Il ajoute : « Une goutte de sang versée par nous, il faut l'expier. J'aurais pu gagner une bonne place, je ne l'ai pas fait. Mais heureusement mes souffrances avancent. J'ai eu tort de céder aux instances de ma mère. Ce fut mon malheur, car depuis cette fatale nuit ma vie n'a été qu'un remords. J'étais si jeune, c'est ma seule excuse. Quel affreux souvenir j'ai laissé, et pourtant je n'étais pas méchant, mais ce n'était pas moi qui gouvernais. On m'a effrayé, menacé d'émeutes ; on m'a fait croire que je sauverais le pays d'une catastrophe ! »

Très intéressante la séance où a bien voulu se manifester Henri IV.

— « On est tellement encensé, dit-il, qu'on se croirait presque des dieux. Alors on ne sait plus ce qui est bien et ce qui est mal. Et combien je regrette que ma royauté ait été acquise au prix de tant de sang versé. Je suis heureux de causer avec la Terre, ce n'est pas un roi qui vous parle, c'est un Esprit qui se considère comme votre obligé. J'ai été réincarné, ma dernière existence vous étonnerait bien s'il m'était permis de vous la dire !

— Vous étiez peut-être plus heureux dans cette incarnation ?

— Oui, mais dans quel milieu étais-je ! Heureusement que le souvenir de nos existences passées nous est un peu enlevé. Je sais cependant toutes mes incarnations et elles ne sont pas toujours belles.

— Les théosophes disent que les appels entravent votre évolution.

— Pas du tout, ils sont pour nous un grand bonheur, car nous n'avons pas souvent l'occasion de venir dans un milieu sympathique et cela n'influe en rien sur nos occupations. Dieu ne m'a pas puni, parce que sa bonté tient compte des intentions et que les miennes étaient bonnes, mais je n'aurais pas dû être roi par la force. J'ai été bien secondé par Sully, un homme d'ordre et d'économie, honnête et d'un grand bon sens ; et nous sommes restés amis dans l'autre monde.

Enfin on réussit un jour à obtenir que Marie-Antoinette voulût bien répondre à l'appel qui lui était adressé. Elle nia absolument avoir été la réincarnation de Catherine de Médicis, comme on l'a prétendu.

« — Ma réincarnation, a-t-elle ajouté, est encore incertaine. Mon supplice immérité me vaut de longues années de bonheur ici. Et puis on ne se réincarne pas comme on veut, mais comme Dieu veut. D'ailleurs je n'ai jamais été criminelle, je n'ai été que légère. Je ne pensai qu'aux plaisirs. J'ai appris ici que le rôle d'une reine était de faire le bien, mais je ne connaissais même pas le peuple. Il me semblait d'une autre espèce que nous et ses souffrances ne me touchaient pas. Ma captivité a été une atrocité sans nom. Pas une douleur ne m'a été épargnée. J'ai été une bonne mère ; je n'ai pas fait mon devoir de reine, mais il appartenait à Dieu seul de m'en punir. Nous avons payé les fautes des autres, je ne me plains plus puisque ces souffrances m'ont valu mon bonheur actuel pour bien longtemps et je n'ose dire que ce n'est pas trop payé, parce vous ne comprendriez peut-être pas. Le peu de temps que j'ai passé sur la Terre, je l'ai bien expié. Laisser derrière soi, abandonnées, de pauvres petites créatures ! Heureusement Dieu m'a permis de veiller sur eux !

— Louis XVII est-il vraiment mort au Temple ?

— Oui, il est venu me rejoindre.

— Êtes-vous avec les vôtres ?

— Oui, ils sont tous là, tous les martyrs de cette horrible époque.

De Louis XVI on n'obtint que ces quelques mots :
— Mon supplice immérité me vaut de longues années de bonheur ici. Tous les malheurs ne sont pas une expiation, mais leur injustice même nous ménage d'éclatantes compensations.

LA VIE EST UN SONGE
UN SONGE ENTRE DEUX INFINIS!

> Insensés ! notre âme se livre
> A de tumultueux projets ;
> Nous mourons sans avoir jamais
> Pu trouver le moment de vivre.
>
> Suis-je un homme rêvant qu'il a été papillon
> Ou un papillon rêvant qu'il est un homme ?
> Chuang-Tzé (1)

On nous dit que l'âme est immortelle. Immortel veut dire infini, dans le passé et dans l'avenir, dans le passé parce que nous émanons du fluide vital universel, et dans l'avenir parce qu'une fin serait un châtiment inexplicable, au moment où elle a atteint toute sa pureté et son plus haut degré de perfectionnement. Ces deux infinis ne feraient qu'un s'ils n'étaient interrompus par le songe de la vie.

Les disciples du Bouddha considèrent le passage de l'Esprit dans la matière, c'est-à-dire sur la Terre, comme une période malheureuse, parce que tout ce qui existe ainsi est un produit de l'illusion qui trompe les sens ; aussi déclarent-ils que la vie est un rêve dont la mort est le réveil.

Le poète anglais Shelley exprimait la même idée lorsqu'il dit, d'un de ses amis : « Il s'est éveillé du songe de la vie ! »

Qu'est-ce que le rêve, sinon l'illusion d'une réalité qui n'existe pas ? Il est fait d'une suite d'incohérences, comme nous nous

(1) Philosophe chinois.

en apercevons au réveil, mais qui, dans le moment, nous paraissent parfaitement naturelles. Qui nous dit qu'il n'en est pas de même pour notre état de veille et que nous ne sommes pas dupes d'une série d'illusions ?

Le songe de la vie nous trompe comme l'hallucination trompe l'halluciné.

Dans le présent, nous sommes bien sûrs que nous ne rêvons pas, mais le passé ne nous apparaît-il pas bien souvent comme un rêve ? Cela semble si loin ! Qui nous dit, quand nous nous réveillerons dans l'autre monde, que cette vie ne nous paraîtra pas toute pleine de chimères comme nous paraissent actuellement nos rêves ?

Tous les éléments de notre passage ici-bas se déroulent comme une vue cinématographique, qui nous laisse une impression d'ensemble, mais repasse devant nos yeux comme un songe.

En somme, nous vivons de certitudes qui ne sont qu'illusoires.

Le surnaturel n'est pas dans les manifestations inexplicables de la nature, mais bien plutôt dans notre existence même, où notre pensée, notre mémoire, nos facultés dirigeantes, les causes de tout ce qui nous entoure et dont nous ne voyons que les effets, le but de nos destinées, tout ce qui s'agite et tout ce qui détermine nos actions, jouent un rôle que nous subissons sans nous rendre compte du comment ni du pourquoi.

Pensez à ce qu'une piqûre de morphine ou un peu d'opium changent nos visions des choses de la Terre ! L'aspect sous lequel ils nous les présentent serait-il un réveil à la vérité ou une hallucination ? Les divagations qu'ils nous procurent nous ont permis de voir plus loin que nos réalités. Est-ce un nouveau rêve ou une incursion dans un monde insoupçonné ?

Tout ce qui nous entoure est illusion et nos sens nous trompent à chaque pas. Un rien suffit pour changer l'aspect de ce qu'ils perçoivent. La suggestion ou des influences inconscientes nous font voir les choses sous un différent jour de ce qu'elles sont en réalité. La suggestion hypnotique nous fera prendre un oignon pour une pomme et un verre d'eau pour d'excellent vin. Aussi, sommes-nous bien sûrs que les choses ont vraiment le goût que nous leur trouvons ? N'est-ce peut-être pas une suggestion de la nature, à laquelle nous obéissons ? Et nos goûts eux-mêmes ne nous trompent-ils pas, puisque au cours de notre vie nous en changeons souvent ?

Un fumeur fume dans l'obscurité, sa pipe s'éteint, il ne s'en aperçoit pas, il continue et croit fumer. J'ai vu un pêcheur dont l'hameçon s'était détaché de la ligne et qui persista plus d'une heure à pêcher, avec le même intérêt. L'infidélité d'un des époux ne trouble pas la quiétude de l'autre tant qu'il n'en a pas conscience. L'avare qui entasserait de la fausse monnaie dans sa cave est aussi heureux, tant qu'il ne le sait pas, que si c'était du bon argent.

La douleur ne serait-elle pas aussi une illusion, parce que non seulement elle est annihilée par le somnambulisme, ainsi que par la suggestion hypnotique, mais souvent aussi par la force de la volonté, qui la fait supporter stoïquement dans des cas d'opération ou dans des moments d'héroïsme. Tel Mucius Scævola, qui pensant poignarder Porcenna, s'était trompé de victime et mit volontairement la main au-dessus d'un brasier ardent pour la punir de sa méprise.

Enfin l'excitation fait oublier la douleur, comme nous le voyons dans les batailles, où maints soldats, frappés d'une balle, continuent à combattre sans s'en apercevoir. L'auto-suggestion réussit aussi parfois à calmer la souffrance par la persuasion que nous ne sentons rien. Et par contre-coup nous voyons que des gens se rendent malades à lire des livres de médecine. Si vous plaignez un enfant qui tombe, il pleure, persuadé qu'il doit s'être fait mal ; si vous n'y faites pas attention, il se relève sans mot dire.

Nous vivons dans une perpétuelle atmosphère de trompe-l'œil. Il faut que quelque chose se produise pour que nous apercevions notre erreur.

Le soleil couchant embrase les nuages, les montagnes, jette

sur la mer un sillon de feu comme une rivière de sang, enflamme les fenêtres lointaines d'un édifice, comme s'il était en état d'incandescence. Voyez au Congo le Tobi, ce fleuve qui paraît de feu, où semblent bercées, dans ses flots purificateurs, des âmes charriées vers quelque Nirvana ou quelque Osiris lointain.

L'air qui nous entoure n'a pas de couleur, cependant il forme cette calotte du ciel, région inexistante, tantôt bleu pâle, tantôt indigo dans le midi, tantôt grise dans le nord ; de même que cette eau, incolore sous un petit volume, nous donne des mers d'azur, d'émeraude, et parfois sombres, comme la mer Noire. Tout ce que nous voyons d'ailleurs n'emprunte-t-il pas ses aspects variés et trompeurs à la lumière ?

Un objet quelconque, vu à travers un verre de couleur, en prend la teinte. Cela veut-il dire qu'il la possède ? Non, assurément, puisque, la cause écartée, il reprend sa couleur propre. Qui dit qu'une cause permanente n'influence pas de même tous les objets ? Beaucoup de choses présentent de loin une couleur différente de celle qu'on leur voit de près, comme par exemple dans une succession d'horizons.

Nous ne voyons pas les fluides, bien que nous en percevions les effets. Nous nous croyons immobiles sur le sol, bien que nous voyagions avec la terre à une vitesse vertigineuse. Toutes les étoiles nous paraissent sur un même plan et cependant les unes sont à des milliards de lieues au-dessus des autres. Les astres semblent tourner autour de nous. Une route droite, très longue, nous paraîtra monter, alors qu'elle reste parfaitement horizontale. Les montagnes les plus élevées ne nous donnent jamais l'idée de leur hauteur réelle. Si vous vous mettez au pied d'un mur très élevé, il semble se pencher sur vous, comme s'il allait vous écraser.

Je ne parlerai pas des arcs-en-ciel, des mirages, des aurores boréales et de bien d'autres phénomènes de la nature ; l'illusion est partout.

Mais c'est surtout au moral qu'elle a les effets les plus curieux, dans nos actes, dans nos jugements, dans nos espérances, dans nos souvenirs mêmes. Ce que nous avons connu dans notre enfance et que nous revoyons plus tard n'a plus le même charme, l'illusion est tombée. Nous n'engagerions jamais une affaire si nous n'étions persuadés qu'elle est excellente. Quand nous faisons une démarche, c'est parce que nous avons l'illusion qu'elle réussira. Que de gens prennent au sérieux les compliments qu'on leur fait, même pour se jouer d'eux. Voyez l'appréciation personnelle des êtres sur leur propre mérite, sur leur valeur, l'opinion des femmes sur leur apparence physique, des parents sur leurs enfants. Écoutez l'orateur, l'acteur, le conférencier, le prédicateur, le chanteur après leur apparition en public. « Nous avons eu un succès ! » Demandez à l'auteur ce qu'il pense de ses propres œuvres. Recueillez l'opinion des profanes sur les œuvres d'art. Voyez le jugement des masses sur les événements. Entendez les plaintes des domestiques au sujet de leurs maîtres, des maîtres au sujet de leurs domestiques.

Que sont nos croyances et nos opinions ? Des illusions. La preuve en est qu'elles peuvent être absolument contradictoires ; il y a donc quelqu'un qui se trompe. Nous croyons voir juste alors que souvent nous voyons faux. Sans cela y aurait-il tant de divergences de vues, tant de contestations, de luttes politiques et religieuses ? La vie se passe à adorer ce qu'on a brûlé et à brûler ce qu'on a adoré.

Quand nous jugeons nos actes passés, que de fois nous reconnaissons nos erreurs et nous disons : « Ah ! si c'était à recommencer ! » En somme nous vivons dans notre propre rêve.

Que de fois nous regrettons les paroles qui nous sont échappées, les lettres que nous avons écrites, les opinions que nous avons émises, les promesses que nous avons faites, les conseils que nous avons donnés, justes à notre point de vue et faux en réalité ! Jusqu'à cette mascarade conventionnelle de la mode que les femmes adoptent avec ferveur et dont elles sont les premières à rire, quand elles voient les modes passées dont elles s'affublaient ! La beauté elle-même est une illusion dont nous sommes trop souvent victimes. Beauté ne veut pas dire bonté, ni qualités morales et intellectuelles. Le pavillon nous trompe sur la marchandise ; simple étiquette cachant souvent un piège, ce qui a fait dire à Napoléon : « Une belle femme plaît aux yeux, une bonne femme plaît au cœur. L'une est un bijou, l'autre est un trésor. »

Et les titres, les honneurs, les décorations, hochets pompeux de la vanité et de la sottise humaine ! Quoi de plus trompeur qu'une ombre ; il semble y avoir quelque chose et il n'y a rien ? N'est-ce pas l'image de notre vanité, dont les satisfactions ne sont que l'ombre et le reflet ?

Quel titre au monde peut compenser la perte de la vue ? A un héros qui avait perdu un bras, on offrit la croix de la Légion d'honneur. Il répondit : « J'aimerais mieux avoir mon bras. »

Titres, gloriole et fortune, illusions ! car, quelque riche que nous soyons, lorsque apparaît la maladie, nous envions le pauvre qui se porte bien.

Si nous voulons analyser la sensation de toutes les satisfactions d'orgueil, d'ambition, de vanité, nous la trouvons bien difficile à définir, même à ressentir, et nous trouvons le vide au fond. La plus petite égratignure nous fait oublier ces jouissances éphémères. Il n'y a pas de piédestal qui tienne contre un mal de dents. Celui qui souffre trouve-t-il une consolation dans la gloriole ? Non. Devant la douleur, tout ce bagage devient pour lui bien petit !

Combien de fois, dans la vie, ne changeons-nous pas de manière de voir, ce qui prouve qu'à certaines époques nous avons vécu dans l'erreur, c'est-à-dire dans l'illusion, sans qu'il soit bien certain que notre nouvelle opinion ne soit pas encore une autre illusion. Combien de gens jugent les choses sous un jour faux, car, toutes, comme la statue de Janus, ont deux faces, et le public ne regarde que d'un côté.

Les religions, les philosophies, les théories sociales, toutes pataugent dans l'inconnu, comme notre cerveau dans le rêve. Même la science rejette fréquemment ce qu'elle avait conçu comme des dogmes infaillibles. Sir W. Crookes nous prouve par de nombreux exemples, que les lois physiques ne paraissent pas les mêmes aux êtres différents, suivant leur configuration ou leur sens. Quelque intéressants que soient ces exemples, je n'en donnerai qu'un.

Supposez un être infiniment petit se promenant sur une feuille de choux couverte de gouttes de rosée. Comment les verra-t-il ? Comme des globes de cristal. Il pourra donc en conclure que l'eau est un corps solide qui prend naturellement la forme de sphères. A un être infiniment grand il est probable que l'univers apparaîtra d'une manière différente de la nôtre. La science est pleine de ces trompe-l'œil. Que serait-ce si nous avions d'autre sens ? L'esprit traduit à sa manière les impressions qu'il reçoit et chaque individu perçoit l'univers à sa façon.

L'animal qui voit son image dans l'eau ou dans une glace, est dupe d'une illusion. Qui nous dit que nous ne le sommes pas de même dans beaucoup de cas, que la plupart de nos sentiments et de nos sensations ne nous trompent pas ? Pour un rien nous voyons de l'amour se changer en haine ; notre mémoire nous trahit, notre conscience hésite ou sommeille, notre pensée nous égare, notre instinct nous fourvoie. Peut-être subissons-nous un hypnotisme qui fait chatoyer à nos yeux le beau côté des choses, en nous en cachant les dessous.

L'illusion est une dépense inutile de confiance qui nous ménage toujours d'amers réveils. Nous sommes un mélange de crédulité et d'incrédulité, prêts à croire tout ce que l'on nous dit ou à nier ce que nous ne connaissons pas, et cela à une époque et dans une société où tout est mensonge et habile manœuvre pour nous prendre dans des pièges, où nous poussent notre vanité, notre crédulité ou notre avidité.

Lorsque, du fait d'un âge avancé, on jette sur son existence un coup d'œil rétrospectif, on la voit se dérouler comme un panorama dont on est le spectateur, bien qu'on en ait été l'acteur ; mais combien alors ne nous apercevons-nous pas de nos erreurs et de nos écarts ! Il faut surtout voir la vie du haut d'une profonde douleur pour comprendre combien elle est vide. Et quand on se ressaisit, qu'on pense au passé, on se dit : c'était un rêve ! Que de fois, en voyant la vie et l'agitation des autres, nous nous disons en nous-mêmes : « Ils vivent d'illusions ! » N'en disent-ils pas autant de nous ?

Notre pensée ? Sommes-nous bien sûrs de penser, ou ne sommes-nous pas simplement le réceptacle des idées que nous croyons produire ? Ces idées ne sont-elles pas plutôt des suggestions ?

Nous croyons inventer, découvrir, et l'on vient nous dire que tout cela était déjà connu dans ces mystérieux pays de l'Asie, dont les civilisations ont devancé la nôtre de centaines de siècles, et dans les continents engloutis de l'Atlantide.

En somme, nous ne faisons que retrouver des créations enfouies dans la nuit des temps. Peut-être avons-nous vécu à ces époques et ne faisons-nous que de nous en souvenir. Peut-être aussi nos découvertes ne sont-elles que des suggestions de l'Au-delà. Peut-être encore nos grands inventeurs ne sont-ils que des missionnaires incarnés parmi nous pour nous révéler ces progrès !

Nous avons l'illusion d'agir d'après notre volonté, notre raisonnement, notre libre arbitre. En sommes-nous bien sûrs, car que de choses nous faisons, étonnés nous-mêmes de les avoir faites ! Ne sommes-nous pas plutôt des pantins actionnés par une volonté, par des forces que nous ne connaissons pas, qui sèment la vie intellectuelle dans notre cerveau et dont nous sommes les instruments aveugles, obéissant à l'impulsion qui nous dirige dans un but que nous ignorons ? Car qu'est-ce que c'est que le raisonnement et tous les états de mentalité supposés venir de notre pensée ? D'abord, qu'est-ce que la pensée ? Aucun philosophe, métaphysicien ou physiologiste a-t-il jamais pu la comprendre et encore moins la définir ? Ne serions-nous pas, à l'instar de la photographie, une plaque sensible, reflétant une série de choses préconçues, pour lesquelles nous ne venons jouer, dans ce monde, qu'un rôle de comparse ?

Sommes-nous le cocher qui tient les guides, ou simplement le cheval qui traîne le véhicule et que conduit un cocher inconnu de nous ?

Ne sommes-nous peut-être pas, dans l'orgueil de notre libre arbitre, de notre moi conscient, de simples inconscients, errant où une force inconnue nous mène, pensant par la pensée d'un guide supérieur, agissant par la volonté d'une puissance qui agit par notre mécanisme et dont nous sommes le jouet. Peut-être ne sommes-nous sur la Terre qu'un théâtre d'ombres chinoises, nous imaginant que nous vivons dans la plénitude de notre volonté, alors que d'autres vivent pour nous. Le monde est une scène où se déroule la comédie de la vie, dont nous sommes les acteurs, suivant un plan arrêté d'avance par l'auteur de la pièce.

Nous nageons dans une mer de subtilités qui nous entourent et où foisonnent nos illusions. Nous nous agitons machinalement au milieu de tous ces mystères que nous subissons, sans nous en demander le pourquoi. C'est peut-être très humiliant mais, en somme, nous ne sommes que des marionnettes dont l'Invisible tient les fils. De là ces proverbes : « L'homme s'agite et Dieu le mène » et « L'homme propose et Dieu dispose. »

Notre volonté libre (?) et nos projets sont à la merci du moindre incident qui surgit, suscité à dessein sans doute, et qui en détourne le cours.

La croissance de la plante nous suggère une comparaison qui pourrait bien être une loi chez tous les êtres.

Supprimez les microbes et mettez une graine en terre. Jamais elle ne germera si vous ne lui rendez ces petits travailleurs invisibles qui la déchirent, la préparent, l'aident, par ordre et à leur insu, dans ses fonctions d'absorption, de respiration, de nutrition, de circulation et de sécrétion, ne cessant de travailler à son développement, à lui communiquer ses attributions, et même la saveur dans les fruits et le parfum dans les fleurs (1).

(1) Pour n'en donner qu'un exemple, on a trouvé que la saveur de la fraise lui était communiquée par un microbe, lequel, incorporé dans un autre fruit, lui donnait la même saveur.

La plante, telle que la voient nos yeux, n'est donc que le résultat d'un travail invisible, mystérieux, compliqué et incessant. Elle ne vit que par la vie des autres.

N'en serait-il pas de même de nous, non seulement de notre être physique qui abrite un monde de parasites et de travailleurs, comme les leucocytes, les phagocytes et compagnie, mais aussi de notre être mental qui serait le résultat d'un travail d'organismes occultes, sans cesse à l'ouvrage, la seule partie de nous qui soit et reste strictement nous-même étant celle qui est accumulée dans les archives de notre conscience profonde ?

Les communications de l'autre monde affirment que la matière dans laquelle nous sommes est une fiction périssable, une simple fiction de l'intelligence qui s'évanouit et n'existe pas ; que l'esprit seul vit, dans le corps ou en dehors du corps.

En résumé si nous analysons toutes les actions, aspirations, déceptions et illusions de la vie, le proverbe hindou qui dit que notre existence est un songe dont la mort est le réveil, n'est peut-être pas éloigné de la vérité.

Aussi, comme, dans un rêve, on ne se souvient pas des rêves passés, il n'y a rien d'étonnant, si la vie est un songe, que nous ne nous souvenions pas du rêve de nos vies antérieures.

Après toutes les ivresses d'envolées folles dans le gai soleil, le papillon confie sa larve à quelque végétal nourricier et meurt. C'est la fin de la liberté, c'est l'image de l'incarnation après la joie des envolées aux voûtes éternelles. La larve devient chenille et rampe — image d'une vie de luttes, de douleurs, d'épreuves, — puis elle entre dans le tombeau de la chrysalide pour redevenir un brillant papillon — image de la délivrance par la mort et du retour à la patrie des âmes.

N'est-ce pas également là, l'image frappante du songe misérable de la vie entre deux infinis d'ivresse et de liberté ?

Je finirai par un cas de magnétisme qui semble donner raison au proverbe hindou :

Un jour que la somnambule Letroy dictait à son magnétiseur quelques prescriptions thérapeutiques, elle lui dit d'un ton singulier : « Vous entendez bien qu'*il* me l'ordonne ?

— Qui, demanda le docteur, vous ordonne cela ?

— Mais lui, vous ne l'entendez pas ?

— Non, je n'entends ni ne vois personne.

— Ah ! c'est juste, reprit-elle, vous dormez, tandis que moi je suis éveillée.

Et comme le docteur lui faisait remarquer que c'était elle au contraire qui était endormie et qu'il la tenait sous son influence, elle répéta :

— Vous êtes endormi, vous dis-je ; moi au contraire, je suis presque aussi complètement éveillée que nous le serons tous un jour à venir. Je m'explique : Tout ce que vous pouvez voir actuellement est grossier, matériel. Vous en distinguez la forme, mais les beautés réelles vous échappent, tandis que moi, dont les sensations corporelles sont maintenant suspendues, dont l'âme est presque entièrement dégagée de ses entraves ordinaires, je vois ce qui est invisible à vos yeux, j'entends ce que vos oreilles ne peuvent entendre, je comprends ce qui, pour vous, est incompréhensible. Par exemple, vous ne voyez pas ce qui sort de vous pour venir à moi quand vous me magnétisez ; moi je le vois très bien. A chaque passe que vous dirigez vers moi, je vois comme de petites colonnes d'une poussière de feu qui sort du bout de vos doigts et vient s'incorporer en moi, et quand vous m'isolez, je suis environnée à peu près d'une atmosphère ardente de cette même poussière de feu.

J'entends, quand j'en ai le désir, le bruit qui se fait au loin, les sons qui partent et se répandent à cent lieues d'ici ; en un mot, je n'ai pas besoin que les choses viennent à moi, je peux aller à elles, en quelque lieu qu'elles se trouvent, et en faire une appréciation beaucoup plus juste que ne le pourrait toute autre personne qui ne serait pas dans un état analogue au mien. » (1).

FUITE DES JOURS

Rêve de l'avenir, qui ne vous a pas fait ?
Nul ne voit le présent comme il faut qu'on le voie,
Nul n'accepte la vie avec calme, avec joie,
Ainsi qu'un céleste bienfait.

(1) CHARDEL, dans sa *Physiologie du Magnétisme* fait une étude des rapports des somnambules avec le monde désincarné dont GABRIEL DELANNE a donné divers exemples dans son ouvrage *L'Ame est Immortelle*, Leymarie, 42, rue Saint-Jacques, Paris.

Demain, toujours *demain*... Jamais l'heure présente
Ne suffit à nos vœux, à nos brûlants désirs ;
Demain doit nous verser d'une main complaisante
    Tous les bonheurs, tous les plaisirs.

Il passe, il a déçu notre attente frivole...
Encore un lendemain... Tout nous semble sauvé !
Ainsi, de jour en jour, l'existence s'envole :
    Et qu'a fait l'homme ? — Il a rêvé.

ALFRED DES ESSARTS.

LA POSTE INTERPLANÉTAIRE

De tout temps, le désir de savoir ce qui se passe dans les autres planètes et de communiquer avec leurs habitants, a hanté les imaginations ardentes.

La science est arrivée à découvrir la configuration des plus rapprochées ; nous connaissons assez bien la géographie de Mars et de notre satellite, la lune.

Des impatients ont même rapporté des tentatives venues de Mars pour attirer notre attention. Tout cela était considéré comme des rêveries. Cependant Ch. Fourier, dont beaucoup d'utopies sont devenues des réalités et qui lisait les destinées du monde dans l'avenir social, a dit : « Lorsque la Terre sera en harmonie, nous entrerons en rapport avec les habitants des autres planètes et par ceux-ci, avec les autres sphères qui circulent dans l'infini. »

En effet, si nous pouvons correspondre avec le monde astral, pourquoi ne pourrions-nous pas correspondre avec d'autres mondes, que le nôtre, par le mécanisme de la communication des âmes, des courants télépathiques et des rencontres de notre âme avec d'autres âmes de ces mondes, aux heures, pour elles comme pour nous, de détachement dans le sommeil ou dans le somnambulisme ? Le Spiritisme est sur le point d'accomplir tout ce qui naguère paraissait un problème insoluble. Déjà des Esprits nous avaient appris ce qu'étaient devenus beaucoup de nos disparus.

Mais des résultats beaucoup plus tangibles, relatés dans *les Vies Successives*, ont été obtenus par M. de Rochas.

Mireille, une amie d'enfance, vint un jour le prier de la magnétiser pour la soulager d'une maladie interne et il obtint d'elle, dans cet état, de curieuses révélations. Il voulut envoyer son esprit dans Mars, mais elle tomba en syncope et l'on entendit une voix qui disait : « Vous l'é,happez belle. Pourquoi ne l'avez-vous pas retenue, elle est très curieuse et aurait été perdue si je n'avais pas été là ? Elle a voulu pénétrer dans l atmosphère de Mars, en traversant la couche électrique de cette atmosphère qui aurait rompu son corps et je me suis précipité à temps pour la ramener. »

Questionné, il se déclara un ami du sujet, du nom de Vincent.

Néanmoins elle avait aperçu beaucoup de choses qu'elle décrivit, mais les nuages interceptaient parfois sa vue. Elle voyait briller les mers et scintiller les glaces des pôles. Elle y constatait des canaux d'une énorme largeur, creusés, disait-elle, à travers les continents par des Martiens qui, bien qu'amphibies, vivent de préférence dans l'eau et s'en servent pour aller d'une mer à l'autre.

Quelque temps après, Vincent, dont l'Esprit, jusque-là, ne quittait pas la couche électrique de la Terre, se réincarna dans une autre planète. Il s'était réveillé dans un autre monde avec un corps approprié à ses nouvelles conditions d'existence, par une naissance nouvelle, différente de sa naissance terrestre. Il a conservé dans sa vie actuelle un souvenir plus ou moins confus de ses existences antérieures et un souvenir très net de sa dernière vie sur la Terre.

Il paraît, en effet, que, alors que la régression de la mémoire, dans notre vie actuelle, n'est qu'accidentelle, nous nous souvenons mieux du passé à mesure de la progression de nos existences. De même on y peut plus facilement communiquer, par des moyens plus directs, avec ceux qu'on a perdus.

Ce nouveau monde est situé en dehors du système solaire et nous ne pouvons l'apercevoir. Évoqué, Vincent nous dit que les habitants ont des corps nébuleux, sans jambes, car ils ne marchent point et ils s'élancent dans l'espace jusqu'au point où ils veulent aller. La marche, comme nos divers modes de locomotion, accuse une espèce d'infériorité motrice, entre le vol et le rampement.

Il y a un grand nombre d'astres où les habitants sont conformés à peu près suivant le type humain. De tous les animaux, l'homme seul a des bras qui ne servent pas à aider sa marche.

Les habitants du monde où se trouve Vincent, n'ont entre eux que des rapports intellectuels, chacun étant surtout absorbé par une vie intérieure, faite d'espoirs et de souvenirs, où ils étudient leur destinée, *grâce à l'expérience des vies passées*, avec une douce sécurité pour l'avenir. Suivant son expression, ils *ouvrent* leur passé.

Ils éprouvent les uns pour les autres une grande sympathie qu'on pourrait comparer au sentiment d'un Français retrouvant d'autres Français, au milieu de peuples étrangers.

Ils ont à leurs ordres des êtres inférieurs, sorte d'animaux de la planète, ressemblant à des cloches diaphanes, dans l'intérieur desquelles ils entrent lorsqu'ils veulent quitter leur astre pour aller dans d'autres mondes, soit à l'appel d'une évocation, soit pour d'autres raisons.

Ces cloches animées leur obéissent, les transportent et jouissent de la propriété de les isoler des couches électriques qu'ils auraient à traverser.

Ils ont, lui et ses pareils, le pouvoir de faire sortir à volonté leur esprit de leurs corps, qu'ils abandonnent sur l'astre où ils vivent, et c'est seulement en Esprit, recouvert d'une enveloppe plus raffinée, qu'ils entrent dans les cônes quand ils veulent voyager.

Ils y éprouvent une sensation délicieuse de calme et d'enveloppement, à laquelle ils s'abandonnent sans penser à rien.

Ils peuvent converser avec certaines personnes habitant d'autres

(1) Pour les détails au sujet de Mireille et de Vincent, voir M. DE ROCHAS, *Les Vies Successives*, page 410 et suite.

mondes, à l'aide d'une sorte de lien fluidique comparable à un rayon d'étoile.

Nous voyons donc que, si nous sommes prisonniers dans notre monde, et si, comme dit Alfred de Musset :

« Et je ne puis m'enfuir hors de l'humanité. »

il n'en est pas de même dans les mondes plus avancés, d'où les âmes peuvent rayonner au besoin à leur gré. Nous sommes dans une prison dont nous ne pouvons pas nous évader. Dans d'autres mondes, les incarnés sont comme on est dans sa maison, dont on sort et où l'on rentre à volonté.

Ils peuvent, répondant à notre appel, se communiquer à nous, comme l'a fait Vincent à M. de Rochas. En voici deux cas parmi beaucoup d'autres.

A une séance au Brésil, une entité se faisant reconnaître comme une amie des personnes présentes, parmi lesquelles elle avait vécu, déclara venir d'un monde très éloigné, qu'elle habitait à ce moment, pour donner des conseils salutaires à ses amis, en s'offrant comme exemple.

Une autre fois, en Roumanie, un fils est venu apporter des consolations à son père et lui dire qu'il avait quitté l'astral et qu'il était maintenant réincarné dans un autre monde, dont le nom n'a pas été bien compris parce qu'il nous est inconnu.

De notre côté, nous voyons que M. de Rochas a envoyé l'esprit de Mireille dans Mars. Elle n'a pu y pénétrer, il est vrai, mais elle aurait pu, delà, agir télépathiquement sur certains de ses habitants, si elle avait eu connaissance de quelqu'un qui y fût incarné.

Il paraît que, télépathiquement, de même que nous pouvons communiquer avec l'astral, nous pouvons communiquer avec les réincarnés des autres planètes.

Nos amis de la terre, répondent même déjà, de leur vivant, à notre appel, comme cela est arrivé à Mr. Stead, ainsi que nous le verrons au chapitre de la télépathie.

Nous pouvons avoir été des personnalités importantes dans

d'autres existences, dans ce monde ou dans d'autres, et être évoqués sous le nom de ces personnalités, alors que nous sommes peut-être réincarnés dans d'autres mondes ou dans celui-ci. Ce dernier cas signifie que nous pouvons, sur notre Terre, évoquer l'esprit de personnes qui y vivent également. Nous l'avons peut-être été, mais nous n'en avons pas conscience au réveil. Cependant il peut nous en rester une vague impression, comme d'un songe. Souvent alors, nous nous souvenons d'avoir rêvé de telle ou telle personne, connue ou inconnue, sans nous rendre compte de son intervention dans notre rêve. Une irrésistible envie de dormir peut être un signe d'évocation. L'évocateur, ignorant que celui qu'il appelle est, comme lui, sur la terre et n'évoquant qu'une personnalité que nous avons été et non celle que nous sommes en ce moment, nous pouvons, de la même manière, évoquer notre père, le croyant toujours dans l'autre monde, alors qu'il se serait réincarné, depuis, dans celui-ci.

Deux personnes en s'évoquant réciproquement peuvent se transmettre leurs pensées et correspondre, ce qui deviendra un jour, dit Allan Kardec, un moyen universel de correspondance. Ce dernier donne également ce détail curieux. Il arrive qu'une personne, décédée depuis quelques années et réincarnée dans un autre monde, peut être évoquée et répondre, si on lui demande son âge dans le monde où elle est : « Je ne peux l'apprécier parce que nous ne comptons pas comme vous. Le mode d'existence n'est pas le même, on se développe beaucoup plus rapidement. Bien qu'il n'y ait que six de vos mois que je sois ici, cela correspond à un âge de trente ans sur la Terre. » Mais cela peut n'être qu'une sorte d'enfance comparé à l'âge qu'il doit atteindre. Chez nous déjà, nous voyons beaucoup d'animaux acquérir en quelques mois leur développement normal. A. KARDEC.

Voyons ce que dit, à ce sujet, Swedenborg, de l'autre monde.

Le fluide universel, ou lumière astrale, établit entre les êtres une communication constante. *Ce fluide est le véhicule de transmission de la pensée*, comme, sur votre terre, l'air est le véhicule du son. C'est une sorte de *téléphonie universelle* qui relie les mondes et permet aux habitants de l'espace de communiquer avec ces mondes. Le fluide de chacun est une modification du fluide universel. »

Nos informateurs de l'Au-delà nous disent parfois où se trouvent réincarnés nos amis, ce qui peut nous permettre de nous adresser directement à ceux-ci.

D'ailleurs les Esprits eux-mêmes veulent bien se charger pour les nôtres, de messages par suggestion, télépathie, apparitions ou par le rêve. Il arrive fréquemment que des Esprits, ne pouvant parvenir à se faire comprendre de ceux auxquels ils désirent s'adresser, sans doute parce que ceux-ci n'ont aucune médiumnité ou ne se prêtent pas aux manifestations spirites, se servent d'un médium quelconque dont les fluides leur facilitent les manifestations, en les priant de faire parvenir les messages aux intéressés.

Le grand journal le *Progressive Thinker* de Chicago a même mis à leur disposition dans ce but un médium de premier ordre et une colonne du journal. Cette colonne est remplie toutes les semaines de communications d'Esprits, suivies de remerciements émus de la part de ceux qui ont été l'objet de ces communications. La plupart sont très touchantes et ont apporté bien des consolations à des cœurs désolés.

C'est comme un service postal entre nos deux mondes, beaucoup de ces messages traitant d'intérêts personnels et particuliers. Tous les journaux spirites devraient suivre cet exemple.

Rien n'empêcherait des incarnés d'autres planètes plus avancées de se servir du même moyen pour nous envoyer de leurs nouvelles. Ces mondes, bien supérieurs aux nôtres, communiquent d'ailleurs entre eux beaucoup plus facilement, nous ont dit nos guides, et par des moyens que nous ne connaissons pas.

On nous assure que les habitants de Saturne, qui n'est qu'à 6.912 lieues seulement de la face interne de son anneau, communiquent très bien avec ceux des divers anneaux concentriques qui entourent cette merveilleuse planète.

Nous sommes là au seuil d'une vaste étude qui ouvre au spiritisme la voie vers de nouvelles conquêtes, question délicate qu'il faut traiter avec beaucoup de prudence.

Pourquoi d'ailleurs Dieu, qui a établi un lien universel d'union et d'harmonie entre toutes les âmes, mettrait-il entre elles la barrière des mondes ? Ne nous empressons pas de nier parce que, au premier abord, la question nous paraît du domaine du merveilleux. Comme tous les autres acquis du spiritisme, elle se simplifiera et s'éclaircira avec l'expérience et l'étude.

L'occultisme d'ailleurs nous cache encore, derrière ce rideau de défiance que nous avons élevé entre notre incrédulité et les étonnantes surprises qu'il tient en réserve, des mystères bien plus troublants et bien plus étonnants que tout ce que nous connaissons. Mais nous nous sommes arrêtés sur le seuil de cet autre labyrinthe d'influences inconnues. C'est le propre d'ailleurs de notre aveuglement de reléguer ce que nous ne pouvons concevoir dans le domaine de l'utopie, du rêve, du ridicule.

Je pose cependant ce problème aux plus avisés, *qui savent que nous ne savons rien*. Puisque tout laisse dans l'astral une trace indélébile, se peut-il que cette trace immatérielle puisse, à certains moments, se matérialiser à nos yeux comme les apparitions d'Esprits qui viennent se manifester à nous ? Et quelles peuvent en être les causes déterminantes ?

Je prends un exemple, relaté par les revues le *Reformador* et le *Verdade e Luz* et dont des populations entières ont pu être les témoins. On a aperçu dans l'air, à la manière d'un mirage, une division d'infanterie, conduite par un officier qui brandissait une épée flamboyante, se livrant à des manœuvres que l'on pouvait suivre dans tous les détails. Le fait, qui se reproduisit trois jours de suite, se passait en Autriche.

Sous toute réserve, et considérant que tout est possible, que rien n'est limité que par la limite étroite de nos facultés, je soumets aux Occultistes cet autre problème encore plus hardi.

Des faits ayant pris naissance sur une planète étrangère à la nôtre, pourraient-ils se reproduire ou se manifester, télépathiquement ou autrement, sous forme de mirage ou de toute autre manière, dans notre monde ou dans notre atmosphère ou exercer chez nous une influence quelconque, dont la source ou la cause serait susceptible ou non d'être identifiée ?

LE SUBCONSCIENT

> C'est probablement ce que l'homme comprend le moins qui s'approche le plus de la vérité. MAETERLINCK

L'âme seule est le moi, notre corps n'est qu'une espèce de fantôme qui nous suit. PLATON.

Il existe dans l'homme un royaume inconnu de facultés latentes, dénommé le moi subliminal. T. BENNETT.

Tout ce que nous savons de la connaissance de nous-mêmes est une manifestation de ce que nous ignorons. MARCEL MANGIN.

Tu portes en toi un ami sublime que tu ne connais pas. LES VEDAS.

Vous vivez au milieu de magasins pleins de richesse, et vous mourez de faim à la porte. SUFFIS FERDOUSIS. *La Sagesse persanne*.

Il paraît que nous sommes infiniment plus complexes que nous ne nous l'imaginons.

Si les Grecs ont mis au fronton du temple de Delphes le fameux *gnôti seauton* de Socrate, c'est qu'ils savaient bien dans quelles mystérieuses profondeurs ces deux simples mots pouvaient nous conduire. Pour se livrer à cette étude il faudrait se rendre compte de l'inconnu, alors que nous comprenons à peine le connu.

Notre être, qui est double, cache bien des réserves, des tiroirs secrets, pleins de surprises. Tâchons d'y pénétrer.

Nous trouvons que nous sommes composés d'abord d'un être matériel qui représente l'instinct génésique, c'est-à-dire le résidu d'animalité resté en nous, inconscient, obéissant à cet instinct, être qui subit sa nature, des habitudes, des impulsions, mais n'est pas l'être pensant.

Puis vient l'atavisme avec ses prolongements organiques dans des directions nouvelles. Il représente un héritage qui a jeté en nous des éléments étrangers, des tendances jusqu'ici inconnues, des attirances vers d'autres aspirations, en un mot des directions différentes pouvant, sur certains points, modifier notre nature et nos penchants.

L'atavisme est encore une de ces bienfaisantes lois que Dieu a semées devant nous à chaque pas, comme des flambeaux sur la route.

La loi divine veut que nous apprenions, que nous nous instruisions, pour pouvoir progresser. Si nous n'avions avec nous que le bagage que nous apportons dans la vie, nous suivrions toujours une même route et bien des éléments de progrès échapperaient à nos moyens d'action. Ne pouvant nous créer de nouvelles aptitudes, l'atavisme nous les apporte, les ancêtres partagent avec nous leurs acquis ; de même inculquons-nous aux Esprits incarnés dans nos enfants, des choses apprises dans nos vies antérieures et que ces Esprits ne possédaient pas. Il ne faut pas s'étonner, lorsqu'un père a plusieurs enfants, qu'ils n'aient pas la même intelligence, les mêmes talents, les mêmes vertus, parce que ces enfants sont constitués par des Esprits qui diffèrent les uns des autres et ont chacun apporté dans la vie leur bagage personnel (1).

Tout cela, avec des habitudes acquises, un amas de souvenirs quotidiens, une espèce de routine machinale de la vie, constitue notre *moi* de tous les jours, périssable, changeant, notre moi extérieur.

Les influences étrangères, qui l'imprègnent et le pétrissent, créent en lui des qualités et des défauts qui lui constituent une manière d'être apparente, à fleur de peau, mais qui n'a rien à voir dans les profondeurs de nous-mêmes ; de notre moi caché,

(1) Voir ALLAN KARDEC.

que nous croyons notre prisonnier et qui est en réalité notre geôlier.

Derrière cette parade inconsciente de notre vie conventionnelle, mécanique, animale, il y a l'être pensant, c'est-à-dire tout un monde, qui comprend la mémoire, le travail de la pensée, la raison, la conscience, la volonté, les impulsions, en un mot l'être moral et créateur qui régit notre vie ; disons l'Être Conscient.

Ces deux êtres se complètent et n'en font qu'un. Ils paraissent suffisants à beaucoup pour répondre à tous les besoins de l'existence. Le premier est plus connu des autres que de nous-mêmes ; le second nous appartient à nous seuls et ne se livre pas.

Ces deux êtres sont perfectibles, subissent les influences, peuvent se transmettre à une descendance, varier suivant l'organisme qui constitue son rouage et se modifier par l'influence du premier sur le second ou du second sur le premier.

Mais nous ne nous arrêtons pas là.

Parmi les facultés de notre être mental, se cache un autre bagage atavique, une espèce d'atavisme qui vient de nous-mêmes, de nos vies antérieures, composé de notre acquis d'abord, puis des préparatifs, études, bonnes résolutions, plan d'épreuves, de luttes expiatoires, expériences passées, que nous avons soigneusement emportés avec nous dans cette vie, comme une valise renfermant tous les documents qui motivent un voyage d'affaire.

Tout cela, fondu avec les autres facultés morales, a, comme chacune d'elles, son rôle séparé qui lui est propre.

Ah ! que nous aurions vite fait de nous ausculter si nous en étions réduits à ce simple mécanisme. Mais il n'en est rien et, derrière cet être intimement uni à notre enveloppe terrestre, commence un autre être qui nous paraît beaucoup plus complexe que le premier, car il joue différents rôles assez mystérieux, sur lesquels on n'est pas encore bien d'accord. Arrêtons-nous un instant sur le seuil de ce labyrinthe avant d'y pénétrer, car nous ne sommes encore que dans l'antichambre de nous-mêmes.

Les philosophies superficielles qui disaient l'homme composé d'un être physique et d'un être moral, n'avaient pas pénétré dans les appartements privés réservés au subconscient, à son intervention dans les manifestations psychiques, dans son ubiquité qui lui permettait de vivre à la fois dans nos deux mondes. C'est à Leibnitz que revient l'honneur d'en avoir eu la première conception. Entrons à tâtons et avec prudence dans cet inconnu.

Nous n'avons pas traversé une multitude d'existences sans avoir glané, dans chacune, des connaissances qui constituent le fonds de notre acquis.

Tout cela crée peu à peu une volumineuse encyclopédie qui ne répond pas toujours aux besoins de notre nouvelle incarnation et qui est remisée alors dans la partie de nous-mêmes où notre conscience normale n'a pas accès. De même un homme qui fait de fréquents voyages, ne s'encombre pas, à chacun d'eux, de tout ce qu'il possède et n'emporte avec lui que les objets qui peuvent lui être nécessaires pendant le genre d'absence qu'il va faire.

Il ne s'ensuit pas, quand des êtres semblent ignorer beaucoup de choses, qu'ils ne les connaissent en réalité pas ; mais, n'en ayant pas besoin dans cette incarnation, ils les ont laissées en réserve dans leur bagage subconscient, dans leurs archives. On en a la preuve quand, ramenés à des vies antérieures, comme l'a fait M. de Rochas, des sujets, occupant une position très humble dans cette vie, se mettent à parler des langues étrangères ou font preuve de connaissances diverses, dès qu'ils arrivent à des existences où ils occupaient un niveau social supérieur.

Des effets semblables se produisent dans le somnambulisme et l'hypnotisme, états dans lesquels les sujets peuvent alors avoir accès à leur subconscient.

Pendant ce temps, cette encyclopédie, fruit de nos mémoires amassées, sommeille en nous, et ce que nous appelons imagination, que nous croyons volontiers une puissance créatrice de la pensée, n'est probablement qu'une excursion que, grâce à des efforts ou une aptitude spéciale, elle fait dans le subconscient. Nous allons simplement y puiser, croyant que nous créons, alors que nous ne faisons qu'utiliser nos réserves.

Tout cela montre l'utilité dans notre vie, comme dans chacune des autres, qu'il y a d'apprendre le plus possible, pour accumuler des connaissances qui serviront utilement plus tard.

Aussi, quelle complexité de rapports entre notre conscience profonde et notre conscience normale, travail étonnant qui, comme toutes les fonctions qui animent la machine humaine, se fait en sourdine, à son insu.

Que de curiosités et de ressources nous découvririons, si nous pouvions pénétrer dans cet entrepôt général de toutes nos connaissances et de toutes nos mémoires, où la première chose qui nous frapperait serait le tableau de nos vies passées.

Il n'y a pas qu'un seul moi dans l'homme, dit Durand de Gros : il y en a une légion et des faits de conscience avérés comme tels, qui restent néanmoins étrangers à notre conscience, se posent dans d'autres consciences associées à celle-ci dans l'organisme humain, en une hiérarchie anatomiquement représentée par la série des centres nerveux du système ganglionnaire.

N'est-ce pas là une preuve de la succession des existences ?

Le Dr Gyel (1) dit : « Le moi subconscient est capable de perceptions et d'actions, en majeure partie inaccessibles à la connaissance et à la volonté directes et immédiates de l'être dans la vie normale. En grande partie indépendant du fonctionnement organique actuel, il est extériorisable.

Dans beaucoup de manifestations qui surgissent en nous, écrit sir John Herschel, nous nous trouvons en présence d'une pensée, d'une intelligence fonctionnant en nous, mais distincte de notre personnalité.

C'est probablement cette intelligence en travail qui vient dénouer nos difficultés, nous donner les solutions de problèmes longtemps cherchées. On dirait qu'une de nos facultés travaille pour résoudre et nous apporter ces solutions, que notre être conscient n'avait pu trouver, s'en remettant, et faisant appel

(1) Dr E. GYEL, *L'Être Subconscient*, Alcan.

à nos qualités supérieures cachées. L'invasion du subconscient dans le conscient se manifeste continuellement, si nous voulons bien l'observer. Outre les suggestions, les conseils mystérieux, les avertissements, il intervient dans tous les détails de notre vie courante, car il nous surveille sans cesse, corrige, si nous écrivons, le premier jet de notre conception consciente, nous suggère des mots ou des idées que nous n'avions pas trouvés, et nous guide en tout, si, au lieu d'agir avec précipitation, nous voulons bien descendre en nous et écouter sa voix.

C'est ce qui faisait dire à Arago : « Au lieu de m'obstiner à comprendre séance tenante une proposition, j'admets provisoirement qu'elle est vraie, et le lendemain, je suis tout étonné de comprendre parfaitement ce qui m'avait paru tout à fait obscur la veille. »

Alfred de Musset entendait des voix suggestives inconnues qui montaient des profondeurs de son être et il disait : « On ne travaille pas, on écoute. C'est comme un inconnu qui semble cependant habiter en moi et qui me fait parler à l'oreille. »

Ce n'est pas moi qui pense, disait Lamartine, ce sont mes idées qui pensent pour moi.

Mozart, Gounod et Saint-Saëns écoutaient les échos d'un travail intérieur.

Ribot disait : « C'est l'inconscient qui produit ce qu'on appelle vulgairement l'inspiration. Avant tout, il est impersonnel et volontaire, agit à la façon d'un instinct, quand et comme il veut (1). »

Myers lui donne raison, en répondant à ceux qui prétendent que les hommes de génie souffrent d'un manque d'équilibre : « Le génie est une puissance leur permettant d'utiliser, dans une plus large mesure que les autres mortels, leurs facultés innées, et de soumettre les résultats de la mentation consciente au courant subconscient de la pensée, de sorte que *l'inspiration de génie* n'est qu'une émergence, dans le domaine des idées conscientes, d'autres idées à l'élaboration desquelles la conscience n'a pas pris part, mais qui se sont formées toutes seules, indépendamment de la volonté, dans des régions profondes de notre être. »

« L'influence surgit d'une source inaccessible, elle surprend et trouble pendant un moment l'esprit conscient, mais elle est reconnue bientôt

---

(1) On pourrait multiplier ces citations, mais nous renvoyons ceux que cela intéresserait à l'ouvrage du Dr PAUL CHABANEIX, *Le Subconscient et les Artistes*, Paris, 1897. Enquête entreprise par lui, auprès de ses compatriotes illustres.

comme étant une source de connaissances que découvre la vision interne, tandis que l'action des sens se trouve suspendue dans une sorte d'extase momentanée, mais la connaissance ainsi acquise est tout simplement une perception du monde invisible sans qu'on puisse la considérer comme une révélation définie. »

Ainsi, le poète anglais Wordsworth disait : « La terre et la nature dans son aspect ordinaire, me disaient des choses qui me semblaient des souvenirs. »

Tout cela prouve que l'esprit humain est essentiellement capable d'éprouver des perceptions plus profondes que les perceptions sensorielles, d'acquérir une connaissance directe de faits dépassant la portée de nos organes différenciers et de nos vues terrestres.

Certaines idées fixes, continue M. Myers, comme des terreurs inexpliquées, la peur de l'obscurité, de la solitude, du tonnerre, semblent des tendances héritées aux terreurs remontant au passé préhistorique. La peur des animaux ou des étrangers témoigne, dans le passé, d'une vie sauvage et livrée aux hasards.

Nous vivons à la surface de notre être, a dit William James. Notre conscience à l'état de veille est peu importante ; la conscience, au contraire, de notre esprit qui plonge à des profondeurs infinies, emmagasine tout ce qui nous effleure et l'emmagasine pour l'éternité.

Émile Boirac (1), dans le même ordre d'idées, dit de son côté : « On a pu prouver expérimentalement qu'à côté et au-dessous des sensations, perceptions, idées, jugements, raisonnements, etc., dont nous avons conscience, existent d'autres sensations, perceptions, idées, jugements, raisonnements, etc., dont nous n'avons pas conscience et que ces derniers peuvent se coordonner entre eux et s'organiser, d'une façon suffisamment systématique, pour constituer comme une seconde personnalité, plus ou moins distincte et indépendante de la personnalité principale. »

Beaucoup ont été conseillés, sauvés par leur personnalité cachée, qui auraient fait fausse route s'ils avaient suivi leur propre idée. Aussi Jules Bois a-t-il raison quand il dit que celui qui croit est toujours près du miracle. Il met en action des forces

(1) ÉMILE BOIRAC. *La Psychologie Inconnue*.

qui, selon Charcot lui-même, ne sont pas seulement inconnues, mais d'une puissance presque illimitée.

Émile Boirac rapporte encore dans son ouvrage, la *Psychologie Inconnue*, des faits de suggestion par distraction et sensations inconscientes, comme les suivants.

Une jeune fille était obsédée par l'image extraordinaire d'une maison qu'elle décrivait et qu'on ne croyait pas exister, jusqu'au jour où on la découvrit en effet. Elle avait dû passer à côté sans la remarquer et l'empreinte en était restée dans sa subconscience.

Une autre personne vit apparaître un numéro dans la boule de verre. Pourquoi celui-là plutôt qu'un autre ? Or, il fut démontré qu'elle avait changé, dans la journée, un billet de banque portant ce numéro.

On voit donc avec quelle sensibilité la mémoire subconsciente enregistre des choses à peine entrevues, comme le font les meilleures plaques photographiques.

Une troisième personne voit apparaître dans la boule de verre un article de journal où elle lit l'annonce de la mort d'une personne de ses amis. Mais voici qu'on trouve un numéro du journal accroché devant la cheminée comme paravent. Or, sur le côté visible, s'étalait en toutes lettres, l'article en question, avec les mêmes caractères, la même forme qu'il avait revêtue dans le cristal (1).

Ceci prouve que le subconscient, sans avoir besoin de lire chaque mot, en voit et en retient l'ensemble d'un seul coup d'œil, même distrait.

C'est le même procédé d'impression involontaire, reçue et enregistrée, que ceux de la psychométrie. C'est un fait machinal, mécanique et qui rappelle, au point de vue occulte, les impressions de toutes choses dans les archives de l'astral.

C'est un cas du même genre qui fut rapporté à propos du somnambule qui copie, dans le miroir, la lettre écrite par lui dans un précédent état de somnambulisme et dont il n'a gardé aucun souvenir conscient.

C'est cette perspicacité subconsciente qui nous fait éviter un danger menaçant, qui arrêtera subitement un cavalier sur le bord d'un ravin qu'il n'avait pas vu, un machiniste dont le

(1) Pierre Janet, *Névroses et Idées fixes*.

train est menacé par un autre train venant en sens contraire, et mille autres cas dont nous nous occuperons aux *Prémonitions*.

Ces faits qui viennent surnager dans notre mémoire et qui se produisent continuellement mais dont beaucoup nous frappent moins parce qu'ils n'ont pas la même importance, expliquent cette abondance d'images que la subconscience, c'est-à-dire les archives de la mémoire, apportent aux rêves.

Que de fois un nom, un fait, un mot, un souvenir quelconque, parfois très lointain et même oublié, surgit, se présente à notre esprit d'une manière fugitive, entre deux pensées qui lui sont étrangères, sans que nous en ayons conscience et que rien l'ait provoqué !

En résumé, nous sommes composés de l'inconscient qui est notre partie animale, le conscient qui est notre partie mentale, cérébrale et le subconscient qui est notre partie cachée.

LA SUBCONSCIENCE DANS SES RAPPORTS AVEC LES MANIFESTATIONS

Les réfractaires que la question psychique tire à sa remorque, ne pouvant plus nier les phénomènes quotidiens qui surgissent de toutes parts, se sont cantonnés dans une explication qu'ils appliquent à toutes les manifestations, sans vouloir examiner celles qui leur infligent les démentis les plus formels. Le spectre du subconscient les hante et les aveugle.

Lui attribuer tous les messages équivaudrait à répondre nous-mêmes à nos questions.

« La conscience générale, qui est impersonnelle par rapport à notre personnalité normale, dit Mr. Maxwell, est capable d'accomplir avec une grande perfection, les actes intellectuels les plus compliqués. »

Il est certain que nous subissons des activités subconscientes dont la cause reste inconnue, mais qui obéissent à des nécessités agissantes à l'insu de notre conscience normale. Nous croyons pouvoir les attribuer à l'Invisible alors qu'elles émanent de notre conscience profonde dans un but, qui ne nous est pas dévoilé, de nous aiguiller sur une voie à laquelle nous ne pensions pas.

Maeterlinck nous le présente comme l'*Hôte Inconnu*, capable ou coupable de toutes les manifestations. Et il sait cependant si bien que ce système présente de larges fissures, que, après l'avoir assis sur la chaise curule d'un dictateur, il lui fait son procès, en lui demandant pourquoi, s'il lui est si facile d'intervenir dans toutes les manifestations, il ne veille pas plus diligemment sur nous. Il devrait nous prévenir des dangers qui nous menacent, des bonnes aubaines à cueillir, des guérisons possibles, des ennemis à éviter, de l'heure de notre mort et mille choses qui prennent en flagrant défaut la compétence de cet hôte étrange. Considérant qu'il est partie de nous-mêmes, nous devrions cependant nous attendre, s'il est l'automédon des messages que nous demandons à la médiumnité, à ce qu'il prenne notre parti, son propre parti, puisque nous ne faisons qu'un avec lui. Pourquoi alors a-t-il ses privilégiés ? Pourquoi ne nous répond-il pas à tous et a-t-il besoin du secours de fluides et d'un médium, pour donner à notre partie consciente les messages que nous sollicitons ? Lui attribuer tous les cas, c'est l'assimiler à un remède qui guérit toutes les maladies.

Dans la *Revue Contemporaine* de 1910, M. Adolphe Smith avait émis l'affirmation que tous les phénomènes psychiques étaient dûs à la télépathie. Mr. Stead la combattit dans la même revue par une avalanche d'arguments irrésistibles, de comparaisons et de preuves de toutes sortes, auxquels le Dr Hodgson vint ajouter un écrasant appoint. Myers lui-même dût reconnaître que l'explication des phénomènes par le subliminal, le subconscient, rencontrait à chaque pas des obstacles insurmontables, où le Dr Hodgson lui démontrait que, seule, l'hypothèse spirite pouvait justifier les faits.

Quelle part, par exemple, peut avoir notre subconscient dans le cas d'Esprits inconnus qui viennent se manifester d'eux-mêmes à un médium qui ne les connaît pas, pour le prier de faire parvenir un message à des parents ou des amis dont ils donnent le nom et l'adresse, parce que ceux-ci n'étant pas médiums et ne s'occupant pas de spiritisme, ils ne peuvent se communiquer à eux.

Je voudrais bien savoir *dans quel but* la subconscience s'imposerait à un guéridon que l'on touche à peine, pour lui faire à volonté frapper des coups, se soulever, se mouvoir en tout sens, se livrer à des mouvements désordonnés.

Mais lorsque la table épelle des mots et que, dans l'assistance, quelqu'un formule, en pensée, le mot entier dont la table n'a donné que la première lettre, et qu'elle répond *oui* à la pensée formulée, à l'insu des opérateurs, il ne peut y avoir suggestion de la part de ceux-ci. Si, au contraire, la pensée des assistants pouvait imposer ses suggestions à la table, comment pourrait-elle alors répondre aux opérateurs plutôt qu'aux assistants, formuler des mots et des phrases, car, si tout le monde s'y met (la pensée de chacun étant en travail) et qu'elle obéisse à tous, ce devrait être une cacophonie de mots sans suite, une anarchie d'idées et d'expressions au lieu des admirables communications morales, élevées et poétiques que nous obtenons généralement. Même observation pour le ouija. Voyez à quelles absurdités cela conduit. Cela reviendrait à dire : « Au lieu d'évoquer un esprit, je vais questionner mon subconscient. Mais il ne me répondra pas à moi tout seul, il lui faut un intermédiaire (aurait-il besoin d'un témoin ?) Je vais donc demander un médium, qui aura à parlementer avec lui pour obtenir ses faveurs. On se trouve alors dans la nécessité, pour se mettre en rapport avec soi-même, d'avoir recours à un étranger. Et en ce cas, qui me garantit que c'est mon subconscient et pas celui du médium qui répond ?

Mais il y a des communications infiniment plus complexes, comme l'écriture dans des langues étrangères ou dans l'intérieur de deux ardoises accouplées, ou sur une feuille de papier enfermée dans un coffret, des communications spontanées, non provoquées, des révélations, des prédictions, des avertissements, des événements lointains en train de s'accomplir. Si tout cela vient de notre subconscient, nous portons en nous une bien étrange et universelle puissance.

Tâchons d'examiner, sans parti pris, la part des possibilités que l'on peut accorder à chacun, de jeter un pont entre les deux théories.

On dit : « Quand la table frappe des lettres que quelqu'un recueille et écrit, sans savoir si cela formera des mots, jusqu'à ce que des phrases entières soient obtenues, sans que les opérateurs à la table en connaissent un mot, c'est une preuve qu'ils n'y sont pour rien et que ce sont bien les Esprits qui dictent les réponses. »

Cette conclusion est peut-être prématurée. Les opérateurs peuvent ne pas intervenir dans les messages et n'en être en rien responsables, n'en rien connaître, mais leur subconscient peut les connaître, les provoquer, les transmettre par la table.

Toujours ? Oh ! non, pas toujours, et voilà la difficulté, c'est de savoir quand on a affaire à des Esprits, ou à l'auto-suggestion d'un des opérateurs ou des assistants, quoique tout à fait à leur insu.

Il reste encore une importante distinction à établir. A chaque instant, l'on a des réponses banales, des pronostics qui ne se réalisent jamais, même des incohérences, des hésitations, des mystifications.

Est-ce notre subconscient, notre propre esprit qui nous traiterait ainsi ? Il est difficile de l'admettre.

Dans d'autres cas, les réponses sont nettes, lucides, sérieuses et appuyées de preuves, qui, vérifiées, sont toujours exactes. On reçoit des avis urgents, des conseils, des renseignements précieux. Voilà, direz-vous, une preuve triomphale.

Pas toujours non plus. Là aussi, il faut distinguer. Deux cas se présentent. Les cas imprévus, tout à fait en dehors de nous et qui viennent à nous par surprise ; et les cas prévus, ne fût-ce que d'une manière latente, dans lesquels nous avons un intérêt direct ou indirect.

Dans le premier cas, il y a de fortes présomptions pour que les messages ne viennent pas de nous. Ainsi, dans ces messages, il y en a qui donnent des détails minutieux, inconnus du medium et des assistants, des noms, des dates, des faits cachés, des révélations inattendues qui n'ont pas pour nous le moindre intérêt, des messages qui nous sont communiqués pour être transmis à d'autres. Il y a aussi les communications incohérentes, les mystifications, qui sont peut-être encore une meilleure preuve d'intervention d'Esprits inférieurs, il est vrai, car notre propre subconscient ne chercherait pas à nous tromper, à nous mystifier.) Une autre preuve nous paraît concluante, c'est que si nous adressons à divers médiums, parfois dans des pays différents, des questions que nous ne connaissons pas, qui nous ont été données et que nous leur remettons cachetées, et que les réponses concordent, on ne peut pas les attribuer à leur subconscience ni à la nôtre, car il arriverait dans ce cas que les réponses ne seraient pas identiques pour tous.

Le subconscient, cette partie de nous-mêmes, la plus pure, la plus élevée, nous donnerait un piètre exemple si elle se livrait à des mensonges et à des plaisanteries sur l'être qu'elle est chargée de guider et de surveiller, partie, ainsi que nous allons le voir, qui agit comme notre ange gardien et qui ne peut être prise en faute. Elle serait, sans cela, capable de prendre tous les travestissements ; ce serait un antagonisme avec nous-mêmes, comme si nous avions plusieurs consciences ne concordant pas entre elles. Non, le véto providentiel ne permettrait pas pareil empiètement, qui détruirait l'harmonie des individualités pour créer un chaos de forces contradictoires.

Si les réponses étaient toujours l'objet de ses complaisances, pourquoi hésiterait-il ou se tairait-il en présence de questions cependant très raisonnables ?

Dans les cas qui touchent à nos intérêts, il est certain que ce n'est pas notre être conscient qui intervient ; nous n'aurions pas besoin de la table pour nous donner des conseils à nous-mêmes. Nous pouvons également écarter la télépathie, ceux qui nous entourent ayant encore moins d'intérêt que nous dans nos affaires ; étant, comme nous, complètement étrangers aux réponses obtenues ; et pouvant, au surplus, n'avoir pas une force suffisante de projection télépathique pour nous influencer.

Et cependant, ce sont des cas qui nous intéressent au point de souvent hanter notre cerveau et le remplir d'angoisses, d'inquiétudes, du désir de savoir. Là est le moteur. Notre subconscient, répondant à cette obsession, s'en va aux informations, dans l'autre monde, bien entendu, et nous rapporte, pour nous les dicter, les messages obtenus. Nous croyons qu'ils nous viennent des Esprits. Oui et non.

Non pas directement puisque c'est notre subconscient qui agit ; mais, oui, indirectement, puisqu'il n'a fait que faire pour nous des investigations, une commission, pourrions-nous dire, auprès de ses confrères de l'Au-delà. En réalité donc, que ce soit lui ou indirectement les Esprits qui agissent, cela revient au même. Ce que les Esprits peuvent faire, la partie du subconscient en dehors de nous, qui est également un Esprit, peut le faire. Et s'il peut se communiquer à nous par tous les moyens d'action que nous connaissons, pourquoi les autres Esprits ne le pourraient-ils pas, puisqu'il n'y a pas de différence entre eux ?

Ceci en réponse aux spiritualistes qui ne croient pas aux communications entre les deux mondes.

Il résulte : que, dans beaucoup de cas, c'est notre auto-suggestion qui, ne voulant ou ne pouvant pas obtenir le concours de notre subconscient supérieur, nous donne comme satisfaction platonique, des banalités, des lieux communs, des remèdes anodins ; que dans certains cas, lorsque cela en vaut la peine au point de vue moral ou général, les Esprits interviennent eux-mêmes ; et que dans certains autres cas qui nous touchent de plus près, c'est nous-même, représenté par notre subconscient, qui, par la liberté qu'il a de se mouvoir parmi les Esprits, s'enquiert et recueille, auprès d'eux, les réponses qui nous intéressent pour nous les transmettre.

Je crois que toutes les communications spirites se résument à ce court exposé.

Notre subconscient agit suivant des raisons insaisissables et assez obscures qu'on attribue en bloc aux fluides dans ses manifestations, mais il peut avoir bien d'autres ramifications. A côté de lui, il y a une travailleuse infatigable, c'est la télépathie. L'état de nos études n'a pas encore permis d'assigner à chaque puissance sa frontière, en rejetant les illusions et les erreurs qui peuvent encore nous tromper à notre insu. Il y a donc un champ d'études très vaste ouvert aux générations futures.

Je voudrais seulement voir ceux qui croient aveuglément que toutes les communications viennent des Esprits, et ceux qui les attribuent toutes à la subconscience, se donner la main, au lieu de se livrer à des discussions stériles pour défendre leur croyance mal assise. Je voudrais les voir unis à la recherche de la vérité sans parti-pris, et ne pas se hâter dans leurs conclusions, le terrain étant extrêmement délicat, plein de mystères qui sont autant d'embûches ; car, comme nous le dit Myers, de l'autre monde : « Les idées de la Terre ne s'adaptent nullement à ce monde. Nous avons des éléments différents et sommes gouvernés par des lois différentes. »

Jusqu'à présent, toutes les preuves mises en avant, pour ou contre, ne sont pas inattaquables. Qu'un médium parle ou écrive une langue étrangère, il se peut qu'il en ait eu connaissance dans une autre existence et que ce soit simplement une manifestation de sa subconscience.

S'il écrit et que la signature, aussi bien que les tournures de phrases, les mots familiers, soient bien les mêmes que ceux de l'Esprit évoqué, il y a de fortes présomptions pour que l'on ait vraiment affaire à l'Esprit lui-même. D'ailleurs il y a, à ce sujet, des cas qui ne sont pas contestables.

Quant aux voyants, les mêmes doutes existent. Notre pensée peut très bien projeter, au dehors, des images qui sont en elle ou qu'elle reçoit par télépathie, les habiller à sa guise et les croire réelles.

Mais ils peuvent aussi voir des êtres qu'ils ne connaissent pas et qui ne sont pas dans leur pensée. Si ce sont des êtres anciens, leur subconscient a pu les connaître. Si ce sont, au contraire, des êtres nés et morts durant notre existence, notre subconscient doit les ignorer.

Un phénomène curieux qui peut se produire est l'apparition inattendue d'entités tout-à-fait étrangères, anciens habitants de la terre à une date lointaine, dont il est difficile de retrouver aucune trace. Que viennent-ils faire ici, qui les appelle ?

Ces hôtes ne sont pas toujours des intrus et des inconnus.

Ce ne sont souvent que d'anciennes personnalités de nos propres vies antérieures que notre subconscient veut bien nous révéler. Accueillez-les donc avec déférence, car c'est un des *moi* de vous-mêmes dans le passé, qui vient rendre visite à votre moi présent. Questionnez-les, vous apprendrez peut-être sur vous-même des détails de vos luttes lointaines. Ce sont des projections de la vie passée dans la vie présente. Cette invasion dans l'existence actuelle est comme si notre subconscient y publiait des œuvres émanant de l'exercice de ses facultés d'une vie antérieure. Nos anciennes personnalités émergent continuellement, sous une forme ou une autre, pour nous faire profiter de l'expérience du passé. Quelquefois nous recevons un avertissement de ne pas faire telle ou telle chose, de ne pas succomber à telle ou telle tentation, c'est une de nos précédentes personnalités éprouvée par ces mêmes fautes, qui nous prévient, par notre subconscient, de ne pas retomber dans des erreurs passées, contraires à notre mission actuelle.

D'autres sont des amis, des parents, des relations que vous avez pu avoir dans une autre existence. Tout cela a des buts cachés, mais ne croyez pas que des Esprits tout à fait inconnus, morts depuis longtemps, viennent se communiquer à nous sans sujet.

Parfois, lorsqu'un Esprit se manifeste et qu'on lui demande qui il est, il donne un nom qui nous est tout à fait étranger, bien que, questionné, il affirme nous avoir connu. Il peut très bien arriver, dans ce cas, que ce soit dans une autre existence que nous nous soyons rencontrés. Il y a là une question intéressante à lui poser.

En voici un cas curieux.

Au lieu de l'Esprit attendu, chaque fois qu'une évocation était faite par un certain médium, une entité inconnue qui voulait être écoutée bon gré mal gré, se présentait et ne laissait la place à aucun autre Esprit.

Invariablement, à la demande de son nom, il disait s'appeler Chakieff.

Ce nom étant inconnu du médium, celui-ci lui dit un jour :

— Mais enfin qui êtes-vous, que me voulez-vous ?

— Je suis votre ancien camarade de l'atelier de tissage des tapis de Chamaka qui était près de la rivière de la Koura à Tiflis, dans le Caucase. Ne vous souvenez-vous pas de moi ?.

— Nullement. Quand cela était-il ?

— Au commencement du siècle dernier. Nous étions trois amis intimes et vivions ensemble. Gourguenoff, Listok (c'était votre nom) et moi.

— Je ne me souviens de rien. C'était une autre existence. Et que me voulez-vous ?

— Je voudrais que vous vous adressiez à Londres, à Monsieur, (ici il donne une adresse) pour savoir où demeure actuellement Gouguenoff qui, dans sa vie présente, s'appelle Jack Stern et qui est dans la misère, afin que vous lui disiez qu'il a à Tiflis des descendants enrichis dans le commerce des denrées coloniales. Ils se souviennent très bien qu'ils ont eu un aïeul dans la fabrique des tapis et s'il s'adresse à eux en leur faisant part de ces détails, il sera secouru. J'ai essayé plusieurs fois de communiquer avec lui, mais n'y suis pas parvenu.

Jack Stern fût retrouvé, ainsi que sa famille à Tiflis.

Ceci nous prouve qu'il ne faut pas repousser sans examen des entités que l'on ne connaît pas. Questionnez. C'est peut-être un moyen parfois de soulever le voile d'une de nos existences antérieures.

Les occultistes iraient même plus loin, et ce que nous disons du passé, ils pourraient l'appliquer à l'avenir, redoutable problème auquel on ne peut toucher qu'en tremblant. Déjà l'avenir a donné des preuves qu'il se confondait avec le passé et le présent. Alors pourrions-nous également attendre des apparitions de ce que nous serons plus tard, car l'occultisme, comme tous les autres progrès taxés d'utopie jusqu'à ce qu'ils soient réalisés, sera peut-être la vérité de demain.

Quand nous rêvons que nous volons, n'est-ce pas déjà une anticipation sur nos existences futures ?

Nous venons de voir que la vie est un songe ; un songe parce que la partie éveillée de notre moi ne subit pas la prison de notre corps et que celle dont nous avons conscience est comme un pantin actionné par la subconscience et la télépathie.

Un livre récent du pasteur Benezech, dit : « La table nous révélait une chose que nous étions dans l'impossibilité de savoir. Quelqu'un le savait pour nous puisqu'on nous le disait. La mémoire latente n'a pas pu intervenir, et si le subconscient est seul en jeu, de quel pouvoir ne dispose-t-il pas ? Par un caprice de la nature qui égale, quand on y réfléchit, les prodiges les plus invraisemblables, il pense, il conçoit des projets, il les exécute, tout cela à notre insu, et ensuite il nous dit ce qu'il a réalisé, alors que nous sommes, non pas endormis et à l'état de rêve, mais parfaitement éveillés et dans l'attente de ce qui va se produire. Les amateurs de fantastique ont de quoi être satisfaits. » (1).

L'opinion de Henri Martin est également intéressante à citer :

« Souvent nous prenons pour une révélation apportée par des êtres extérieurs les révélations intérieures de cette personnalité infinie qui est en nous et qui, parfois, chez les meilleurs et les plus grands, manifeste, par éclairs, des forces latentes, dépassant presque sans mesure les facultés de notre condition actuelle. Dans la langue des philosophies mystiques et des religions les plus élevées, ce sont les révélations de l'ange gardien, de cet autre moi éternel, en pleine possession de lui-même, planant sur le moi enveloppé dans les ombres de cette vie, sur la personne terrestre. Dans les inspirations les plus évidemment providentielles, les erreurs qui viennent de l'homme se mêlent à la vérité qui vient de Dieu. L'Être infaillible ne communique son infaillibilité à personne. » (2).

Ce qu'il présente un peu comme une hypothèse, me parait au contraire la vérité, ainsi que semble le confirmer Julia. Quand elle se réveilla dans l'autre monde, elle vit venir à elle son ange gardien, et elle dit à ce sujet :

« Il est une partie de nous, la plus élevée, la plus pure, la plus développée de notre propre personnalité. Il avait été souvent avec moi pendant ma vie terrestre. Je le reconnus comme une partie ancienne et intime de moi-même. Cela peut être difficile à comprendre et, cependant,

---

(1) A. BENEZECH. *Les Phénomènes psychiques et la Question de l'Au-delà.*
(2) HENRI MARTIN. *Histoire de France*, tome VI.

c'est ainsi. » Puis elle ajoute cette phrase troublante : « Vous n'avez pas besoin de vous tourmenter pour savoir si tout vient de l'Esprit évoqué ou de votre subconscient. Quand vous saurez ce que c'est que votre subconscient, vous comprendrez. »

En somme, il serait cette partie constituante de nous-mêmes à laquelle on a donné le nom figuratif d'ange gardien, soit que notre âme nous enveloppe ou qu'elle soit partiellement emprisonnée en nous, car une très petite partie seulement s'en incarne dans les stades primitifs de nos existences, notre âme pénétrant davantage en nous peu à peu, dans nos incarnations plus avancées.

L'autre partie alors veille sur nous, va et vient dans les deux mondes, et, sentinelle messagère, nous souffle ses suggestions, nous dirige, règle notre vie à notre insu et, de ce fait, constitue notre ange gardien, faisant de nous un être complet, portant avec lui son propre justicier, un abrégé de Dieu. Rouage mystérieux que nous chercherions en vain à pénétrer.

LA TÉLÉPATHIE

Il y a, entre les êtres pensants, des liens que nous ne connaissons pas encore. ALLAN KARDEC.

La télépathie est une vibration de l'âme, tout comme les ondes hertziennes. Si notre cerveau est capable d'une projection de la pensée, il est en même temps la plaque sensible qui reçoit les influences extérieures. C'est la télégraphie sans fil d'une âme à une autre, reliant les vivants aux morts, le monde visible au monde invisible. C'est la diffusion de la pensée et même la projection à toutes distances de l'image d'êtres vivants ou morts, tantôt consciemment, tantôt inconsciemment, et aussi bien pendant le sommeil que dans l'état de veille. Nous pouvons très bien projeter, télépathiquement, dans l'esprit d'un médium, l'image de la personne à laquelle nous pensons, ou même d'une personne à laquelle nous ne pensons pas dans le moment, la projection se faisant à notre insu par la subconscience. Le médium voit devant lui le reflet de l'image renvoyée par son propre cerveau, par la loi de la réfraction qui la lui fait projeter au dehors, comme une glace renvoie la lumière. Ce phénomène nous est commun à tous, nous sommes entourés d'images réflétées par notre cerveau. Mais les voyants seuls peuvent s'en rendre compte, parce que seuls aussi ils aperçoivent ce reflet.

Si le médium décrit l'apparition, ce n'est pas toujours l'intervention d'un Invisible, mais parfois la reproduction de l'image que nous lui envoyons.

La télépathie est, en termes un peu familiers, la conversation mentale d'un cerveau avec un autre et non seulement la communication de pensées, mais aussi de volonté et de sensations, car les sens peuvent être influencés par une volonté que subit le cerveau, comme dans les cas de magnétisme et d'hypnotisme. La télesthésie est l'effet télépathique qui s'adresse, non à la vue, mais à des sensations.

Cette émission fluidique subtile exerce, en reliant tous les cerveaux entre eux, une influence d'autant plus grande que leurs attaches communes sont plus profondes, créant, à leur insu, des impressions mutuelles, de la sympathie ou de l'antipathie, établissant un courant d'entente, de l'amour, de la haine. C'est, entre les êtres, un langage muet qui peut être développé par l'entraînement; vibrations qui répondent à la loi d'attraction universelle ; première étape vers la possibilité de lire dans la pensée des autres, comme les Esprits le font entre eux ; pont suspendu jeté du connu à l'inconnu, du fini à l'infini ; preuve de l'existence d'autres énergies et d'autres influences insoupçonnées.

De même qu'on peut capter un message télégraphique, notre esprit peut capter un message télépathique qui ne lui est pas destiné et se l'attribuer. Aussi Mr. Stead conseillait-il de ne jamais rejeter les idées inattendues qui peuvent naître en nous, mais de les examiner pour discerner s'il s'agit d'un avertissement salutaire ou d'une fausse alerte, c'est-à-dire si le message qui nous a impressionné, était bien pour nous ou pour un autre.

« Quelque enfermé qu'on soit, disait-il, il n'y a pas de cellule si bien gardée qui puisse faire de l'homme un ermite étranger au monde. Les possibilités de la télépathie peuvent triompher de la plus stricte surveillance et de l'isolement le plus absolu. »

Elle présente quelquefois un mouvement réflexe où il est difficile de préciser quel est le moteur. Telle chose, par exemple, arrive-t-elle parce que nous l'avons provoquée par la pensée, ou bien y avons-nous pensé parce qu'elle est arrivée ? Est-ce moi qui l'ai influencée ou est-ce elle qui m'a influencé ?

Et ici se pose un problème aussi troublant que curieux au sujet des apparitions télépathiques au moment de la mort.

Les apparitions sont-elles, de la part du manifestant, volontaires ou involontaires, voulues ou subies ?

Sont-elles le résultat d'une pensée intense et de la volonté de se manifester à telle ou telle personne, ou simplement le résultat involontaire d'un désir de communiquer une nouvelle, d'un élan du cœur vers une personne, ou d'une cause psychologique inconnue, mise en œuvre à cette minute suprême, non par notre cerveau, en ce moment trop troublé ou dans le coma, mais par notre conscience supérieure ?

Il y a entre les êtres qui vivent ensemble un échange continuel de pensées. Aussi en résulte-t-il souvent cette phrase : « J'allais vous faire la même question. »

Lorsqu'il s'agit d'évocations, les expériences directes faites pour s'assurer que la télépathie n'intervient pas, sont absolument trompeuses. Il m'est arrivé de faire une question mentalement et de chercher à en imprimer la réponse dans l'esprit du médium sans y parvenir.

Mais voici où nos conclusions sont fausses. Là où mon esprit conscient, mon moi charnel, cérébral, n'exerce aucune influence télépathique, notre subconscient peut en avoir à notre insu, sans que nous puissions nous en rendre compte ou le contrôler.

Dans un livre pris au hasard, je glisse entre deux pages un morceau de papier et je demande le numéro de la page, que le médium donne exactement. Donc, pas de télépathie puisque je n'ai pas vu ce numéro. Eh bien, là encore, ne pouvons-nous pas être trompés par les éternelles illusions dans lesquelles nous vivons ? Je n'ai pas vu ce numéro, mais mon subconscient ne peut-il l'avoir vu et dicté télépathiquement au médium ? Quel contrôle avons-nous ?

Les corps inertes eux-mêmes obéissent à l'influence motrice de l'influence télépathique et ils arrivent à se mouvoir sous cette influence, qui peut s'exercer inconsciemment. Elle peut ainsi dicter et imprimer des mouvements à une table, au crayon qu'on tient à la main.

Tout le monde connait le cas d'Alfred de Musset, qui, se

trouvant malade, étendit la main vers sa sonnette, mais ne put l'atteindre parce qu'elle était hors de sa portée. La sonnette, sous l'influence télépathique de sa volonté sonna d'elle-même.

C'est comme un magnétisme qui s'exerce sur les choses, à l'exemple de l'aimant et auquel elles obéissent.

Dans les évocations, les influences ne donnent jamais que des résultats incohérents. Les tâtonnements, les hésitations, les contradictions dans les réponses de la table, qu'on attribue à des Esprits, proviennent d'influences télépathiques diverses, environnantes ou ambiantes. Mais aussitôt qu'un Esprit sérieux intervient, ce qu'il fait en se servant de notre même appareil moteur, il le conduit intelligemment.

Il semblerait qu'il y ait en nous divers centres pouvant exercer des influences télépathiques, depuis les plus élevées, les plus éclairées, les plus réfléchies, jusqu'à des influences pour ainsi dire machinales et aveugles, qui remuent des choses sans intelligence et sans esprit de direction.

Il faut avouer que toutes ces possibilités sont bien déconcertantes. Et cependant, malgré tout, je crois que le nombre des communications vraies, directes, des Esprits, forme encore au fond la majorité des messages.

Lorsque nous entendons des avertissements comme les suivants : « Retournez chez vous, il y a un accident » ; « Éloigne-toi d'ici, un danger te menace. » ; « Arrête-toi » ; « Ne prends pas tel train » ; « Un tel a un urgent besoin de te voir » ; « Attention, telle chose brûle ou va brûler » ; « Fais ceci, ne fais pas ce'a » ; « La chose que tu cherches est à tel endroit » et une multitude de conseils ou de prémonitions semblables, qui est l'avertisseur secret ? Est-ce la télépathie, est-ce notre subconscient, sont-ce des Esprits ? Toutes les opinions ont été émises, mais le problème est toujours à résoudre. Who knows ? Chi lo sa ?

Le doute est partout. Par exemple, ne peut-il pas arriver qu'un Esprit quelconque réponde à l'appel du médium et lise dans notre pensée les détails que nous n'avons pas dits à ce dernier et fasse ainsi par le médium et à son insu la réponse que nous attendons ?

Il est inutile de vouloir pénétrer dans ce monde à peine effleuré, nous ne pourrions que nous fourvoyer. Observons et étudions ; l'heure viendra peut-être où nous verrons plus clair.

Il ne faut pas confondre la télépathie, qui est une puissance active et réelle, avec l'hallucination qui n'est qu'une illusion, une impression trompeuse, due à une sensation éveillée de nos consciences inférieures, lesquelles ont pu conserver sans raisonnement, par la forte impression qu'elles ont exercée sur nous et l'empreinte qu'elles y ont laissée, des images qui, à défaut de contrôle par la raison, nous donnent l'illusion de la réalité. Cette sensation provient de ce que, s'étant exercée machinalement, elle ne distingue pas les sensations que lui apporte une image réelle, de celles que lui ont laissées des souvenirs gravés dans cette conscience, comme un cliché dont certaines circonstances, de temps en temps, provoquent la réapparition de l'image. La télépathie, au contraire, agit toujours à la façon d'une dépêche télégraphique une fois reçue et sans retour.

La télépathie s'exerce parfaitement entre les hommes et les animaux et même chez les animaux entre eux. Leur pressentiment du danger en est une manifestation. On l'attribue à l'instinct, explication vague et mal définie, mais l'étiquette sur une marchandise n'indique pas en quoi elle consiste. N'est-ce pas là un état de réceptivité télépathique de leur cerveau ?

Les plantes elles-mêmes présentent des phénomènes qui ne sont que des subjectivités télépathiques appliquées à leur espèce. Elles présagent le temps, se contractent, se dilatent, comme des sensitives, suivant les impressions qu'elles reçoivent. Des fleurs s'ouvrent à certaines influences, se ferment à l'approche de certains insectes ennemis. Il y a, dans la nature, une influence réciproque universelle, dont nous ne pouvons connaître ni la puissance ni les limites. Elle a une parenté difficile à définir avec la loi d'attraction universelle et obéit à une puissance dynamique qui régit les mondes, puissance qui est loin de s'arrêter à la télépathie et qui crée un état que nous ne connaissons pas, une espèce d'omnipathie.

Je n'entrerai pas dans ses manifestations quotidiennes et me contenterai des quelques remarques suivantes.

On signale un grand nombre de cas où des médecins, des parents, des amis, des gardes-malades, furent appelés télépathiquement pendant la nuit.

La réception des messages de la pensée étant instantanée, quelle que soit la distance, on ne peut s'étonner du fait que beaucoup de personnes ont été prévenues qu'une lettre ou quelque autre envoi allait leur parvenir ; qu'ils allaient recevoir tel ou tel visiteur ; ce qui était toujours exact.

On arrive très bien, dans la conversation, à faire aborder un sujet qu'on n'ose pas mentionner soi-même, par une personne à laquelle on a mentalement suggéré ce sujet. On peut, de la même manière, imposer un rêve à un dormeur. En intensifiant sa pensée et en l'objectivant vers certains êtres, on arrive, par exemple, à les persuader de vous écrire ou qu'on a besoin de leur parler, et il arrive souvent qu'on ne tarde pas à les voir venir.

Richet, à qui l'on doit, en quelque sorte, la paternité des études télépathiques expérimentales en France, dit qu'il n'y a pas de limites absolues dans les phénomènes psychologiques, il n'y a qu'une gradation. Si la suggestion mentale existe à un degré exceptionnel chez quelques privilégiés, elle doit exister plus ou moins imperceptible chez tout le monde.

Les expériences peuvent être multipliées à l'infini, mais voici un fait aussi curieux qu'inquiétant, qu'il faut sans doute ranger dans les tiroirs secrets de la télépathie.

L'écriture automatique qui peut provenir d'un Esprit ou de notre auto-suggestion, peut nous apporter parfois le message d'un vivant, évoqué à son insu.

Mr. Stead, qui l'a souvent expérimenté, nous dit que, s'étant ainsi adressé à des amis éloignés, il avait obtenu des messages l'informant de choses parfois intimes, d'intentions, de faits cachés, de révélations les plus secrètes, toujours faites avec une frappante vérité et une étonnante franchise. Quand il les voyait personnellement, jamais ils n'y faisaient allusion, leur conversation était tout autre.

Ainsi dépositaire d'étranges secrets, il se dit que si ce système de messages était à la portée de tous, il n'y aurait plus de secrets dans le monde.

« Comment peut-il se faire, se demandait-il, que certaines personnes écrivent par ma main des choses qu'elles ne me disent jamais verbalement et qu'elles me livrent des secrets qu'elles semblent consternées de savoir en ma possession quand elles apprennent que je les connais ou que je leur montre leurs propres révélations écrites ? »

La télépathie aurait-elle de pareilles indiscrétions, ou rejetterait-elle la faute sur le subconscient, qui, en pareil cas, me paraîtrait s'entendre avec elle comme larrons en foire ? Qu'en diront les apôtres du subconscient ? Pourront-ils admettre que la conscience normale, faisant école buissonnière, ait échappé au contrôle de l'être supérieur pour se livrer, comme un animal irréfléchi et bavard, sans calculer les conséquences de ses paroles, ou que ce soit le subconscient lui-même qui soit venu livrer ses secrets, par le véhicule de la télépathie, à l'insu alors de sa conscience normale ?

Voici un autre fait qui paraît tout aussi étrange, c'est que, sans sollicitation aucune, la télépathie vous communique un message par l'écriture automatique. Mr. Stead en cite cet exemple curieux : Un ami vient le voir, alors que l'heure du bureau était passée, et exprime son étonnement, ne comptant plus l'y trouver. « Je vous attendais, lui dit Mr. Stead, puisque vous m'avez prévenu ». Et lui tendant un bout de papier, il ajouta : « Voilà ce que vous m'avez écrit il y a un quart d'heure, par ma main. »

« Je viens vous voir et serai chez vous à 5 heures. Ayez l'obligeance de m'attendre. »

L'ami, qui lui avait fait ce message à son propre insu, resta ahuri.

La pendule à ce moment marquait bien cinq heures trois minutes.

Arriverons-nous jamais à approfondir les mystères qu'il y a en nous et dont nous sommes le jouet ?

———

Nous avons dit plus haut qu'on attribue le pressentiment du danger, chez les animaux, soit à l'instinct, soit à la télépathie.

J'ouvre à ce sujet une courte parenthèse qui peut jeter un certain jour sur cette question.

Mr. Newland démontre, dans un livre très curieux, que l'instinct chez l'animal et chez l'insecte est absolument psychique. C'est, dit-il, une manifestation de l'Intelligence Universelle qui les guide par leur subconscient. La structure de leurs sens et surtout de ces mystérieuses antennes et autres appendices dont ils sont pourvus, ne sont que des appareils récepteurs et des intermédiaires opératoires, qui leur permettent de recevoir les vibrations éthérées par lesquelles leur sont communiquées les impulsions qui les dirigent (1).

---

(1) Nous avons écrit à ce sujet un article que l'on trouvera dans la *Revue Spirite* de janvier 1918. LEYMARIE, 42, rue Saint-Jacques.

LE SPIRITISME

> Le spiritisme pousse dru comme une forêt sur les ruines du matérialisme agonisant.
> V. MEUNIER.

Le spiritisme est l'essence et l'expression de la doctrine de Jésus-Christ. Il a existé de tout temps et chez tous les peuples, sous différentes formes et sous différents noms.

L'heure n'est plus aux prophètes et aux apôtres. La voix des messagers divins ne pourrait s'élever au-dessus du tumulte des intérêts et des passions. Alors, Dieu ayant probablement jugé opportun le moment d'éclairer les peuples à la dérive en ravivant la foi spirite, Il a jeté dans un petit coin des États-Unis, l'étincelle qui devait grandir et éclairer comme un flambeau, à travers le monde, les vérités sombrées dans le linceul d'un passé d'erreurs. Révélé par des manifestations occultes de toutes sortes, ses débuts, qui ont une saveur de merveilleux, offrent le plus vif intérêt, et l'on en trouvera le récit dans la plupart des ouvrages spirites.

S'il n'avait possédé en lui une puissance d'impulsion divine, il eut été écrasé sans merci dès son apparition. L'agitation en Amérique fut telle, au début, que le conseil législatif de l'Alabama, rendit un arrêté, condamnant à une amende de 500 dollars, ceux qui se livreraient à des manifestations spirites.

M. Paul Gibier nous raconte que, dans le principe, les prêtres venaient asperger de leurs goupillons les tables capricantes ; mais les guéridons faisaient chorus et répondaient « amen » aux oraisons des exorcistes. L'effet était nul, l'eau bénite du moyen-âge s'était éventée. Les Esprits multipliaient leurs manifestations, bien décidés à fixer l'attention publique.

Il n'y a pas de persécution dont n'eurent à souffrir ses adeptes, mais bientôt surgit un ennemi plus redoutable, celui qui tue par le ridicule ou la calomnie. On proclama qu'il n'était que l'effet d'un habile charlatanisme, et ce fut la fraude elle-même qui se chargeait de son arrêt de mort, en l'exploitant à son profit. Des charlatans furent écoutés sans contrôle, presque avec reconnaissance, par ce public qui ne voulait pas être tiré de son incrédulité.

Mais qu'est-ce que cela prouve, nous dit encore le Dr Gibier ? La médecine n'a-t-elle pas ses charlatans, la science ses faux dévôts et la Banque de France des faussaires qui imitent ses billets ? Nier le Spiritisme parce qu'il y a des charlatans, c'est comme si l'on niait l'amour parce que certains amants ont trompé, dit Mme Besant.

La lutte contre la fraude, mine inépuisable, c'est-à-dire contre cette légion d'aventuriers qui exploitent sans scrupules les bourses et les consciences, était difficile à décourager. L'ignorance toujours prête à se jeter dans les bras de toutes les erreurs, avait été tellement conquise par de fallacieuses apparences, que le charlatanisme triomphant a prospéré jusqu'à nos jours.

Peu à peu, la vogue des tréteaux a fait place à l'industrie privée et il est inconcevable de voir s'afficher effrontément, encore aujourd'hui, à la quatrième page des journaux, et vivre des dupes qu'ils font, ces augures modernes qui fabriquent sur commande des révélations de l'avenir ou des communications d'outre-tombe.

La justice, pour son honneur, devrait faire table rase de ces exploiteurs de la crédulité publique, qui sont faciles à atteindre puisqu'ils doivent avoir recours à la publicité pour recruter leurs victimes.

Comme à l'aurore de tous les grands réveils et de toutes les grandes découvertes, le spiritisme a passé, la tête haute et toujours triomphant, à travers les écueils inévitables. Outre les tabarins de foire, il s'est heurté à l'ineptie de ces infaillibles qui jugent tout sans rien connaître, et croient avoir rendu un verdict sans appel quand ils ont condamné les choses les plus saintes d'un sarcasme ou d'une plaisanterie.

Puis il s'est heurté aux intérêts de l'Église qu'inquiète cette marée montante, apportant aux mondes des vérités qu'eux-mêmes ont escamotées à leur profit depuis des siècles.

Il y a encore les ignorants, qui sont difficiles à persuader parce qu'ils ont des idées arrêtées au delà desquelles ils ne voient pas, leur rayon visuel intellectuel ne portant pas plus loin que la barrière de cette ignorance. On ne comprend pas, alors on ne croit pas.

Ne voyons-nous pas d'ailleurs des gens qui corrigent l'histoire, qui revisent les chefs-d'œuvre des maîtres, qui refont les sciences, qui mettent leurs opinions avant les faits acquis et l'incrédulité de leur ignorance au-dessus des secrets arrachés à la nature et conquis par des vies de labeur ?

Mais qui aurait cru que l'ennemi le plus redoutable venait de plus haut encore, des savants eux-mêmes, de la science officielle ?

Comme le dit si bien Henri de Pène, « si les charlatans de toute couleur sont agaçants avec leurs coups de grosse-caisse, les savants ne le sont pas moins avec l'éteignoir qu'ils prétendent poser sur tout ce qui est en dehors de leurs flambeaux officiels. »

Les preuves glissent sur eux, comme la tangente d'un cercle ; ils préfèrent se draper dans leur pédante indifférence, commode et peu encombrante. Croire à quelque chose qu'ils n'ont pas trouvé eux-mêmes est humiliant, car peut-on admettre qu'une main profane ait pu pousser plus loin qu'eux les bornes du savoir humain ? Peut-on admettre pareil empiètement sur leurs prérogatives ? Aussi, mettent-ils leur veto à toutes les découvertes qu'on se permet de faire en dehors de leur prétentieuse omni-compétence. C'est l'obscurité volontaire. Quand donc allumeront-ils leur lanterne ?

Rufina Nœggerath courbe leurs prétentions dans leur propre déconvenue quand elle leur dit : « La science de la veille est remplacée par celle du lendemain, avouent-ils eux-mêmes, et ils conviennent que s'ils vivent trop longtemps, ils assistent à l'écroulement de leurs glorieux systèmes. La science passe, la loi de la nature reste immuable. »

La science cherche encore, a dit Balzac, l'amour a trouvé.

Elle est une sorte de positivisme qui, en dehors des preuves et même parfois en présence des preuves, reste obstinément aveugle, faillissant ainsi à son mandat, qui est de sonder tous les phénomènes.

Ajoutons avec Victor Hugo : « L'inattendu doit toujours être attendu par elle. Elle a pour fonction de l'arrêter au passage et de le fouiller, rejetant le chimérique, constatant le réel. Sa mission est de tout étudier. Éluder un phénomène, lui refuser le paiement d'attention auquel il a droit, c'est faire banqueroute à la vérité. C'est laisser protester la signature de la science. Du reste le phénomène toujours rejeté et toujours reparaissant n'est pas d'hier. »

Il y a une véritable lâcheté morale à ne vouloir pas examiner et à nier ce que l'on ne connaît pas. Le Spiritisme se trouve en cela sur un terrain commun avec toutes les grandes inventions, car toutes les grandes découvertes ont payé leur tribut à l'ignorance en passant par le baptême, ou par les fourches caudines de l'incrédulité.

Ils me font toujours l'effet des académiciens qui se décident à ajouter un mot au dictionnaire, alors qu'il a été adopté depuis longtemps par le public.

Enfin, Jésus Christ lui-même a été traité de brumeux prophète et il s'est trouvé un écrivain italien, Milesbo, qui a écrit un livre intitulé « Jésus-Christ n'a jamais existé » s'appuyant sur l'assertion de Philon que le christianisme n'était qu'une secte judéo-égyptienne, existant bien avant l'ère du Christ. Il prétend que le passage où Josephe parle de Jésus, a été frauduleusement introduit dans l'œuvre de cet historien juif et fait ressortir en les comparant, les incohérences et les contradictions des textes évangéliques.

Mais l'incrédulité humaine n'a pas craint d'éclabousser Dieu lui-même, dont elle va jusqu'à nier l'existence, tout en blasphémant son nom. Cet orgueilleux atome que nous sommes, ne laisse rien debout, et ne veut connaître des idoles que pour les frapper.

La vérité finit toujours par se dégager et sortir triomphante des premières luttes et des éclaboussures.

L'éminent savant anglais sir W. Crookes nous en fournit un exemple frappant. Absolument incrédule, il déclara, dans le but de leur porter un coup de grâce, qu'il allait se livrer à une scrupuleuse investigation des phénomènes spirites. Grande commotion parmi les incrédules, persuadés que, du poids de sa haute personnalité, il allait les écraser à tout jamais. On nomma un comité d'étude de 33 savants éminents, dont l'hostilité était bien connue ; mais, à la consternation de tous les rieurs, il en résulta, pour le Spiritisme, trente-trois adeptes de plus.

Richet, dans la préface des *Hallucinations télépathiques*, s'écrie : « Voyez le chemin parcouru dans les sciences dans ces quatre derniers siècles ! Est-il permis de supposer que nous ayons, en si peu de temps, épuisé tout ce que nous pouvons apprendre ? Est-ce que, dans quatre siècles, nos arrière petits neveux ne seront pas stupéfaits encore de notre ignorance d'aujourd'hui, et plus stupéfaits encore de notre présomption à nier sans examen ce que nous ne comprenons pas ? Notre science est trop jeune pour avoir le droit d'être absolue dans les négations. Il y a des vérités nouvelles et, quelque étranges qu'elles paraissent à notre routine, elles seront un jour scientifiquement démontrées. »

L'illustre sir William Thomson dit lui-même dans son discours d'ouverture, à l'Université d'Édimbourg, en 1871, en parlant du spiritisme : « La science est tenue, par l'éternelle loi de l'honneur, à regarder en face et sans crainte tout problème qui peut franchement se présenter à elle. »

Enfin, dans le camp orthodoxe des adversaires irréconciliables, il recrute tous les jours de vénérables prélats et de nombreux convertis. L'Église s'est même enrichie, à l'insu de Rome et contre son gré sans doute, d'un séminaire spirite au Wisconsin où l'enseignement est donné selon la foi spirite. Beau geste libérateur, schisme émancipateur ou révolution spirituelle, qui serait la planche de salut du catholicisme s'il était assez clairvoyant ou assez diplomate pour s'y réfugier.

De même on a créé, à S. Paulo, au Brésil, une synagogue spirite portant le nom de Saint-Pierre et Saint-Paul. Est-ce une réparation expiatoire, en répudiation du traitement de Jésus par les juifs ?

La Bible et le Talmud réformés et éclairés par le spiritisme, n'est-ce point là comme le symbole de l'erreur se prosternant devant la Vérité ?

Ajoutons qu'il se fonde presque partout, dans les deux Amériques, des écoles spirites dont beaucoup sont gratuites (1).

C'est au moyen d'incessantes communications avec le monde de l'Au-delà, par des rapports ininterrompus avec les habitants de l'espace, que nous sommes arrivés à posséder des connaissances certaines sur les conditions de la vie d'outre-tombe, comme le dit si bien Gabriel Delanne.

Nous pourrions citer ces quelques lignes de Maeterlinck qui, de la part d'un scrutateur aussi rigide et aussi consciencieux, ont une valeur doctrinale sans appel.

« En somme il n'y eut jamais croyance plus juste, plus pure, plus morale, plus féconde, plus consolante et, jusqu'à un certain point, plus vraisemblable. Seule, avec sa doctrine des expiations et des purifications successives, elle nous rend compte de toutes les inégalités physiques et intellectuelles, de toutes les iniquités sociales, de toutes les injustices abominables du destin.

« J'ajouterai : toutes ces raisons pour moi sont des preuves parce que, s'il en était autrement, c'est que nous aurions conçu une théorie plus belle des évolutions de l'humanité que la Création ne l'a faite elle-même, que nous l'aurions dépassée par une conception plus grande et plus belle que la réalité ; ce serait devancer Dieu, ce qui, étant impossible,

(1) Voir sur le *Mouvement spirite en Amérique* un article de l'auteur dans le numéro de Mars 1917, de la *Revue l'Echo Fidèle*, 67, rue Saint-Jacques, Paris.

est pour moi une certitude que nos institutions ne sont qu'une preuve de ce qui existe et que Dieu ne nous a pas laissé le mérite de concevoir. »

Mais la preuve la plus à l'honneur du spiritisme, est qu'on n'a pas encore trouvé un spirite qui l'ait renié, alors que toutes les doctrines et toutes les religions ont connu des transfuges.

Quels sont, a-t-on demandé, les états de service du Spiritisme envers l'humanité ?

C'est à l'âme élevée d'ardents spirites que l'on doit l'abolition du servage en Russie et la liberté rendue à quarante millions de serfs ; l'abolition de l'esclavage aux États-Unis, par Lincoln ; l'émancipation des noirs préparée pa l'émouvant plaidoyer de la *Case de l'oncle Tom* ; la croisade antiesclavagiste qui mit fin à la traite des nègres sur la côte d'Afrique ; la ligue des droits de l'homme ; la Constitution des États-Unis et la proclamation de leur indépendance ; la proposition de la paix par l'arbitrage ; l'octroi à la Hongrie et à l'Italie de la liberté religieuse ; l'abolition du travail des enfants en Angleterre ; la campagne anglaise contre l'intempérance ; l'idée et le plan du code Napoléon par Cambacérès ; le coup de grâce à l'Inquisition en Espagne ; la campagne par Stead, le créateur du bureau de Julia, contre la traite des blanches en Angleterre ; le Tribunal de La Haye ; et combien d'autres ?

Je n'entrerai pas dans l'examen des phénomènes psychiques, qui s'adressent surtout à la curiosité expérimentale et scientifique et qui est pleine de pièges, parce qu'elle se heurte à deux écueils : les influences subconscientes, télépathiques, fluidiques, psychométriques et autres encore inconnues, d'une part ; et de l'autre, la lutte entre bons Esprits et Esprits trompeurs, troublés ou inférieurs, qui compromet souvent l'authenticité ou la valeur des messages et qui fait ressembler le domaine des communications de l'Au-delà à un vaste champ que se partagent les plantes utiles et les mauvaises herbes.

Ce livre n'ayant pour but que l'étude de la doctrine, nous ne pouvons que renvoyer ceux qu'intéressent les phénomènes psychiques aux excellents ouvrages spéciaux qui ont été écrits sur ce sujet, notamment en ce qui concerne la clairvoyance, la clairaudience, apports, apparitions, matérialisations, etc., et nous nous contenterons de dire un mot des prémonitions et de l'écriture automatique.

L'ÉCRITURE MÉDIANIMIQUE OU AUTOMATIQUE

La main, immobile sur le papier, armée d'un crayon, attend qu'un Esprit veuille bien répondre à cette invitation et se servir de cet appareil, docile et obéissant, pour tracer le message qu'il nous apporte. Toutes les mains n'arrivent pas à trouver un moteur qui les fasse mouvoir. Question de fluides. Certaines personnes réussissent du premier coup. D'autres n'y arrivent qu'à la longue, ou même jamais.

L'écriture automatique affecte parfois la calligraphie exacte de l'Esprit, d'autres fois elle est incohérente et à peine déchiffrable. Les Esprits nous disent que cela n'a aucune importance, parce qu'ils se contentent généralement du contrôle qu'ils exercent sur le médium pour s'assurer de l'exactitude de leur message, sans avoir la peine de reproduire leur propre écriture.

Ils décrivent quelquefois la pensée de personnes présentes et peuvent également produire des dessins, souvent très remarquables.

Parfois, c'est la main gauche qui écrit. On a vu des médiums écrire, des deux mains, des choses indépendantes et en langues différentes, pendant qu'ils causaient avec d'autres personnes. Lorsque la main est ainsi conduite par un Esprit, on ne peut pas toujours l'arrêter.

Il y a eu d'autres cas où, pendant que le médium écrivait et causait en même temps, la table se mettait à lui faire des communications par coups frappés.

La main est souvent entraînée avec une rapidité folle. Cela

rappelle les moments d'inspiration qu'ont certains écrivains, alors que les idées jaillissent avec une telle abondance sous leur plume qu'ils peuvent à peine les suivre. La main reste en arrière de la pensée. Serait-ce alors que l'inspiration nous est présentée comme un tableau d'ensemble, mais que, de notre côté, nous ne pouvons le rendre en bloc comme le ferait une plaque photographique, et devons détailler ?

Alfred de Musset, après des soirées d'ivresse, écrivait parfois, tout d'un jet, dans la presque inconscience où le mettait son état, des poésies dont il ne gardait pas le moindre souvenir et qu'il lisait, le lendemain matin, avec la plus grande surprise, comme si elles étaient dues à une main étrangère.

Mozart, sentant venir l'heure suprême, avait composé, sous une inspiration occulte qui guidait sa main, son propre *requiem*. Dès qu'il l'eût achevé, il demanda à sa fille de le lui jouer et celle-ci, se tournant vers lui lorsqu'elle eut fini, s'aperçut que son âme s'était envolée, bercée par les dernières cadences de sa muse.

Interrogés sur l'inspiration qui les guidait, Mozart, comme Musset et beaucoup d'autres, répondait : « Je n'écris pas, quelqu'un qui est là près de moi, écrit pour moi. »

C'est du reste un fait connu que des vers ou de la musique sont souvent dictés automatiquement.

Eugène Nus (1) raconte aussi les faits suivants : « L'abbé Garo, de la cathédrale de Nancy, et d'autres prêtres, déposèrent, sur sa table, des questions renfermées dans un pli cacheté. Les réponses dictées automatiquement les stupéfièrent, ils se regardèrent tout étonnés. Une des réponses fût faite en latin, que le médium ne connaissait pas. »

Le jeune médium de M. Nus allait un jour à Saint-Nicolas assister à une conférence d'instituteurs. C'était l'hiver et il avait neigé. Il portait une canne qu'il sentit tout à coup frémir dans sa main ; il la laissa libre et aussitôt la canne écrivit dans

(1) E. Nus, *Choses de l'Autre Monde*.

la neige : « Charles, ton père est mort ce matin, retourne au village et tu rencontreras X, qui vient t'apporter la nouvelle » (le nom de X était désigné). Terrifié, il s'en retourna et la première personne qu'il aperçut, fut, en effet, X, qui lui dit que, ce même jour, son père en tombant d'un grenier s'était tué.

L'avant-veille de sa mort, ce jeune homme, ayant toute sa connaissance, sentit sa main s'agiter et ayant demandé un crayon et du papier, le crayon traça ces mots : « Charles, prépare-toi, après demain, à trois heures, tu mourras », ce qui arriva.

Les expérimentateurs ont employé toutes sortes de procédés pour se mettre à l'abri des déceptions. Mr. Stead avait chargé miss Harper, qui n'habitait pas Londres, de demander tous les matins à 9 heures à un de ses guides un commencement de communication, sur une carte postale qu'elle devait ensuite lui adresser. A la même heure il priait l'Esprit évoqué de lui communiquer à lui-même la fin de la phrase. Les résultats étaient surprenants.

Il demandait parfois à un médium de prier un Esprit d'écrire quelques phrases prises au hasard dans un livre et à un autre médium, tout à fait étranger au premier, de demander sans en avoir pris connaissance la continuation de ce qu'avait écrit le premier Esprit, ce qui était toujours d'une exactitude rigoureuse.

Cela rappelle ce que sir O. Lodge décrit sous le nom de *Cross correspondance* (correspondance croisée) qui consiste en la réception par un médium d'une partie de communication et, par un autre, de l'autre partie, chacune ne pouvant être comprise sans le secours de l'autre.

On se demande parfois comment des Esprits peuvent se communiquer à nous dans une langue qui n'était pas la leur. Mais il faut remarquer que les langues sont une création humaine qui leur est inutile. Ils nous parlent par la pensée, par images qu'ils imprègnent sur notre cerveau et que nous traduisons. La pensée n'a pas de langue, elle est la langue universelle. Ils la lisent en nous à livre ouvert, sans que nous ayons besoin de la traduire par des phrases. Parfois cependant ils se communiquent, pour notre facilité, dans les langues qui leur sont familières.

Pour mettre fin, aux querelles légendaires comme celles des Capulets et des Montaigus, des Guelphes et des Gibelins, des Gluckistes et des Piccinistes, de la rose blanche et de la rose rouge, et, actuellement, de l'intervention des Esprits ou du subconscient, un instrument remarquable, qui tranche la question sans appel, vient d'être découvert par un Anglais et constitue un véritable télégraphe psychique que nous allons examiner.

LE TÉLÉGRAPHE PSYCHIQUE

Le journal anglais *Light* s'est beaucoup occupé, il y a deux ans, d'une invention naissante, d'une portée incalculable au point de vue psychique, de nature à mettre fin à cette troublante controverse entre les champions du subconscient et les fanatiques de l'intervention des esprits.

C'était écarter sans merci toute possibilité d'auto-suggestion et de télépathie. Depuis ce temps, l'invention a été étudiée, perfectionnée, mise au point, et elle se présente aujourd'hui au monde spirite comme une libératrice, prête à dissiper tous les doutes qui l'assaillaient.

L'instrument, inventé par M. David Wilson, ou plutôt découvert, car ce sont les invisibles qui l'ont guidé pour ainsi dire, par surprise, a pour but la transmission des messages de l'Au-delà à la terre par le système télégraphique de Morse. Il n'est pas douteux qu'on arrivera à lui appliquer les procédés plus récents avec impression sur bandes de papier.

L'Occult Review de Londres l'a suivi dans tous ses développements et a fait un long exposé des travaux de l'inventeur. L'invention s'est, en quelque sorte, révélée d'elle-même et prouve l'intervention de désincarnés, résolus à unir leurs efforts pour mettre M. Wilson sur la voie.

Il s'occupait d'expériences thérapeutiques et avait construit une batterie galvanique en vue de guérisons par l'électricité. Il cherchait les moyens de l'associer à quelque produit qui pût en rapprocher les effets de l'action des médiums guérisseurs. Il avait essayé, dans ce but, tous les produits chimiques imaginables, combinés avec les conditions physiques les plus favorables, notamment en ce qui concerne la lumière. Il espérait tout en appliquant le facteur électrique, lui donner un semblant de pouvoir magnétique par la production de quelque subtile combinaison qui pût l'assimiler à l'action des fluides.

Un jour qu'il était occupé à des expériences au moyen d'un ampéremètre, l'aiguille du galvanomètre fit, à un certain moment, sans aucune raison apparente, un brusque mouvement. Ce mouvement s'étant répété une seconde fois, arrêta son attention. Il l'attribua d'abord à la table ou à quelque trépidation venue du dehors, ou même à des vibrations terrestres.

Mais la main invisible qui était déterminée à le mettre sur la voie d'une grande découverte, ne s'arrêta pas là, et reprit ses avertissements par une succession rapide des mêmes mouvements.

Ce qui le frappa alors c'est que la déviation de l'aiguille marquait clairement trois coups rapides puis un coup plus lent. La répétition de ces coups, assurément voulus et calculés, frappa M. Wilson comme étant le signe d'appel dans le Code de la télégraphie Morse.

Quelques jours après, répétition des mêmes appels avec plus d'insistance. M. Wilson, ayant cette fois concentré son attention sur cette répétition du phénomène, ne fut pas peu surpris de voir l'aiguille épeler, dans l'alphabet Morse, les mots : « Grande difficulté, attendez message dans cinq ou six jours. »

Le message vint, en effet, un peu confus d'abord, toutes les lettres se tenant ensemble, mais M. Wilson avec l'aide d'un ami, qui connaissait le Code télégraphique Morse, finit par démêler ces mots : « Tâchez éliminer vibrations ».

Évidemment ces vibrations entravaient leurs fluides. Aussi perfectionna-t-il peu à peu l'appareil et il finit par recevoir, dans les six premiers mois, des messages en treize langues différentes, provenant de divers invisibles qui semblaient rivaliser d'impatience de pouvoir envoyer quelque communication à des parents ou des amis de la Terre, dont l'adresse était soigneusement indiquée. Ceux de ces messages qui portaient une adresse furent traduits et adressés aux destinataires, lesquels, inconnus de M. Wilson, lui exprimèrent leur intense satisfaction, en même temps que leur surprise.

Il y en avait notamment deux pour le comte Miyatovith, l'un par l'Esprit d'un Serbe, l'autre signé de Michael Obrenovich c'est-à-dire le Prince Michel de Serbie qui fût assassiné en 1868. Il y en eut un également pour E. Branly, (probablement Édouard Branly) de l'Académie des Sciences, mais sans adresse.

Le message est assez long, mais en voici un extrait relatif à l'invention même :

« Cet appareil crée dans notre monde une profonde satisfaction, particulièrement parmi ceux qui, sur la Terre, s'occupaient de psychisme. Nous formons tous ensemble un groupe d'intéressés qui combinons nos efforts, afin d'aider le plus possible l'inventeur à perfectionner sa découverte. Jusqu'ici nous avions la plus grande difficulté à nous manifester à vous et beaucoup d'entre nous doutaient qu'un instrument pût arriver à établir des rapports entre nos deux mondes. Mais maintenant que vous nous avez compris et pouvez interpréter nos messages, nous considérons les communications comme définitivement assurées. »

Il y avait d'autres messages curieux, mais plus vagues, comme celui-ci :

« Tous les êtres diffèrent en conscience, mais sont unis par la subconscience en une unité absolue, complète et indivisible. »

La machine en elle-même est petite et très portative. Elle consiste en un cylindre de cuivre servant de réceptacle à une substance longtemps cherchée, qui produit des radiations tenant lieu du fluide des médiums, ce qui lui a valu le nom de *médium métallique*.

Les métaux qui y étaient placés étaient magnétiquement influencés par la production d'un circuit chimique, qui devait très efficacement imprégner les malades. Un des éléments les plus importants de production du circuit est obtenu par un procédé permettant de le provoquer au moyen du minerai d'Uranium.

Au-dessous, se trouve une boîte d'acier contenant deux avertisseurs, d'un type nouveau et original, signalant les oscillations. Ces avertisseurs communiquent avec une batterie sèche et un petit téléphone qui permet de percevoir les sons produits à l'intérieur de l'appareil et les mouvements du courant, à mesure de sa production.

Les messages les plus inattendus, provenant de hautes personnalités, se succédèrent, trahissant l'anxiété qu'ils avaient de se manifester.

Lorsque l'appareil était assailli par un trop grand nombre d'Esprits à la fois, ce qui rendait les communications confuses et impossibles, il les dispersait par une projection au dehors de gaz acétylène.

Cet appareil dissipe toute appréhension au sujet de l'intervention possible de l'opérateur, comme c'est le cas avec les médiums, puisque l'appareil est impersonnel et ne relève d'aucun médium, éliminant ainsi le facteur physiologique.

Il sonne de lui-même, comme dans le téléphone, pour appeler l'attention de quelqu'un de présent sur le message qu'il va transmettre.

Il y a quelques précautions à observer en ce qui concerne la lumière. La lumière diffuse du jour, le gaz d'éclairage, les lampes à huile, ne lui sont pas favorables. Mais la lumière du soleil, des lampes à arc ou du gaz acétylène, facilite son fonctionnement, si on peut la concentrer à l'intérieur de l'appareil et non l'en baigner extérieurement. Cette condition de concentration à l'intérieur seulement exclut donc l'usage de la lumière solaire et ne permet que l'emploi des lampes à arc ou de l'acétylène. L'appareil fonctionne également, quoique moins bien, dans l'obscurité. Il ne marche pas dans un endroit obscur lorsqu'il fait grand jour au dehors.

Le facteur le plus important est ce que M. Wilson nomme le

médium métallique. Celui-ci émet des émanations que l'inventeur appelle des rayons odiques ou fluidiques. Il croit que les vapeurs qui s'en dégagent doivent être de la même nature que « l'*aura* » environnant la forme humaine et que distinguent très bien les clairvoyants.

Cet appareil, destiné à se substituer au médium humain, serait donc une espèce de médium artificiel, mécanique, à jet continu, rebelle à toute influence indue, à l'abri des distorsions que subissent les messages dans leur transmission par les médiums et de la dépense fluidique qui les épuise.

L'influence de réceptivité ou de projection télépathique, due à l'intervention directe de l'auto-suggestion, ou indirecte des activités subconscientes, en un mot toutes les causes humaines d'erreur comme tout ce qui pourrait entraver les messages ou jeter un jour douteux sur leur provenance ou l'exactitude de leur transmission, tout ce dédale impénétrable et mystérieux du passé est supprimé.

Déjà les docteurs Matla et Van Zelst, préoccupés des mêmes recherches, avaient conçu un appareil, mais moins parfait que celui de M. Wilson, pour le substituer au médium humain.

Plus récemment, M. Wilson conçut une addition curieuse, qui consiste à munir son appareil d'une lentille remplissant la fonction d'un œil psychique.

Quelque objet qu'on puisse placer devant cet œil et quelle que soit la main qui le présente, (ce qui permet d'en charger n'importe qui), papier ou carte contenant une question écrite, la réponse est toujours donnée nettement.

Il est allé plus loin. Un film, placé dans le cylindre récepteur, recueille l'image de l'entité présente.

Développée ensuite, cette image représente la photographie de l'Esprit qui s'est manifesté. Il ne peut plus, dès lors, y avoir de doute sur son authenticité.

Il est certain qu'on ne peut pas concevoir la limite des surprises que peut réserver la production artificielle de la force vitale.

La création d'un appareil dans les dimensions voulues rendrait possibles les matérialisations sans l'aide d'un médium.

Cet instrument ouvre la voie à des moyens nouveaux de communication avec l'Au-delà, et l'on arrivera à causer avec ceux que l'on a perdus, comme on converse sur la Terre avec les siens.

Déjà les destinataires des messages reçus ont répondu et correspondu avec leurs disparus, tout comme on le ferait dans une cabine téléphonique, sans se voir.

———

Cet appareil a naturellement provoqué dans le monde spirite un vif intérêt, aussi devons-nous ajouter que l'inventeur, ayant été conduit à cette découverte par des recherches thérapeutiques et non par des expériences psychiques, n'a pu en étudier le développement sur ce terrain qui lui est étranger. Il laisse donc aux chercheurs le soin de lui donner toute sa consécration et d'assurer tous les services pratiques qui peuvent résulter des perfectionnements à y apporter, avant de le mettre à la disposition du public.

LES PRÉMONITIONS

> De tout ce qui est transitoire, Dieu voit la fin depuis le commencement.

Prédire l'avenir, c'est-à-dire une chose qui n'est pas encore, donnerait raison à ceux qui disent : l'avenir existe dans le présent mais ne nous apparaîtra qu'à son heure. En tout cas, comme dit Léon Denis, la prévision de nos actes, ne les fait pas naître.

Nous lisons dans Cicéron : « Quand l'esprit est séparé de la contagion du corps, il se souvient alors du passé, voit le présent et prévoit l'avenir. »

Plutarque disait de son côté : Il ne faut pas s'étonner que l'âme, pouvant saisir ce qui n'est plus, puisse prévoir ce qui n'est pas encore L'avenir la touche même davantage et est plus intéressant pour elle. Elle tend vers le futur et elle l'embrasse déjà, alors qu'elle est séparée du passé et n'y tient que par le souvenir.

Sans aller jusqu'à des prédictions de ce qui arrivera, tout le monde éprouve, sous une forme atténuée, ces illuminations soudaines qui abrègent les réflexions, en se présentant sous la forme de pressentiments. C'est une prémonition occulte, ou le résultat du vagabondage, en dehors de nous, de notre ego supérieur qui a été aux informations et qui, averti de ce qui se prépare, nous le dit tout bas ; avertissement donné à notre être interne par notre être externe.

Ainsi, quelque temps avant sa mort, Henri IV ne cessait d'entendre le bourdonnement d'un glas funèbre, ainsi que le bruit lointain des pas furtifs d'un assassin qui le cherchait par les rues de Paris.

Les événements de notre vie sont inhérents à notre personnalité. Nous les apportons avec nous en naissant. Notre conscience supérieure seule en garde le secret, pour nous diriger dans la voie que nous nous sommes tracée.

Si notre existence se déroule peu à peu, comme une cinématographie, n'est-ce pas là l'image d'un songe qui s'échelonne en actions successives, bien qu'en réalité elles soient toutes sur un même plan.

Parce que, comme en traversant un musée, nous ne pouvons voir les objets que successivement, cela n'empêche pas qu'ils ne soient tous là, en même temps.

Parce que nous ne pouvons parcourir un chemin que graduellement, cela ne veut pas dire qu'il n'existe pas dans son ensemble et qu'il se produise à mesure que nous marchons.

Pour mieux nous faire comprendre, supposons notre passé, notre présent et notre futur, comme une carte de géographie, comme un tableau. Si nous voulons expliquer cette carte à quelqu'un, nous sommes forcés de la détailler, passant graduellement par tous les éléments qui la composent. Il en est de même si nous voulons décrire une scène représentée par un tableau. Nous, cependant, les embrassons d'un seul coup d'œil. Nous sommes comme l'Esprit qui voit l'ensemble de notre existence, tandis que nous la parcourons, comme la description graduée qui nous est donnée d'une carte ou d'un tableau.

Voyons une autre comparaison. Je prends le train pour une certaine destination éloignée. Je ne connais pas le pays, je ne sais pas le temps que me prendra le voyage, ni ce qui va se dérouler devant mes yeux. Tout est surprise et imprévu jusqu'à ce que j'arrive à destination.

Cette succession d'impressions est comme la succession des jours de notre existence. Nous avons peu à peu parcouru la route sans en prévoir les péripéties, même si un pont écroulé ou des rails enlevés, à une certain endroit, nous ménageaient un accident.

Mais celui qui de haut, peut embrasser toute la ligne, aperçoit d'un seul coup d'œil tout ce qui nous attend, les détails du chemin, le pont écroulé qui va occasionner l'accident et le terme, heureux ou tragique, de notre voyage.

N'est-il pas alors naturel que l'Esprit, dans l'autre monde, qui voit l'ensemble du voyage de notre vie, puisse nous prévenir de ce qui va arriver.

Je prends un autre exemple. Je sais que, à telle heure, mon chien sortira avec moi et verra tel visiteur qu'il connaît ; que, à telle heure, nous prendrons une voiture ou un train pour aller dans un endroit dont il ne se doute pas ; ou que je le conduirai chez un vétérinaire, ou lui ferai prendre un bain de rivière. Je sais ce qu'il mangera, je règle sa vie à son insu. Il ne sait rien de ce qui l'attend, jusqu'à la minute où la chose se produit. Il ne se doute pas que tout cela a une cause motivée qu'il subit.

Dans l'ignorance de ce qui peut nous arriver d'imprévu à chaque moment, ne sommes-nous pas dans sa situation, par rapport au développement des événements de notre vie, dont les péripéties sont pourtant connues de ceux qui en tiennent les rênes.

La durée n'existe pas pour l'autre monde, où la division du temps n'est pas possible. Dieu ne l'a créée que pour les choses transitoires. De là cette vue d'ensemble, qui, à nous, nous est dosée par actions successives.

Et alors, s'écrieront les révoltés, que devient notre libre arbitre ? Nous est-il donné de pouvoir comprendre cet enchevêtrement de liberté et d'enchaînement ?

Au-dessus des calculs humains, planent des lois mystérieuses dont la sagesse nous échappe et qui, dans notre aveuglement, nous paraissent comme la Fatalité.

En dehors cependant de l'heure marquée de la naissance et de la mort, nous n'obéissons qu'à notre libre arbitre. Nous sommes comme un oiseau dans une volière. Les barreaux de la cage marquent les limites de sa liberté, mais il peut se mouvoir à sa fantaisie et ne connait pas de restriction. La liberté de planer au dehors ne lui est cependant pas donnée ; c'est le privilège d'un autre monde. L'homme entre dans la volière, qui est son corps, à sa naissance, il en sort à sa mort. Notre libre arbitre n'est donc que relatif et ne peut s'exercer que dans les limites qui nous sont assignées.

Mais nos écarts, comme les mauvaises actions, les crimes, etc., ne sont pas l'objet d'une prédestination.

Le secret de notre naissance appartient à Dieu, qui a désigné d'avance dans quel corps nous aurions à nous incarner, et nous devons accepter avec résignation les maux qui nous attendent, parce que nous avons tant d'erreurs passées à expier qu'ils ne sont jamais qu'une faible rétribution, un acompte sur notre dette.

Les prophéties, chez les anciens, étaient aussi abondantes que de nos jours, et il nous en est même resté de très volumineuses, comme les vingt-quatre livres écrits par Sabée, connu sous le nom de la Sybille persique ou chaldéenne. Saint Augustin a rapporté plusieurs de ses oracles, entre autres une description, troublante dans sa précision, de la venue de Jésus, de sa vie et de ses miracles.

Saint Ambroise fut ainsi averti, à Rome, de la mort de saint Martin-de-Tours.

Platon, dans son Theagès, nous raconte comment Timarque eût évité la mort s'il avait écouté la voix prémonitoire qui guidait Socrate, comme les voix de sainte Catherine et sainte Marguerite guidaient Jeanne d'Arc. Au moment où Timarque, avec Philémon, son complice, se préparait à aller tuer Nicias, Socrate lui dit : « Ne t'en va pas, une voix me dit de te retenir ».

Timarque qui n'en tint pas compte, échoua dans son entreprise et fut condamné à mort.

L'archevêque de Vienne annonça à Louis XI la minute exacte de la défaite et de la mort du duc de Bourgogne.

Metzger raconte qu'un Écossais, parcourant avec quelques

amis la contrée où devait se livrer deux ans plus tard la bataille de Culloden, décrivit, au grand étonnement de ses compagnons, les péripéties du sanglant combat qui devait décider du sort des Stuarts.

On avait prédit à lord Kitchener qu'il perdrait la vie dans un naufrage. Aussi, se croyant invulnérable aux balles, il s'exposait avec une effrayante insouciance aux visées de l'ennemi, et, lorsque vint l'heure de ce naufrage, il ne s'en étonna point et dit : « Je l'attendais ».

Tout le monde a pu lire, dans les étonnantes prédictions des mystères de Tilly, que Louise Polinière et Marie Martel avaient annoncé et décrit, comme si elles la voyaient, la catastrophe du Mont-Pelée, à la Martinique.

Miss Fox Reeve, de Londres, a eu deux fois, au mois de janvier 1914, la vision d'un archange lumineux, tout bardé de fer comme un guerrier, qui vint lui annoncer l'agression allemande et le résultat de la guerre.

On se rappelle également les prédictions célèbres du père Beauregard, treize ans avant la Révolution, et celles où Cazotte annonça, aux principales victimes de la guillotine, le sort qui les attendait.

Les prémonitions sont d'ailleurs si variées et tellement nombreuses, que l'on en trouvera des exemples dans tous les ouvrages psychiques.

Terminons par cette remarque de Machiavel.

Jamais, dans l'histoire ancienne ou moderne, on n'a vu une ville ou un pays, ruinés ou détruits, sans que l'événement n'en ait été prophétisé et sans qu'il n'ait été précédé d'avant-coureurs, de pronostics, de signes révélateurs.

LE SOMMEIL ET LES RÊVES

Qu'est-ce que le sommeil et pourquoi dormons-nous ? Les uns l'attribuent à ce que l'organe fatigué se congestionne. D'autres prétendent que, pendant le sommeil, le cerveau s'anémie. D'autres invoquent l'influence des nérones !

Le sommeil nous semble une chose si naturelle que le mystère complexe dont il est enveloppé, ne nous apparaît même pas. Et pourtant, il n'aurait pas existé parmi nos besoins, que nous aurions trouvé tout naturel qu'il n'existât pas. A la rigueur on comprendrait l'anéantissment complet de l'être, comme tribut payé au repos, mais il reste toujours, chez celui qui sommeille, une activité latente. Les fonctions végétatives, telles que la digestion, la respiration, la circulation du sang, les sécrétions, etc., continuent à s'accomplir. Il n'y a donc qu'une portion de nous qui dorme, qui ait besoin de dormir, qui ait besoin de repos. Le besoin ne s'applique pas à ces fonctions, pas plus qu'à notre pensée, puisqu'elles restent actives. Qu'est-ce alors qui dort en nous, est-ce la conscience cérébrale ? Pourquoi aussi ne pouvons-nous saisir le moment de transition entre la veille et le sommeil ?

Nous nous couchons, nous fermons les yeux. Quelquefois nous ne dormons pas encore et cependant, à mesure que se produit une espèce d'engourdissement de la pensée attentive, nous ne tardons pas à voir jaillir ou, parfois, s'esquisser peu à peu, des objets, des paysages, des êtres qui se meuvent, mais au moindre mouvement de nos yeux, ils s'évanouissent. Ce sont les rêves hypnagogiques.

Qu'est-ce ? Est-ce un reflet de notre imagination, de quelque impression présente ou passée qui y est restée ? Est-ce l'ébauche du rêve qui commence ? Est-ce une allégorie, un avertissement, une prémonition, un souvenir qui surnage ? Sont-ce nos amis de l'Au-delà, que cet état nous permet de mieux voir qu'à l'état de veille ? Est-ce un remous de notre subconscience ? Du fond de combien de vies ou de combien de siècles, des événements du passé peuvent-ils surgir, pourquoi et comment ? Si j'aperçois un paysage, pourquoi celui-là plutôt qu'un autre ? Serait-ce que j'ai dû le voir autrefois ?

Dans ce commencement d'assoupissement, on entend parfois des mots, des phrases. Serait-ce la voix de quelque esprit qui nous parle ?

Le moindre hasard, la moindre impression fugace, passagère, inconsciente, fait jaillir en nous des souvenirs de choses déjà vécues. Si nous observions mieux, nous verrions qu'à chaque instant, des pensées, des choses anormales nous reviennent, peut-être de bien loin. C'est comme si, avec un bâton, on remuait un fond trouble où des couches successives se seraient déposées et dont les éléments viendraient rejaillir pêle-mêle à la surface quand on les remue. Cela nous arrive dans la veille comme dans le sommeil. Aurions-nous, dans la veille, des états analogues au rêve ? Ne serait-ce pas à ce mélange incohérent que serait due l'absurdité de la plupart de nos songes, où des détails, sans ordre, sans liaison, surgiraient ainsi des diverses mémoires de nos vies passées, mêlées aux impressions de notre vie présente.

Nous voici aux prises avec le rêve et c'est ici que commence le vrai mystère :

« L'état de rêve, nous dit Myers (1), est, sinon la forme normale de notre mentalité, tout au moins la forme qu'elle assume le plus volontiers et le plus fréquemment. Des rêves de tout genre traversent

(1) MYERS, la Personnalité humaine.

probablement notre esprit le jour et la nuit, sans être arrêtés par la tension de nos idées, qui constituent notre état de veille.

« S'il fallait se prononcer sur la question de savoir lequel, de l'état de veille ou de celui de sommeil, est primitif et lequel secondaire, on pourrait, je crois, affirmer que c'est l'état de sommeil qui, selon toutes les apparences, aura été le primitif, car c'est lui qui domine la vie pré-natale et infantile et même, pour nous autres adultes, l'état de veille seul paraît secondaire et accessoire en ce qu'il ne peut être maintenu que pendant une courte durée qu'il nous est impossible de prolonger artificiellement, sans avoir fréquemment recours à cet afflux de vitalité que le sommeil apporte.

« C'est du sommeil que procèdent tout nouvel essor et toute nouvelle initiative des activités éveillées.

« Il est admis que la propriété régénératrice du sommeil normal est quelque chose que le repos, même le plus complet, à l'état de veille, ne peut égaler.

« Dans le sommeil partiel, nous constatons une simple parodie fantastique de nos énergies, dans un rêve incohérent.

« Remarquons un fait en passant : le rêveur qui désire vaguement remuer une jambe engourdie, est souvent incapable d'y diriger un courant d'énergie motrice suffisant pour effectuer le changement de position désiré. Incapacité angoissante de remuer que nous ressentons dans le rêve « quand celui qui fuit est incapable de fuir et celui qui poursuit incapable de poursuivre » décrite par Virgile et Homère comme un égarement paralysant.

« Notre organisme semble vivre dans deux mondes à la fois, menant une vie planétaire dans ce monde matériel auquel notre organisme est destiné à réagir, et une vie cosmique dans ce monde spirituel ou méta-éthéré qui constitue le milieu naturel de l'âme. C'est ce monde invisible qui fournit l'énergie destinée à renouveler constamment l'organisme, et l'âme a le droit de prétendre à une quantité de sommeil minima, nécessaire pour maintenir le corps en vie. »

Ne semblerait-il pas d'après cela que le sommeil nous a été donné pour voiler nos excursions dans l'Au-delà, cet Au-delà que nous ne devons pas voir pour ne point subir une fascination qui compromettrait notre mission sur la terre, en nous plongeant dans la nostalgie de la patrie perdue.

Alors, comme il fallait, pour ouvrir les portes de la liberté à l'esprit, neutraliser momentanément le corps qui le retient.

Dieu a fait le sommeil du corps, image temporaire de ce que sera un jour la séparation définitive.

Dans cet état, l'activité de la pensée ne disparait pas, mais pendant que, libéré de la geôle du corps, l'esprit s'envole, surgit, dans l'absence de tout contrôle une véritable anarchie du cerveau. Jamais, dans le rêve, l'idée ne nous vient que nous rêvons ; que le réveil nous ramènera à la vérité ; que nous avons fait, chaque nuit, une multitude d'autres rêves. Et jamais, dans le rêve, nous ne nous rappelons un rêve précédent.

Il n'est pas nécessaire que le sommeil soit accompagné d'un songe pour exercer les missions mystérieuses qui l'appellent. D'ailleurs si nous ne nous souvenons pas que le rêve ait rempli tout notre sommeil, cela ne veut pas dire que nous n'ayons pas rêvé, mais simplement qu'il n'a laissé aucune trace dans notre mémoire. Et puis aussi, cette absence de souvenir ou de constatation, ne serait-elle pas la confirmation des excursions clairvoyantes dans l'autre monde que fait l'esprit en dehors du corps. Pendant que nos organes cérébraux se reposent, notre esprit, ayant libre cours, s'en va aux sources de la vie, puiser, pour les rapporter au corps qu'il habite, les éléments de sa conservation, en même temps qu'il peut y recueillir une moisson d'avis utiles. C'est dans ce moment que, profitant de sa liberté, il peut se charger de messages télépathiques, ou en recevoir d'autres, qui se traduisent alors en nous au réveil par des impressions plus ou moins profondes.

Le sommeil nous permet de nous extérioriser. A la rentrée de l'esprit dans le corps, comme sa randonnée s'est passée loin du cerveau, celui-ci n'a pu recevoir les impressions de l'esprit absent, de sorte qu'il ne conserve au réveil aucun souvenir.

Le sommeil apaise la plupart des souffrances morales et physiques, il est réparateur de la fatigue et des forces perdues. Moralement et comme résultat des excursions de l'esprit, il porte conseil, dénoue des problèmes difficiles, nous dévoile des idées ingénieuses. Des solutions que nous n'avons pas pu trouver à l'état de veille, pendant la plénitude de nos efforts et de nos réflexions, se présentent au réveil sans que nous fassions aucun effort pour les chercher. Des suggestions surgissent et si quelques-unes nous échappent alors, elles viennent se représenter d'elles-mêmes, comme une inspiration, au moment opportun.

Comme exemple de l'aide que notre esprit puise dans le sommeil aux sources inspiratrices de l'autre monde, le détail suivant mérite d'être mentionné (1).

Mr. Stead s'endormait très facilement, presque à volonté, et se réveillait de même. Quand il avait un travail difficile à faire, il se jetait sur son sofa où il tombait endormi presque instantanément ; puis, quelques minutes après, il s'éveillait subitement et continuait son ouvrage comme s'il en voyait, devant les yeux, le développement entier. Il écrivait alors avec grande volubilité, et n'avait jamais ensuite à faire une correction ou à changer un mot, même s'il s'agissait de dates, de citations, de statistique, le tout se présentant avec une telle netteté qu'il n'était pas nécessaire de les vérifier.

Des images surgissent souvent, dans le rêve, que nous n'avons jamais vues dans notre vie présente et qui nous semblent cependant familières, des lieux que nous n'avons jamais visités et qui se trouvent être exactement comme nous les avons entrevus, ce qui prouve que notre esprit a dû les connaître, peut-être les habiter. Lorsque nous volons en rêve, n'est-ce pas un souvenir d'une autre existence où nous étions ailés, ou la vision d'un monde que nous habiterons quelque jour et où nous pourrons voler ?

La durée des rêves nous échappe entièrement, quelque élaborées que puissent avoir été les images qui se sont déroulées.

L'expérience a démontré que, nous étant assoupis à peine deux ou trois minutes, nous avions vu en rêve une succession d'événements qui prendraient un certain temps à se dérouler dans la réalité. Cela prouverait que, libéré par ce court instant de désincarnation, notre esprit a vu l'ensemble du rêve sur un plan, comme nous verrions un tableau représentant une scène

(1) EDITH K. HARPER, *Stead, the man*.

complète, mais dont nous devons, comme si nous le décrivions, détailler les incidents successivement. Cette vue d'ensemble, perçue par l'esprit, se manifeste, dans certaines circonstances, comme au moment de la mort, ou lorsqu'une personne se noie ou tombe d'un aéroplane, le moribond revoyant, d'un seul coup d'œil, tout le panorama de sa vie passée.

Nous allons aborder maintenant la partie la plus importante du rêve, celle qui nous rapporte des nouvelles objectives directes de l'autre monde, c'est-à-dire les rêves prophétiques.

RÊVES PROPHÉTIQUES, PRÉMONITOIRES ET TÉLÉPATHIQUES (1)

Ces rêves, provoqués par quelque mystérieuse influence, sont plus fréquents que nous ne pensons, et, bien souvent nous n'y donnons aucune attention, alors que si nous avions pu les comprendre, ils contenaient des avertissements précieux.

Pressentiments, clairvoyance, prémonition, prédiction, télépathie, rêves prophétiques, tout cela est de la même famille et il serait bien difficile d'assigner à chacun un rôle exclusif.

Ce rêve n'est plus le chaos de la pensée, ce sont des avertissements, les uns symboliques qu'il faut interpréter, les autres absolument précis.

Dans son *Livre des Songes*, Valère Maxime raconte qu'Artérius Ruffus, chevalier romain, se vit, en songe, percé par la main d'un rétiaire (1), et le lendemain, peu d'instants après qu'il était dans l'amphithéâtre, voyant entrer dans l'arène un gladiateur avec son mirmillon, il s'écria aussitôt : « Voilà le rétiaire de mon rêve ! » Il voulut fuir, ce qui causa sa perte, parce que le rétiaire l'ayant poussé jusqu'au bord de l'arène, le renversa et le tua (2).

Le fait suivant raconté par le maréchal Marmont qui causa l'abdication de Napoléon, n'est pas moins frappant. La veille d'une bataille,

(1) Les divers cas qui vont suivre sont empruntés à M. DE ROCHAS (*les Vies Successives*) aux journaux anglais, *l'Occult Review* et le *Light*, aux *Annales des Sciences Psychiques*, à la *Revue Ultra*, de Rome, CARL DU PREL (*la Mort, l'Au-delà et la Vie dans l'Au-delà*), MYERS, etc.

(2) Gladiateur romain porteur d'un filet dont il cherchait à envelopper son adversaire.

Stingel, un des plus brillants officiers de l'armée d'Italie, vit en rêve un grand cavalier vert qui venait à lui et le tuait. Il raconta son rêve à quelques camarades sans y attacher d'importance.

Le même jour dans un engagement entre Français et Autrichiens, Stingel aperçoit, au plus fort de la mêlée, un dragon de haute taille, portant l'uniforme vert, reconnait le cavalier qui lui est apparu en songe et s'écrie : « Je te reconnais, je suis à toi » et tombe frappé mortellement par lui (1).

Carl du Prel rapporte le cas que voici. Deux amis s'étaient promis que le premier qui partirait viendrait donner de ses nouvelles à l'autre sur l'Au-delà. L'un mourut et, presque aussitôt, l'autre rêva qu'il recevait une lettre de son ami, ainsi conçue : « Mon cher X. Il existe une vie après la mort. Cette existence est bien meilleure que vous et moi ne l'avions supposé et très différente de ce que nous nous imaginions Adieu. » « P.-S. Surtout n'allez pas croire que ce soit là un rêve. Je tiens ma promesse de vous donner de mes nouvelles et je n'avais pas d'autre moyen que celui-là. »

Une garde-malade de Genève raconte qu'une nuit elle se vit appelée en rêve auprès d'une dame qui se mourait et elle assistait à ses derniers moments. Le mari ne parut point à l'enterrement et le deuil était conduit par un parent dont la physionomie la frappa. Deux pasteurs accompagnaient le cercueil. Ce rêve la surprit d'autant plus que, la veille encore, elle avait vu cette dame en parfaite santé.

Quel ne fut pas son étonnement lorsque, quatre jours après, on la priait de se rendre auprès d'elle sans retard parce qu'elle agonisait. Elle venait d'avoir une attaque qui l'emporta. Quand il fallut l'emmener, le mari, infirme, ne put l'accompagner, mais le deuil était conduit par le personnage que la garde-malade avait vu en rêve et qui, auparavant, lui était complètement inconnu. Les deux pasteurs s'y trouvaient également. C'était la réalisation trait pour trait de sa vision.

Ce genre de rêve, dit Myers, possède une puissance inexplicable qui lui est propre et qu'il tire, semblable en cela à la suggestion hypnotique, des profondeurs de nos existences que la vie éveillée est incapable d'atteindre. Il nous en donne les exemples suivants.

Une dame voit en rêve la mort d'une de ses amies. Un journal, dont elle s'était servi la veille comme d'un écran, lui tombe sous les yeux, le nom de la défunte y était mentionné, mais ce n'était pas son amie, c'était une personne portant le même nom, de sorte que les mots avaient la veille pénétré dans le champ de la vision, sans atteindre son esprit éveillé.

Le rêve supplée quelquefois à l'insuffisance d'un sens. M. Herbert

(1) *Essai sur l'humanité posthume* par Ad. d'Assier.

Lowis, très myope, avait cherché, sans succès, un document dans une salle où il croyait l'avoir perdu. Pendant le sommeil, il eût l'indication exacte de l'endroit où se trouvait le document et le découvrit.

Kubla Khan, de Cobridge, a composé, dans le sommeil, de remarquables poésies.

Le génie n'irait-il pas puiser aux mêmes sources une partie de ses inspirations. Je dis *une partie* parce qu'il y a aussi la subconscience ; le génie semble être un souvenir des connaissances qui y sont accumulées et où il va puiser.

Voici quelques rêves prémonitoires rapportés par M. de Rochas :

Mme la générale G., bien connue, raconte qu'elle a eu dans de nombreuses circonstances de sa vie, des rêves prémonitoires et impressionnants qu'elle a chaque fois communiqués, avant leur réalisation, à son entourage. Elle a décrit (et en a fait le croquis) des maisons qu'elle n'avait jamais vues ; annoncé des deuils ; vu en rêve, étant jeune fille, lors de son examen pour le brevet supérieur, le devoir d'histoire qu'on allait avoir le lendemain, c'était l'histoire de Catherine II.

Tout dernièrement, mise au défi par son fils, elle vit une partie du texte de la dissertation d'histoire donné au concours des affaires étrangères. Elle signale même une date, 1721. Elle fit ce rêve deux mois avant le concours et *avant que le sujet ne fût choisi*.

M. de Rochas a recueilli plus de 80 cas de prédictions pendant le somnambulisme. Ces prédictions s'étaient toujours vérifiées.

Un jour, un sujet annonça, dans son sommeil, que sa maladie se terminerait par un délire furieux qui durerait quarante-deux heures et, plus de quinze jours d'avance, elle prédit qu'elle perdrait la raison le vendredi 20 octobre, à 2 heures après midi, et qu'elle ne reviendrait à elle que le dimanche 22 à 8 heures du matin. Tout cela arriva exactement à son heure.

Citons aussi le cas du baron Larrey. (Rapport sur les expériences magnétiques faites par la commission de l'Académie de Médecine, juin 1831.)

Une nuit, le célèbre chirurgien rêva quatre numéros de loterie qui devaient gagner. Pressé d'aller à sa visite, il pria sa femme de se procurer les billets, mais quelle ne fut pas sa douleur, en rentrant, d'apprendre que les numéros étaient sortis et que sa commission avait été oubliée.

La coïncidence aurait pu porter sur un numéro mais pas sur

quatre. Les tirages sont supposés être l'objet du hasard. Où est donc la part du hasard dans de pareils cas ? Cela ne prouve-t-il pas, comme nous l'avons dit ailleurs, que le hasard n'existe pas, ne peut pas exister.

Les *Annales des Sciences Psychiques* (1) rapportent un cas extraordinaire, avec toutes preuves à l'appui, par le Dr Geley, d'Annecy, et qui est arrivé à son confrère le Dr Gallet, alors étudiant en médecine à Lyon.

Le 27 juin 1894, vers 9 heures du matin, M. Gallet préparait un examen quand, tout d'un coup, il fut distrait de son travail par une pensée si obsédante qu'il ne put s'empêcher de l'écrire d'un trait sur son cahier de notes. Cette phrase était textuellement : M. Casimir Périer est élu Président de la République par 451 voix.

Ceci se passait *avant la réunion du Congrès* qui devait avoir lieu le jour même, et cependant l'affirmation était faite *au présent* et non *au futur*.

M. Gallet communiqua la phrase à plusieurs camarades qui ne la prirent pas au sérieux et qui furent bien étonnés quand, quelques heures plus tard, les journaux la confirmèrent.

En mars 1903, Mme Chopy, sœur du professeur Brissaud, vit en rêve la catastrophe de la Martinique (2).

Lorsque le bateau, *The Persian Menarch*, quitta New-York, le capitaine eut le même jour un rêve extraordinairement lucide où il voyait son bateau échoué sur la jetée de Portland et y rester une semaine, ce qui arriva exactement (3).

Une des premières et glorieuses victimes de la guerre sur le front italien, fut le capitaine del Vecchio, tué par un obus, à côté de son ordonnance.

Au moment même de l'explosion, sa femme, qui dormait, se réveilla en sursaut, désespérée, parce qu'elle venait de le voir tomber, précisément dans les conditions ci-dessus, qui furent rapportées par l'ordonnance (4).

Un jeune homme bien connu à Dordrecht, en Hollande, avait dissipé la fortune que lui avait laissée son père et contracté des dettes qui devenaient menaçantes. Une nuit, il rêva qu'il trouverait sur le pont de Kempen une personne qui lui indiquerait le moyen de le tirer d'em-

(1) Numéros du 1er et 16 octobre 1910.
(2) *Annales des Sciences psychiques*, mars-avril 1903.
(3) *Light*, 25 novembre 1916.
(4) *Birmingham Daily Mail*, 10 septembre 1915.

barras. Très impressionné par son rêve, il résolut de s'y rendre et avait déjà, pendant quelque temps, arpenté le pont de Kempen sans voir personne, lorsqu'un mendiant qui se trouvait là, lui dit subitement :

— Vous avez l'air bien ennuyé, mon pauvre Monsieur, puis-je vous être de quelque utilité ?

Le jeune homme lui raconta alors l'objet de son voyage.

— Eh ! fit le mendiant, il n'y avait pas besoin de venir si loin pour vous tirer d'affaire, car moi aussi j'ai fait un rêve que je vais vous dire. Dans cette même ville de Dordrecht dont vous venez, j'ai vu un trésor caché, au pied d'un arbre, dans un endroit que je ne connais pas, mais que je vais vous décrire.

Et, à l'intense surprise du jeune homme, l'endroit décrit était sa propre maison. Il n'en dit rien au mendiant, mais il se hâta de rentrer chez lui et n'eût aucune peine à trouver l'arbre mentionné, tant la description avait été minutieusement exacte. Il prit une bêche, s'empressa de remuer la terre et ne tarda pas à y découvrir le trésor qu'y avait déposé son père, avec lequel il paya ses dettes et dont il vit encore à l'heure actuelle (1).

Plongeons maintenant en plein mystère.

Nous savons que la personnalité peut subir des changements comme si, subitement, le corps était habité par un autre esprit. Th. Ribot en fait une étude remarquable, dans son livre *les Maladies de la personnalité*, sur l'état où le sentiment du corps est complètement changé, l'état ayant pour caractère l'alternance de deux personnalités s'ignorant complètement, et enfin l'état de substitution de personnalité.

Ne pourrait-on y retrouver l'explication de certains cas de folie ?

Ch. Richet a fait là-dessus de curieuses expériences, dans lesquelles il crée, par suggestion, l'état de changement de personnalité. Il en obtient ainsi plusieurs successives.

M. Camuset traite le même sujet dans les *Annales Médico-Psychologique* de 1882.

Le D\ Prince a connu une jeune dame qui, alternativement, suivant certaines influences capricieuses, ou en tout cas mysté-

(1) DE LUMEN (Barcelone).

rieuses, présentait quatre personnalités différentes, quelquefois antagonistes.

Voir aussi les archives de *Psychologie* publiées par Flournoy et Claparède.

Que nous puissions nous multiplier dans une seule existence ; que nous ayons une double et parfois de multiples personnalités antérieures surgissant dans notre vie actuelle, c'est là un problème redoutable que toute notre psychologie ose à peine aborder et où elle se perd devant le puissant mystère de l'inconnu.

L'auteur anglais Stevenson a raconté, dans un conte de fantaisie, les changements de personnalité entre le Dr Jekyll et Mr. Hyde ; ce cas ne dépasse pas la possibilité des phénomènes psychologiques encore inexplorés. D'autres vont plus loin et racontent, toujours sous forme de fantaisie, les changements de personnalité ou plutôt l'échange de personnalité entre deux personnes (1).

Mais des précurseurs comme Proudhon, comme Jules Vernes avec les sous-marins et les aéroplanes, ne nous ont-ils pas prouvé que l'utopie, le paradoxal d'aujourd'hui, comme dit Grimard, sera la vérité de demain.

Voilà que, des Indes, ce pays mystérieux comme un songe, nous vient l'assertion que des cas de transmutation de personnalités sont connus, et nous retrouvons nous-même dans un magazine intitulé *the Orient* (2) l'exposé détaillé par miss Rosa Bates, d'un transfert de personnalité d'un jeune lord à son humble et fidèle compagnon, le fils d'un homme des champs. A l'intense douleur de ce dernier, George Dun, voyant que le jeune lord, Randolph Fairfax, allait mourir, lui dit qu'il donnerait volontiers sa vie pour le sauver, qu'il était prêt à mourir pour que son compagnon vécût ! Mais celui-ci meurt et l'on trouve George évanoui, la tête reposant sur la poitrine du moribond. Revenu à lui après une espèce d'étrange léthargie, il s'imagine être le jeune lord et, à partir de ce moment, agit et parle abso-

---

(1) Voir WELLS, *The Story of the late Mr. Elvesham*, et CONAN DOYLE, *The Great Keinplatz experiment*.

(2) Bombay, Janvier 1881.

lument comme lui, méconnaissant ses anciens parents et sa fiancée, et agissant envers la famille du lord comme si elle était la sienne ; ayant acquis toutes les connaissances du jeune défunt, parlant les langues étrangères, chantant comme lui et rappelant les moindres incidents de sa vie, à tel point que le doute s'empara de tout l'entourage. C'était comme la migration de l'âme de Randolph dans le corps de George.

Cela dura trois mois, mais, un jour à la suite d'un accident de chasse, suivi de journées d'inconscience, il se réveilla de nouveau dans son ancienne personnalité.

Angoissantes et troublantes visions où les surprises de la nature semblent se jouer de notre raison. On se demande si c'est une fantaisie, et cependant, nous ne pouvons méconnaître que tout est possible dans l'immense domaine mystérieux que nous avons à peine effleuré. Et, d'ailleurs, il doit se passer, dans les les autres mondes, des choses qui nous paraîtraient encore plus surprenantes si nous les connaissions.

En voici un exemple que je mentionne, à tout hasard, parce que les révélations quotidiennes de phénomènes psychiques qui nous sont dosées peu à peu, nous disent qu'il y a une multitude d'inconnues qui nous échappent ; et nous n'osons pas demander à notre pensée de se fixer, car nous n'avons aucun appui solide où poser le pied.

Il s'est passé, au XVIe siècle, en Italie, un phénomène psychique qui a la saveur d'une légende et qui pourtant est relaté par des témoins comme une réalité, énigmatique peut-être, mais accréditée.

Il s'agit de la matérialisation, dans la vie réelle, du personnage d'un rêve, fait par un dormeur habitant quelque autre monde qu'on ne dit pas, qu'on ne sait pas.

Giovanni Papini en donne une esquisse dans la *Revue Occulte de Londres* (1) et le célèbre peintre italien, Sébastien del Piombo, en a laissé un portrait pris sur nature et qui répond bien à la

(1) Janvier 1917.

description du sujet. Celui-ci n'avait pas de nom connu. Il n'avait pas d'antécédents. Personne ne l'avait jamais vu avant son apparition inattendue et on ne lui connaissait ni amis ni famille. Il avait tout d'un coup surgi tel qu'il était, comme s'il était né homme sans âge défini, et sans jamais avoir eu un passé. C'était comme une ombre ambulante, ayant une espèce de diaphanéité inexplicable, une pâleur transparente et un pas léger comme s'il touchait à peine le sol. Son regard distrait, errant, égaré, semblait ne contempler que des choses lointaines, vagues, mystérieuses.

Il était enveloppé d'une fourrure, et ses mains, toujours gantées pendaient à ses côtés comme dans un repos perpétuel.

Personne ne le connaissait et n'osait l'approcher, il était une terreur vivante. Il aimait cependant à causer, mais on ne le comprenait pas toujours et, souvent, il frappait les gens d'épouvante par les choses horribles qu'il disait. Il semblait magnétiser tout ce qu'il touchait. Il était toujours en mouvement, jour et nuit, ne se reposant jamais. On le voyait tantôt ici, tantôt là, sans s'expliquer ses moyens de locomotion.

Lorsqu'on se hasardait à lui parler de sa santé, de sa maladie, il répondait : « Il n'y a pas de maladie qui puisse m'atteindre, il n'y a rien que je puisse avoir. Je ne peux rien posséder, mais je suis possédé par quelqu'un. Il y a quelqu'un à qui j'appartiens. »

Puis, comme s'il voulait soulager son cœur, il fit la terrible confession que voici :

Je ne suis pas un homme réel, un homme en chair et en os. Je n'ai pas eu de jeunesse et je n'existe que depuis peu, mais je ne suis qu'un personnage de rêve, un être fictif, la projection dans la réalité du personnage d'un rêve profond, dont mon dormeur est inconscient, car, en ce moment, il dort, il subit son rêve qui m'a créé. Il n'a pas sa conscience et c'est moi qui la possède, qui suis, à son insu et malgré moi, sa partie pensante. Tout ce que je fais constitue son rêve. Suis-je le dormeur lui-même dans son état de songe ? Suis-je à mon insu sa personnification ? Cependant je ne me rappelle rien qui puisse le prouver. Par quel mécanisme et par quelle volonté le personnage du rêve, que je suis, a-t-il été matérialisé, je l'ignore ? Je n'existe que momentanément, par l'effet de son sommeil et lorsqu'il s'éveillera, je n'aurai plus conscience de moi-même, à moins de revivre en lui machinalement dans un vague souvenir. Il voit, dans son rêve, tout ce que je fais, il entend tout ce que je dis. Je suis sa création inconsciente, un effet de son imagination, et je suis mal à l'aise parmi les vivants parce que je ne suis qu'un passant éphémère. Une autre question me poursuit : « De qui suis-je le rêve ? » Le cours de son sommeil qui peut durer des mois, peut-être des années de votre vie sur la terre, implique qu'il doit appartenir à un monde où la vie doit être considérablement plus longue que la vôtre. Est-il en mon pouvoir de l'éveiller et, simple ombre que je suis, de disparaître ? Je serais heureux de gagner ainsi le repos dans l'annihilation. Je puis tout faire, commettre des crimes, chercher à me suicider, rien n'a d'action. Qui donc me débarrassera de mon dormeur, de mon propriétaire, de moi-même ? Quel monde peut donc contenir de pareils habitants, quel rêve peut être assez puissant pour projeter un être dans l'illusion de la vie ? »

A ce moment son regard inquiet retomba sur lui-même, il s'examinait comme pour voir s'il ne se dissolvait pas. Il paraissait plus grand et plus diaphane, puis il s'éloigna et on ne le revit jamais.

Il est vrai qu'on ne dit pas quel est le dormeur, à quel monde il appartient et quels peuvent être les pouvoirs psychiques des êtres de ce monde. Mais nous avons déjà vu, dans un autre ordre d'idée, tout aussi frappant, une défunte venant revivre parmi nous, se manifestant pendant des mois et qui n'aurait trouvé que des incrédules si le cas n'avait été constaté et expérimenté par sir W. Crookes, à la suite de l'évocation de Katie King.

On nous dira qu'il avait un médium ; qui dit qu'il n'y en avait pas un dans ce cas-ci ? D'ailleurs, ce n'est pas toujours nécessaire, nous avons fréquemment enregistré des visites, des voyages d'Esprits pendant le sommeil du corps, le cas d'un Esprit allant se faire photographier et combien d'autres, plus stupéfiants les uns que les autres.

Serait-ce le dormeur lui-même qui se serait ménagé cette petite excursion sur la Terre, mais alors, à moins d'une hallucination de sa part, il ne se ferait pas passer pour le personnage de son rêve.

Ne serait-ce pas plutôt, dans ce cas, qu'il a vécu parmi nous dans une de ses existences antérieures et que, actuellement dans un monde infiniment plus avancé que le nôtre, ce soit lui-même tel qu'il était quand il vivait ici-bas qui y soit revenu en songe, animant d'une vie passagère sa pensée et donnant corps, par des pouvoirs propres à son monde, au personnage de son rêve, que sa volonté avait fait renaître tel qu'il était sur notre globe ?

Ne pourrait-il pas aussi se faire que le dormeur soit dans un état pathologique spécial ou dans une longue léthargie, ce qui expliquerait la durée insolite et l'intensité du rêve ?

Le fait est étrange, mais pas plus que d'autres que nous connaissons et qui ne nous semblent plus remarquables parce que nous y sommes habitués, comme le somnambulisme, la catalepsie, l'hypnotisme. Et ce cas ne serait-il pas une sorte de somnambulisme spécial qui nous soit inconnu, mais qui soit aussi fréquent dans d'autres mondes que les apparitions chez nous ? L'âme de ce dormeur, au lieu d'errer dans l'astral pendant le sommeil, comme le fait la nôtre, peut très bien faire une visite à une autre planète et se matérialiser.

Bien extraordinaire, direz-vous ; mais qui nous dit qu'il n'y ait pas des choses cent fois plus extraordinaires encore dans le vaste Univers !

L'ENFANT

> Nous n'existons vraiment que par ces petits
> [êtres
> Qui, dans tout notre cœur, s'établissent en
> [maîtres,
> Qui prennent notre vie et ne s'endoutent pas,
> Et n'ont qu'à vivre heureux pour n'être pas
> [ingrats.
> ÉMILE AUGIER.

Il n'est pas inopportun de dire un mot de l'enfant au point de vue qui nous occupe.

Nous ne voyons chez lui que les manifestations extérieures, sans nous demander quelles peuvent en être les causes. Ce que nous appelons ses caprices, ses larmes que nous croyons sans sujet, ses terreurs, tout a un motif qu'il vaudrait mieux chercher à connaître, plutôt que de le gronder ou de le punir.

On dit parfois, ainsi que le remarque Henri Brun (1), quand ils sont plongés dans ce qu'on appelle des rêves éveillés : « Il est dans la lune ! » oui, peut-être dans l'espace, où il était hier ; ou bien : « Il sourit aux anges. » Il se peut qu'il sourie à l'image qu'il a conservée de son céleste séjour, image qui n'est visible qu'à ses yeux d'enfant et que, un jour, ses yeux d'homme ne verront plus. Il n'est pas rare qu'il ait des visions, qu'il entende des voix, comme dans un rêve. C'est à peine s'il est incarné !

Il semble qu'un rayon de soleil éclaire quelquefois la figure de l'enfant dans sa gaieté, comme une intuition, comme un souvenir fugitif du monde qu'il vient de quitter.

(1) HENRI BRUN. La Foi nouvelle, 42, rue Saint-Jacques, Paris.

Nous ne nous souvenons pas de nos premières années. Ainsi l'a voulu le Créateur, afin que notre vie ne soit pas troublée par la hantise de ce souvenir. C'est cependant l'âge le plus intéressant, si nous pouvions sonder les influences diverses qui façonnent, si je peux employer ce mot, sa mentalité. Il est ballotté entre l'oubli progressif du passé et l'existence nouvelle qui se prépare. Puis, peu à peu, le souvenir de l'autre monde s'affaiblit et finit par disparaître.

Il serait curieux néanmoins de ne pas laisser s'évanouir chez lui celles de ces notions, qui, plus tard, lui rappel'eraient son origine. On pourrait, sans le fatiguer, entretenir son souvenir de ce qu'il a vu, de ses visions, parce que, alors, lorsque la mémoire commence à naître et à prendre un peu de consistance dans son jeune cerveau, elle retiendrait ces premières indications d'une autre vie.

Dans une multitude de cas, l'enfant se souvient de sa vie antérieure que, peu à peu, cache le voile de la chair. Questionnez-le et vous en obtiendrez souvent les preuves. L'enfance n'est pas assez étudiée. Jusqu'à deux ou trois ans, il voit des Esprits qui s'agitent autour de lui, les uns bons, les autres mauvais, et qui échappent à nos regards ; parmi les bons, son ange gardien, les amis et les parents qu'il vient de quitter et qui l'entourent pour l'encourager et le protéger. Parmi les mauvais ses ennemis de l'existence antérieure.

Longtemps j'ai été énervé par les caprices des bébés, qui, sans cause apparente, jetaient des cris déchirants. Mais depuis que je sais combien ils sont en butte aux méchants Esprits qui les tourmentent, j'ai compris leurs justes terreurs, et, loin de les maudire, je les plains sincèrement.

Que de fois n'a-t-on pas vu des bébés se réfugier près de leur mère, se cachant contre elle la figure en pleurant. Observez-les, vous remarquerez que, souvent, ces accès ont été précédés par quelque chose qui attirait leur attention, une sorte de terreur causée par ces Esprits qui les frappent et que nous n'apercevons pas. Vous y découvrirez de ces manifestations qui expliquent bien des rages et bien des larmes.

On s'étonnera peut-être que ces visions échappent aux parents. L'explication en est cependant assez simple.

Tout Esprit voit naturellement ses congénères, or, comme nous le démontre M. de Rochas, lorsqu'un Esprit se réincarne, il n'entre pas tout entier d'emblée dans le corps de l'enfant, mais peu à peu seulement, et, jusqu'à l'âge de sept ans environ, la partie du périsprit encore en liberté l'entoure extérieurement.

Tant qu'il est dans cet état, l'Esprit voit les autres Esprits par les yeux mêmes de l'enfant.

Il n'y a pas bien longtemps, un docteur assez connu se trouvait chez des amis à Paris. Un bébé de deux ans, jusque-là bien tranquille, se mit subitement à regarder dans le vide comme s'il fixait quelque chose, avec un geste de la main comme pour repousser quelqu'un, puis se prit à pleurer et se réfugia auprès de sa mère, se cachant la figure dans sa robe. Au même moment, un chien, qui semblait dormir au coin du foyer, se mit à japper et à trembler, marchant à reculons, en regardant du même côté, puis il se réfugia sous un meuble. Tous deux avaient eu la même vision.

Le docteur, très impressionné, a fait de ces cas une étude spéciale qui, a-t-il dit, expliquerait bien des accès, des accidents, des convulsions, etc.

Aussi est-il très imprudent, dangereux même, de menacer les enfants d'êtres imaginaires, comme le croquemitaine, parce que les apparitions ne leur étant pas étrangères, ils y croient d'autant plus facilement et en sont fortement impressionnés. Il est imprudent, également, de les enfermer, pour les punir, dans des endroits obscurs, où ces apparitions peuvent se manifester sans qu'ils puissent s'en défendre, et laisser dans leur esprit, pour toute la vie, un sentiment de peur.

Il vaudrait mieux les prendre bien doucement, les questionner habilement, leur demander s'ils ont vu quelque chose qui les ait effrayés.

Nous verrons également, au chapitre suivant, un enfant qui avait aperçu ce qui causait de la terreur à un cheval, alors que les parents n'avaient rien remarqué.

Comme exemple de l'incorporation lente de l'Esprit dans le corps, je citerai encore le cas de Simone Vigneron, dont l'intelligence, jusqu'à l'âge de cinq ans, restait voilée, parce que, comme on l'apprit par un médium, l'Esprit ne s'était pas suffisamment incarné. Peu à peu, son état changea complètement et, quand l'incarnation fut complète, ses facultés se développèrent, et l'on fut tout étonné, un jour qu'elle se trouvait en présence d'Espagnols, de l'entendre s'entretenir avec eux dans cette langue qu'elle n'avait pas apprise. Effet de la subconscience, dû sans doute au peu de temps depuis lequel l'incarnation complète avait eu lieu, ce peu de temps n'ayant pas suffi probablement pour effacer le souvenir de ce qui fut peut-être son dernier langage.

LES ANIMAUX ET LEURS DROITS A L'HUMANITÉ

> Quand les animaux souffrent, qu'ils craignent, ils poussent des cris plaintifs. Ces cris sont la prière qu'ils adressent à Dieu, et Dieu les écoute.
> LAMENNAIS (*Paroles d'un Croyant.*)
>
> L'âme de l'animal est une âme humaine, emprisonnée dans une enveloppe qui ne lui permet pas de défendre son droit.

L'animal, qui est souvent, pour nous, un ami dévoué que nous méconnaissons et où commence à germer l'humanité de demain, a droit à infiniment plus de bienveillante attention que nous ne lui en accordons. A part quelques-uns de ceux que l'on appelle *domestiques*, nous ne les connaissons que par l'esclavage que nous leur imposons, parce que, ne pouvant pas se plaindre de nos injustices, ils doivent les subir ou payer chèrement leurs protestations.

La cruauté envers les animaux, ces humains en formation, est un crime. C'est comme un enfant, comme des frères inférieurs et sans défense que l'on frappe en eux.

Ne les maltraitons pas, ils sont affectueux et nous en seront reconnaissants. Ne frappons point des êtres qui ne peuvent se défendre. N'écrasons pas un insecte en dehors des cas de légitime défense.

L'homme peut être plus avancé que l'animal, ou plutôt plus évolué, mais ce dernier, comme nous l'enseignent les naturalistes, l'emportent par les qualités du cœur, l'attachement, l'affection, le dévouement allant jusqu'au sacrifice d'eux-mêmes, pour nous défendre. Faites du bien à un chien, il vous dit merci en vous léchant.

Romanès dit que les animaux sont des automates sensibles. N'en sommes-nous pas autant, nous, orgueilleux qui croyons diriger le monde, alors que nous ne sommes que des jouets de l'Inconnu.

L'intolérante ignorance religieuse refuse une âme aux animaux parce que, dit-elle, ils n'ont pas de but moral et que leur vie ne fait que représenter la somme de leurs plaisirs.

S'ils n'avaient pas d'âme, ils n'auraient pas de périsprit, or, nous allons voir un peu plus loin que l'existence de leur périsprit est absolument prouvée, même chez les insectes, et, au chapitre suivant, que notre âme n'est qu'une continuation de la leur, établissant leurs droits incontestables à l'humanité.

Ces droits nous les violons sans merci parce que nous sommes plus cruels qu'eux, et par lâcheté, parce que nous savons qu'ils ne peuvent se défendre.

Il faut dire, à l'honneur de Schopenhauer, qu'il s'est constitué l'avocat éloquent de leurs droits.

L'animal, dit ce grand homme de cœur qu'on appelait Michelet, a aussi son droit devant Dieu. Sombre mystère, monde immense de rêves et de douleurs muettes, l'animal exprime ses douleurs par des signes trop visibles, au défaut du langage. Si vous ne voulez pas lui accorder votre pitié, accordez-lui au moins la justice. On rencontre un insecte, provisoirement on le tue. C'est si petit, on n'est pas tenu d'être juste.

Mais, nous aussi, pour pourrions paraître microscopiques à des êtres immenses, comme il doit en exister, sur les terres auprès desquelles la nôtre doit paraître minuscule. A côté de globes gigantesques comme Canopus et Arcturus, notre soleil ne doit paraître que comme un point imperceptible dans l'espace et notre terre comme un atome de monde. Et combien d'autres, peut-être plus grands encore, ne trouverait-on pas dans les profondeurs du ciel ; des mondes où des millions comme le nôtre formeraient à peine une mince couche superficielle, comme les sables que nous foulons sous nos pieds le long des plages. Alors, nous, êtres de la terre, que serions-nous pour eux ?

L'animal peut parfaitement progresser par le frottement avec des êtres plus intelligents que lui. Brehem, par exemple, a démontré que l'intelligence chez les oiseaux est éveillée, développée et cultivée par leur contact avec l'homme.

Comme nous, ils ont une tendance à se réunir et à vivre en société. C'est notre tyrannie seule qui les force à se disperser ou qui les plonge dans un esclavage auquel la création ne les a pas destinés.

Nous devons malheureusement constater que, sous prétexte de les dresser, nous leur enlevons souvent leurs qualités naturelles pour leur inculquer nos défauts. Mais ils conservent toujours ce guide mystérieux et précieux de l'instinct qui vaut peut-être mieux que notre intelligence, car il ne les trompe jamais.

Cet instinct est merveilleusement servi par des sens supérieurs aux nôtres, sans compter ceux, comme celui de l'orientation, qu'ils possèdent et que nous n'avons pas, sens que certains physiciens attribuent au magnétisme terrestre. Pour le chien, le monde est plein d'odeurs comme pour nous de couleurs. Buffon dit que, chez lui, l'odorat est l'organe universel du sentiment.

La grandeur ne fait pas l'intelligence. Le monde des insectes, par exemple, est remarquable par son activité, son sens d'organisation, sa civilisation, si l'on peut hasarder ce mot, comme dit Maeterlinck, car il y a là des architectes, des géomètres, des mécaniciens, des ingénieurs, des tisserands, des physiciens, des chimistes, des chirurgiens qui devancèrent la plupart des inventions humaines. Nous ne connaissons rien de leurs sens et ils semblent obéir à d'autres lois que celles qui nous régissent. Nous ne connaissons pas leur rôle sur la terre et ils ont probablement comme nous une mission à y remplir.

L'instinct chez l'animal est doublé d'un indéniable travail

de la pensée. Les exemples pullulent. En voici quelques-uns pris au hasard.

En Égypte, lorsqu'un chien éprouve le besoin de boire de l'eau au Nil, il se met à hurler jusqu'à ce que tous les crocodiles du voisinage, attirés par l'espoir d'une bonne capture, se dirigent rapidement vers l'endroit où il se tient. Le chien court alors à toutes jambes vers les bords qu'ils ont quittés et peut boire à sa soif, sans craindre l'apparition subite de l'ennemi et sans être inquiété.

Un petit roquet mordu, battu sans merci par un confrère plus gros que lui et sentant son impuissance, disparut un jour, au grand désespoir de ses maîtres, qui le crurent perdu. Mais quelle ne fut pas leur surprise en le voyant, peu après, reparaître tout fier, avec un mâtin vengeur qui, conduit par le roquet près de l'agresseur qui l'avait malmené, se jeta sur lui et le rossa de si belle façon qu'il ne pouvait plus remuer ni queue ni pattes et n'avait même plus la force de manger. Aussitôt cet exploit perpétré le roquet et son protecteur disparurent et on ne les revit plus.

Il ressort de là que le roquet avait réfléchi, prémédité sa revanche et s'était procuré un allié pour venger son injure.

Il avait donc eu un moyen d'expliquer son cas au molosse, de l'intéresser et de le gagner à sa cause. Puis, l'affaire faite, il avait cru prudent de ne pas rester au logis où il craignait les représailles du vaincu et s'en était retourné, avec son nouvel ami, dans une ferme où on le retrouva peu après, au service de nouveaux maîtres.

Le caniche, dont la patte cassée avait été guérie par un vétérinaire et qui, rencontrant un autre chien dans son cas, le conduit de son plein gré, à l'insu de toute instigation humaine, chez le même praticien, en souvenir et reconnaissance du bien qu'il lui avait fait, et tant d'autres exemples qu'on pourrait multiplier à l'infini, prouvent qu'il y a certainement autre chose qu'une entente tacite entre eux. S'ils pouvaient parler, ils nous expliqueraient cela. Comment ces deux animaux s'étaient-ils compris ?

Ce n'est assurément pas le langage limité dont ils disposent qui a pu fournir une explication, car leurs cris sont moins des communications qu'une expression exclamatoire de leur état d'âme ou de leurs sensations. Beaucoup d'ailleurs n'ont pas de cris, le langage doit être télépathique. La pensée peut s'accompagner de mouvements vibratoires, de frémissements imperceptibles où l'inconscient joue un rôle instinctif, et auquel l'animal obéit comme à une espèce de sens qui lui soit propre.

Ils s'étonnent que nous ne les comprenions pas, car eux, nous comprennent, et, ils nous disent tant de choses dans leur silencieux mais éloquent regard ! Il y a là un certain fluide qui nous échappe. Ils s'entendent entre eux, comme le magnétisé lit dans la pensée du magnétiseur.

Comment, sans cela, ferait l'abeille pour élire une reine ; la fourmi pour organiser ses colonies ; les singes et les éléphants, aux Indes, pour se grouper en vue d'expéditions bien concertées ; les cigognes, les hirondelles et tous les animaux migrateurs pour se réunir un jour donné, à la même heure, sur un même point et ne partir que quand ils sont au grand complet ; les poissons, comme les harengs et les sardines, qui désertent certaines côtes et s'en vont, en bancs serrés, chercher fortune ailleurs. Où ? On ne sait pas, mais eux le savent. S'ils obéissent à une sensation communicative muette, c'est alors là un sens que nous ne connaissons pas.

Serait-ce parce qu'ils n'ont pas la parole que nous leur refuserions des droits à l'humanité ? Le mutisme est-il une barrière infranchissable ? Ne comptons-nous pas nous-mêmes des muets parmi nous ?

Cela veut-il dire d'ailleurs qu'ils ne l'ont pas dans d'autres mondes ? Il paraît que, loin d'être une exception, c'est au contraire la règle dans beaucoup et ce n'est l'exception que dans les mondes inférieurs comme le nôtre. Dans Jupiter, ils parlent, ils ont un langage élémentaire, ils viennent se perfectionner sur la terre dans les bas-fonds de notre humanité sauvage, puis retournent, après ce stage, jouer leur rôle d'homme dans leur monde primitif, Jupiter.

Dans beaucoup d'autres mondes, ils ont des dons similaires, d'autres moyens de communiquer entre eux. La parole n'est pas la seule expression universelle de la pensée. Dieu a varié ses moyens d'entente entre les êtres.

De nombreux exemples d'ailleurs nous prouvent combien la télépathie est développée chez eux. Ils lisent souvent notre pensée et obéissent à des pressentiments.

Bozzano, dans une étude psychique des animaux, a réuni soixante-neuf cas de télépathie, pressentiments, etc. (1).

L'animal enseigne très bien à ses petits leurs devoirs, les habitudes et les convenances qu'on lui a apprises.

Que dire enfin des exploits de nos chiens héroïques, de nos chiens de garde, de nos chiens de guerre, de nos chiens de police ?

L'animal est aussi sensible que nous aux impressions occultes. Il subit comme nous les courants télépathiques qui nous permettent de nous faire comprendre par lui, parce que, quand nous lui parlons, s'il ne comprend pas les mots, la télépathie les traduit, dans son cerveau, en images qu'il comprend.

Ce qui suit prouve également ses rapports avec le monde invisible comme nous avons les nôtres.

Un docteur bien connu, Carlos de Noronha, de Rio Janeiro, fut un soir appelé en toute hâte par un ami qui habitait une ferme située à trois lieues de là. Le docteur monta à cheval et se mit en route. Le chemin était périlleux, il fallait traverser un escarpement en longeant un précipice. Le temps était clair et l'on pouvait suffisamment distinguer la route. A peine engagé dans la montagne, le ciel s'assombrit et un terrible orage éclata. Le docteur ne distinguait plus rien et n'avait, pour le garder du précipice, que la clarté intermittente des éclairs.

Il ne reconnaissait plus la route, qui lui était pourtant familière, et s'aperçut qu'il s'était trompé de chemin. Ne pouvant

(1) Bozzano. *Perceptions psychiques des animaux.*

se diriger ni retourner en arrière, il s'en remit à l'instinct de son cheval, auquel il dit, comme à un ami, où il devait aller, en lui laissant le soin de l'y conduire. Le cheval avait-il compris ? C'est probable, car, au lieu de retourner vers son écurie en se sentant la bride sur le cou, il marcha devant lui, avec précaution, pendant deux heures sans que le docteur sût où il allait, lorsque subitement il aperçut une petite lumière et, quelques instants après, la brave bête entrait paisiblement dans la cour de la ferme.

Le docteur, les larmes aux yeux, ne put s'empêcher de se dire : « Oui, l'animal comprend et il vaut mieux que nous, car il n'hésite jamais à exposer sa vie pour sauver la nôtre. »

Mais l'aventure eut un épilogue. Peu de temps après, le docteur assistait à une séance spirite ; l'esprit d'une négresse vint se manifester, déclara se nommer Cambaio et dit : « J'étais une esclave du senor Velho, le propriétaire de la ferme où fut appelé le docteur. Je suis très reconnaissante à celui-ci parce qu'il m'a autrefois soignée avec un affectueux dévouement, et c'est en souvenir de sa bonté à mon égard et par gratitude que, voyant de là-haut le péril auquel il était exposé par cette terrible nuit d'orage, je vins moi-même prendre le cheval par la guide et le conduisis à la ferme. »

Tant d'ouvrages intéressants ont été écrits sur ce sujet que je n'insisterai pas, mais nous devons en conclure qu'ils ont acquis bien des droits à l'évolution et qu'ils sont bien plus préparés que nous ne le croyons à leur entrée dans l'humanité. Aussi, comment ne pas nous révolter à l'idée des mauvais traitements qu'on leur fait subir, pour des fautes dont ils sont souvent inconscients.

De rares saints hommes, comme François d'Assise, ont prêché la charité à leur égard. Michelet s'est fait leur défenseur dans un livre courageux et charmant. Les religions de l'Inde et de la Chine commandent pour eux les plus grands égards. La religion catholique seule, faite d'un égoïsme mercenaire, reste muette à ce sujet. Quiconque est cruel envers eux fait certainement preuve d'une absence complète de cœur, d'humanité et de compassion.

Souvenez-vous, comme l'a dit Jésus, que le mal fait à des animaux, vous est compté comme le mal fait à vos semblables.

La bestialité en nous n'est qu'un reste des bas instincts que nous avons conservés de notre passage dans l'animalité. Et c'est cet instinct de la brute qui s'assouvit, en entraînant notre être supérieur dans une complicité contraire à sa mission évolutive. Nous avons conservé des empreintes de nos vies végétales et animales avant notre naissance à la vie spirituelle, mais, en devenant hommes, nous avons progressé, nous devons être bons, compatissants, indulgents, envers ceux qui sont ce que nous avons été, et, s'ils ont leurs fautes parce qu'ils ne sont pas arrivés à notre degré et ne sont pas éclairés, ce n'est pas une raison pour les maltraiter ; au contraire. On ne doit pas punir des êtres parce qu'ils sont ignorants ou malheureux ; il faut les aider, leur pardonner, leur manifester notre affection, pour répondre à la leur.

J'entre maintenant de plein pied dans le domaine psychique. Je parlerai de l'âme des animaux au chapitre suivant, mais j'aborderai d'abord la constatation de leur corps astral, du périsprit, confirmée par Julia comme nous le verrons plus loin. De nombreuses observations prouvent qu'ils ont comme nous un corps fluidique, qui survit au corps physique.

M. Dassier, un disciple d'Auguste Comte, hostile par conséquent aux sciences occultes, a fait, à son insu, une découverte qui jette un jour précieux sur cette question et sur l'évolution. Emmené par un ami à une séance magnétique, il fût frappé d'un fait inattendu. Une des personnes présentes ayant aperçu une araignée sur le parquet, l'écrasa du pied.

— Tiens ! s'écria une somnambule présente, je vois l'esprit de l'araignée qui s'envole !

— Quelle forme a-t-il, fit le magnétiseur ?

— La forme même de la bête, répondit-elle, mais plus fluidique, plus lumineuse.

L'insecte a donc, comme nous, on le voit, un périsprit qui s'échappe à la mort.

M. Dassier, qui ne croyait pas à la survivance humaine et encore moins à celle des animaux, se mit, frappé de ce fait, à étudier la question et finit par découvrir un tel nombre semblable de manifestations posthumes chez les animaux, tous, apparaissant toujours avec la forme de leur corps, qu'il consigna ses observations dans un volume intitulé *l'Humanité Posthume*, où il déclara qu'il croit possible le dédoublement des animaux à leur mort.

Il n'en reste pas moins acquis que le périsprit existe chez les animaux, même chez les insectes, comme chez l'homme, ce qui établit une preuve tangible en faveur de l'évolution.

L'assertion qu'il y a des animaux dans l'autre monde, n'a donc rien de surprenant. S'ils suivent la loi commune du dégagement du périsprit à leur mort, ce corps astral doit pérégriner dans l'espace, dans l'erraticité. Rien ne les empêche, alors, tout comme les Esprits, de se manifester sur la terre. Certaines observations sont venues à l'appui de cette déduction naturelle.

L'animal voit, comme l'homme, les apparitions d'Esprits et les aperçoit même souvent alors que nous ne les voyons pas. Un grand nombre sont clairvoyants, alors que, pour eux, leurs maître, qui ne l'est pas, leur semble aveugle.

Des chevaux se cabrent parfois subitement sans raison apparente, le poil couvert de sueur, l'œil hagard, et rien au monde ne peut les déterminer à avancer.

Qu'ont-ils vu ? Ce n'est pas l'esprit d'un homme, car il se manifesterait aux autres hommes et pas aux animaux. Le cheval d'ailleurs n'a pas peur de l'homme. Sa terreur subite doit provenir probablement de l'apparition de quelque congénère.

Il y a quelques années, une famille qui revenait en voiture, de Highbury à Londres, vers la soirée, mais alors qu'il faisait encore jour, éprouva une secousse violente provoquée par l'arrêt subit du cheval qui s'était cabré et jeté de côté, en manifestant une terreur profonde, avec une transpiration subite et de l'écume à la bouche. Rien ne put le déterminer à avancer. Une petite fille de trois ans qui était dans la voiture, s'écria alors :

« Oh ! maman, la vilaine bête ! » Et elle désignait un point de la route où ses parents n'apercevaient rien.

Nous avons montré qu'à cet âge, les enfants voient parfaitement les manifestations d'esprits.

On fut forcé de retourner en arrière et de prendre une autre route, mais, chemin faisant, la mère demanda à sa fillette : « Comment est-elle cette bête-là, mon enfant ? »

— Oh ! bien plus grande que le cheval et elle le regardait avec des yeux de feu.

Jamais, par la suite, on ne put faire repasser le cheval par cette route.

Le général Barter a vu, aux Indes, l'apparition d'un poney et d'un cavalier, accompagné de deux grooms indigènes. Deux chiens qui, l'instant auparavant, chassaient avec lui dans la jungle dont la vallée était couverte, vinrent aussitôt s'accroupir à ses côtés, poussant de sourds gémissements de frayeur. Et quand il se mit à la poursuite de l'apparition, les deux chiens s'en retournèrent précipitamment à la maison, alors que, dans toute autre circonstance, ils étaient ses fidèles compagnons. Ces apparitions collectives pourraient-elles être des matérialisations d'images restées dans l'astral ? Comment et dans quel but ?

Lord Elphinstone, d'Édimbourg, nous a conté que, dans plusieurs forêts d'Écosse, dépeuplées par la chasse à courre, on voit souvent réapparaître, en bandes fugitives, à la grande stupeur des habitants, les cerfs nombreux qui en faisaient l'ornement.

De même que les esprits des humains reviennent souvent vers les lieux qu'ils ont habités, de même l'esprit des animaux retourne volontiers auprès de ceux qui ont été bons pour eux. M. Bozzano, qui a fait une étude des chiens fantômes, dit qu'ils reviennent hanter les demeures où ils furent heureux.

Une vieille dame de ma famille qui avait déjà un pied dans l'autre monde, avait de fréquentes visions d'êtres et d'animaux. Elle disait, par exemple : « Voilà encore ce vieil homme qui revient dans cette chambre. Que veut-il ? Il a l'air de chercher quelque chose. »

D'après la description qu'elle en donnait, on découvrit que le pauvre vieux, qu'elle n'avait jamais vu, mais qui était bien comme elle le dépeignait, avait longtemps habité cette pièce et qu'il y était mort. On ne peut dire que c'était une projection télépathique, puisqu'elle ne le connaissait pas de son vivant. Il se pourrait cependant que ce fût une impression psychométrique (1) recueillie et répercutée par ces lieux qu'il avait habités. Il aurait fallu s'assurer, par des clairvoyants, s'ils avaient la même vision, si elle était permanente pour eux, quoique due chez la vieille dame à des éclairs passagers de clairvoyance, ou si cette vision lui était personnelle.

Souvent elle semblait caresser un animal sur ses genoux : « Ah ! Dicky, c'est toi, mon petit Dicky, disait-elle ; que je suis contente de te revoir ! »

Dicky était un petit chien, dont la perte récente avait occasionné un grand chagrin à toute la famille.

Et si, parfois, quelqu'un sortait de la chambre, elle s'écriait : « Oh ! voilà Dicky parti, il te suit. »

Bien qu'elle fût seule à l'apercevoir, il est bien certain, d'après la manière dont elle en parlait, qu'elle le voyait réellement.

« Il a conservé toutes ses petites manières d'autrefois, disait-elle. » Puis elle entrait dans des détails qui ne laissaient aucun doute.

Les réincarnations d'animaux sont quelquefois tout aussi évidentes. J'en connais, parmi les chiens, deux cas qui ont pour eux toutes les apparences. (Ceux à qui ils appartiennent disent *les preuves*). Ils localisent des choses qu'ils n'ont pas encore vues et se souviennent de certaines de nos habitudes, ainsi que d'autres des leurs, acquises dans l'autre vie. Leur maître n'hésite pas à dire : « C'est le même chien, rajeuni ».

Les animaux eux-mêmes jouissent d'une certaine médiumnité inconsciente. Ils peuvent s'extérioriser pendant le sommeil et jouissent de cette voyance qui leur permet d'apercevoir les

(1) Voir le chapitre de la Psychométrie.

Esprits au chevet d'un mourant, ce qui les agite et se traduit par diverses manifestations que l'on désigne, chez le chien, en disant qu'il hurle à la mort.

Le chien possède une perception télépathique très prononcée et perçoit très bien les images de notre pensée, ce qu'il manifeste par des sentiments de joie ou de tristesse, d'inquiétude, d'agitation.

Les animaux voient mieux que nous les apparitions. Pourquoi mieux ? C'est ce qui serait intéressant à étudier. MM. Wallace (1), Delanne, Metzger et bien d'autres en ont recueilli des cas nombreux, dont je citerai, pris un peu au hasard, les quelques suivants.

Je me rappelle, dit M. Wallace, un petit chien qui aboyait fréquemment dans la direction où un medium-voyant disait apercevoir des Esprits, et, d'autres fois, aboyait sans motif vers tel ou tel coin de la pièce où il se trouvait. Lorsque le médium se tournait de ce côté, il y apercevait des figures de fantômes.

La voyante de Prevorst, dit M. Delanne (2), vit une même apparition pendant toute la durée d'une année. Chaque fois que l'Esprit paraissait, un lévrier de la maison semblait sentir sa présence et accourait auprès de quelqu'un, en hurlant, comme pour demander protection. Depuis le jour où il vit cette figure, il ne voulut jamais rester seul la nuit.

Dans le terrible cas de maison hantée raconté à Robert Dale Owen (3) par Mme S.-C. Hall, on constate qu'il fut impossible de faire rester un chien, le jour ou la nuit, dans la chambre où se produisaient les manifestations. Peu de temps après qu'elles eurent commencé, il s'enfuit de la maison et on ne le revit jamais.

Voici deux autres cas extraits parmi une multitude d'autres des annales de la *Société des Recherches Psychiques* de Londres.

1º Un jour trois personnes virent ensemble planer, au-dessus d'une haie, à environ dix pieds du sol, une forme blanche féminine devant laquelle le cheval qui les conduisait s'arrêta soudain, frissonnant de terreur.

2º Dans une maison hantée à Hammersmith (Londres), des pas et des bruits inexplicables se firent un jour entendre. On y aperçut éga-

(1) Sir ALFRED RUSSELL WALLACE, *Les Miracles et le Moderne spiritualisme*.
(2) GABRIEL DELANNE, *L'Ame est immortelle*.
(3) ROBERT DALE OWEN, *Faux pas sur la limite d'un autre monde*.

lement un cadavre de femme. Le chien pleura sans discontinuer aussi longtemps que dura le trouble et la vue de la chambre l'effrayait encore le lendemain matin. Son maître l'ayant appelé pour l'y faire entrer avec lui, il se coucha par terre, la queue entre les jambes, effrayé d'y pénétrer.

Voici un autre cas moins macabre :

Le Dr Wootzel, pendant une maladie de sa femme, lui avait demandé de se manifester à lui après sa mort. Elle lui en fit la promesse et tint parole ; elle lui apparut et lui dit d'une voix douce : « Charles, je suis immortelle, un jour nous nous reverrons. »

Elle s'était montrée en robe blanche, sous l'aspect qu'elle avait avant de mourir.

Le chien, cette fois, loin d'être effrayé par l'apparition, et ayant sans doute reconnu sa maîtresse, se mit à frétiller et à décrire un cercle autour d'elle, comme autour d'une personne de connaissance (1).

Cet effet sur les animaux, en même temps que sur l'homme, répond victorieusement à ceux qui attribuent les apparitions uniquement à la télépathie ou à l'hallucination.

Enfin, voici un cas relatif à leur corps astral, rapporté par le journal anglais le *Light*.

C'était à une réunion spirite tenue par miss Grylls, à Torquay. Mistress Thistleton, le médium, venait d'être endormie, lorsque entra une dame accompagnée d'un petit chien terrier irlandais qui, dans ses élans affectueux, alla poser ses deux pattes sur les genoux du médium. Ce geste avait sans doute attiré, de l'autre monde, des confrères du terrier, car aussitôt le médium s'écria qu'elle voyait un grand chien noir et blanc, dont elle donna la description et que la propriétaire du petit terrier reconnut comme lui ayant appartenu auparavant. Puis elle décrivit un autre chien également présent, bien que le médium seul pût le voir, et qui fut aussi reconnu.

Mr. Boursnell, un photographe spirite en renom, conseillait, à ce sujet, de ne jamais chercher à photographier des apparitions quand il y avait un chien ou un chat dans la chambre, parce que ces animaux attirent l'esprit de leurs congénères et

---

(1) *Les Phénomènes de la Vie humaine*, par M. PERTY.

l'on serait sûr de voir des chats et des chiens apparaître sur la plaque.

Enfin je terminerai par cet extrait de l'*Occult Review* de *Londres* (1) qui donne de curieux détails sur des désincarnés rancuniers, dont les haines d'antan s'exercent sur les voyageurs et les passants d'une certaine localité. Sa saveur de légende y a attiré beaucoup de curieux, désireux de vérifier la réalité des faits.

Il y a dans le comté de Somerset, en Angleterre, au pied des Severn, des grottes bien connues où de constantes apparitions terrifient ceux qui s'aventurent dans ces parages. On y a découvert des restes nombreux d'êtres préhistoriques, hommes et animaux, et ces derniers n'ont cessé de fournir un contingent de ces curieuses apparitions. On y voit notamment une bête moitié chien et moitié ours. A Hutton, à l'entrée d'une excavation, les voyageurs entendent des cris plaintifs, comme des vagissements, puis apparaît, si l'on approche, un animal étrange et repoussant, dardant sur le passant un regard féroce et s'apprêtant à se précipiter sur lui. Si celui-ci jette un cri, avance instinctivement les bras comme pour s'en garer, l'animal disparaît instantanément.

A Brookley Combe, près de Bristol, on aperçoit souvent, sur la route, un carrosse conduit par un cocher, portant le costume du XVIIIe siècle. Le cocher fait claquer son fouet, et le carrosse, venu sans bruit, on ne sait d'où, disparaît de même.

A Burrington Combe se trouve l'entrée d'une grotte, connue sous le nom de *the goat's hole* (le trou des Chèvres) . Une espèce d'ours en sort qui se précipite à la rencontre des voyageurs pour leur barrer le chemin, mais disparaît si l'on pousse le moindre cri.

On voit également errer, dans le voisinage, un énorme chien bleu. Enfin, un fait plus inquiétant encore a été constaté, ce sont des victimes trouvées fréquemment, près des grottes, les unes couvertes de blessures, les autres à moitié dévorées.

(1) *The Occult Review*, janvier 1917.

L'ÉVOLUTION

(Afin de ne pas rebuter la classe de lecteurs pour lesquels j'ai écrit ce livre de vulgarisation, je renvoie ceux qu'intéresserait le côté scientifique de l'évolution aux remarquables ouvrages de Sage, Flammarion, Chevreuil, Wallace, de Rochas, Gibier, Papus, von Schœn, Hahn, etc.)

Je ne peux donner un plus frappant aperçu général de l'évolution que par le saisissant tableau de M. Sage dans son remarquable ouvrage *la Zone Frontière* (1).

Les êtres réfléchis, capables de pensée propre et de réflexion, commencent par s'étonner d'eux-mêmes et se demandent quelle sorte de phénomène ils peuvent bien être, au milieu des autres phénomènes de cet Univers.

Nous ne savons pas ce que c'est que la vie. Si l'homme est un esprit qui traîne un corps, le chien n'est pas qu'une machine infiniment parfaite, il est, lui aussi, un esprit qui traîne un corps d'une autre forme, et ainsi de suite jusqu'aux degrés les plus bas de l'échelle des êtres.

Mais de même qu'on ne trouve pas tous les arbres arrivés au même degré de croissance, on ne trouve pas ce principe unique de la vie arrivé chez tous les êtres au même degré d'évolution.

Tout au bas de l'échelle, le principe vital organise une forme, puis, montant peu à peu, il crée des organes qui sont les interprètes de son existence et lui permettent de lutter contre les influences extérieures ; enfin, s'élevant encore, il pense et cette pensée peut le faire passer par tous les degrés de la réflexion, de la conscience, de la moralité, et par toutes les déductions

(1) M. SAGE, *la Zone Frontière*, Leymarie, 42, rue Saint-Jacques, Paris.

logiques de cette pensée, où l'on distingue déjà l'influence ou la manifestation de l'esprit incarné.

Ce degré, où l'homme seul est arrivé, est celui de la pensée *consciente*. Je dis à dessein *consciente*, pour la différencier de la pensée qui travaille l'animal sorti des embryons primitifs.

La vie des plantes, elle-même, pour l'observateur attentif, rappelle absolument la vie des animaux. Il est prouvé aujourd'hui que les plantes sont sensibles ; l'appareil sensitif de certaines plantes est même supérieur à celui de certains animaux inférieurs. Les cas sont même nombreux où les plantes semblent manifester une conscience et une volonté. La vie est partout la même.

Où s'arrête-t-elle, nous n'en savons rien ? Mais nous avons pu jusqu'ici observer ses manifestations jusque dans les cristaux.

Qu'est-ce que c'est que le principe vital, qu'est-ce que c'est que la vie ? Les chimistes sont arrivés à produire dans leur laboratoire quelques-unes des substances qui entrent dans la composition des êtres vivants. Ils ont fabriqué une albumine exactement comme l'albumine vivante, formée des mêmes corps simples pris dans les mêmes proportions, mais ils n'ont jamais pu lui donner la vie.

Cela ne prouve-t-il pas que la vie peut animer la matière, mais elle n'est pas la matière. Ce qui distingue la matière vivante c'est qu'elle peut s'assimiler à la matière non vivante. L'être est un véritable laboratoire où fermente la matière morte qu'il prend, s'assimile, puis rejette. Mais il y a quelque chose qui reste fixe et indépendant du torrent rapide de matière qui le traverse, et ce principe fixe travaille la matière sans en dépendre.

En un mot, dans toutes les formes des êtres vivants il y a une âme qui organise ces formes pour un temps, dans un but qui nous reste inconnu ; âme qui ne vit même pleinement qu'en dehors de la matière.

On retrouve les mêmes manifestations, en plus ou en moins, dans tous les degrés de l'échelle humaine. La conscience même n'est pas le seul apanage de l'homme et on retrouve, chez les animaux, des signes incontestables de la pensée, qui est probablement accompagnée de conscience. Peut-être même y a-t-il, chez beaucoup d'animaux, des individus plus conscients que beaucoup d'hommes. Et où s'arrête-t-elle dans le degré descendant de l'échelle ? Nul n'oserait le dire.

Notre conscience est en raison directe de notre pouvoir d'attention et de science acquise, ou plutôt, la science n'est qu'un élargissement de la conscience. M. SAGE.

———

L'évolution se présente sous deux formes : il y a l'évolution physiologique ou transformation lente et progressive d'une espèce en une espèce supérieure, et l'évolution psychique ou progression de l'âme par ses incarnations successives, commencées dans les règnes inférieurs, continuées dans l'animalité, puis dans l'humanité.

Les savants, non spirites, n'étudient que la filiation physique, c'est-à-dire la structure de l'animal se rapprochant le plus de la structure humaine, mais les correspondants de l'espace nous apprennent que l'évolution progressive peut se faire autrement.

Avant d'aborder la première, il ne serait pas hors de propos de se demander où finit l'animal et où commence l'homme.

Devons-nous admettre une parenté primitive entre l'homme et les animaux, l'homme n'étant qu'un animal perfectionné ?

L'anatomie comparée a établi l'identité organique du corps de l'homme avec celui des vertébrés supérieurs. Darwin n'hésite pas à placer le singe dans la même subdivision zoologique que l'homme dont il ne diffère que par la peau et la forme de la main.

L'embryologie nous montre l'embryon humain passant, dans le sein de la mère, par les phases de l'animalité, par lesquelles l'humanité elle-même a passé autrefois.

La science nous fait toucher du doigt les origines de l'humanité. Elle nous démontre que nous avons succédé à d'antiques races de singe aujourd'hui disparues, parce qu'elles se sont transformées en êtres humains, où l'on retrouve la race sauvage des Tasmaniens, éteinte il y a quelques années seulement, elle-même race de transition, dont la dernière femme, Lalla-Rook, est morte en 1865. D'autres races primitives ont également disparu peu à peu, pour faire place à l'être actuel.

Il existe encore aujourd'hui des races sauvages qui, par la longueur des bras et des pieds, ainsi que par la conformation de la tête, ont tellement les allures du singe que, s'ils étaient velus, on ne verrait pas de différence avec l'animal.

Stanley a trouvé dans l'Afrique Centrale une population, les Mouhouttous, qui tiennent du singe et de l'homme.

Au moment où l'on discutait la théorie de Lamarck, reprise par Darwin et Russell Wallace, voilà que se présente un argument inattendu, rapporté par le Dr Gibier (1), argument vivant dans la personne d'une race entière d'hommes singes qu'on vient de découvrir dans les forêts marécageuses du Laos.

Ces hommes, ichtyophages et végétariens, sont entièrement couverts de poils, n'ont qu'un rudiment de queue, manquent de cartilage nasal, de muscles opposants du pouce, ou du moins n'en ont pas plus que les singes, et paraissent avoir des poches buccales où ils emmagasinent des aliments. Leur intelligence est fort peu développée, ils peuvent compter jusqu'à dix, mais ne peuvent pas dire combien deux et deux font au total. Enfin, ils nichent dans les arbres et les vrais hommes de la contrée les appellent des hommes-singes. Un sujet appartenant à cette race (race de Krao) a été exhibé, il y a une trentaine d'années, à Londres et à Paris. Le Laos n'est pas très éloigné de l'Inde ; les Kraos seraient-ils le vestige d'une grande race qui aurait habité l'Asie, avant l'homme proprement dit ? Sont-ils un reste de ces peuples, sujets des « deux rois des singes » que Rama (2) appela à son secours pour combattre Ravanas, chef des géants ? Ces deux rois des singes s'appelaient Hanuman et Sugriva.

Quoi qu'il en soit, ils paraissent représenter un anneau de

(1) *Le Spiritisme ou Fakirisme Occidental.* Leymarie, 42, rue Saint-Jacques Paris.

(2) HIPPOLYTE FAUCHÉ, *Le Râmâyâna.*

la chaîne qui relie l'homme à l'animalité, et l'existence de toute une race, constituant un petit peuple tenant de l'homme et du singe (mais encore plus de l'homme que du singe, il est vrai) apporte un appoint considérable à la théorie évolutionniste des transformistes, que ceux-ci du reste appartiennent à l'école monogéniste de Lamarck ou qu'ils se soient rangés à la théorie polygéniste de Darwin.

Que de fois n'a-t-on pas vu sur la terre de vraies brutes qui donnent l'impression d'animaux égarés dans le corps d'un homme ; des êtres qui vivent bestialement, chez qui les notions morales n'ont pas encore pu commencer à pénétrer et qui, au surplus, ne les comprendraient pas, parce qu'ils ne voient que par les yeux du corps, car ils ne sont pas à la hauteur du chien, du cheval, de l'éléphant.

Mais reprenons le problème à sa source, c'est-à-dire aux origines mêmes de la vie. Voyons, à ce sujet, les opinions les plus autorisées, Allan Kardec d'abord.

« La terre renfermait les germes des êtres. Ils restèrent à l'état latent et inerte, comme les graines des plantes, jusqu'au moment propice pour l'éclosion de chaque espèce. Les éléments organiques, avant la formation de la terre, se trouvaient à l'état de fluide dans l'espace, au milieu des Esprits ou dans d'autres planètes, attendant la création de la terre pour commencer une nouvelle existence sur un globe nouveau.

« Il y a, dans les semences, un principe latent de vitalité qui n'attend que les circonstances favorables pour se développer. On a vu des grains de blé germer après des siècles.

« Il y a des êtres qui naissent spontanément, mais le germe primitif existait déjà à l'état latent. Les tissus de l'homme et des animaux ne renferment-ils pas les germes d'une multitude de vers qui n'attendent que leur heure pour éclore. »

Vincent, évoqué par M. de Rochas, nous apprend que, sur notre monde, les forces restent brutes, preuve d'infériorité, tandis qu'elles évoluent dans les autres mondes. Elles commencent par être plus facilement perméables à une intelligence étrangère, et, dans cet état, elles obéissent plus ou moins à l'intelligence qui les imprègne, puis elles prennent peu à peu une intelligence propre et deviennent des *forces intelli-*

gentes ; enfin, la proportion d'intelligence augmentant, elles deviennent des *intelligences forces*.

Ouvrons avec M. Tiffereau la curieuse parenthèse que voici :

« L'évolution du minéral s'accomplit, comme celle du végétal, par des microbes. Sans cesse, ces minuscules ouvriers font leur invisible travail. Vous savez que dans les levures de vin, les ferments n'apparaissent qu'au commencement de la maturation des raisins et seulement dans les lieux plantés de vignes. Au Mexique, les ferments d'or étaient apportés dans mon laboratoire, je suppose, par le voisinage des mines d'or et d'argent. (Ils lui avaient permis d'obtenir de l'or). En France la culture de l'or est plus difficile, le microbe de l'or ne l'habitant pas. »

Sous toutes les latitudes, les profondeurs de la mer nous ont fourni une sorte de gelée, albumine ou gélatine, qui se coagule en une petite cellule de la grosseur d'une tête d'épingle, et, organisme sans organes, vit cependant, absorbant du liquide et se reproduisant en se partageant tout simplement en deux.

Nous avons, dans nos laboratoires, obtenu une imitation de cet embryon, mais, comme l'a dit Claude Bernard, on peut reproduire l'être primordial, on ne peut pas l'animer.

Cette tentative humaine restera toujours stérile parce qu'une enveloppe quelconque dans laquelle n'entre pas un principe vivant, imprégné d'astralité, c'est-à-dire un périsprit qui est la demeure préparatoire d'une âme, ne peut franchir la limite qui sépare les corps inorganiques des corps organiques. La matière est la même dans les deux, mais, dans les corps organiques, elle est animalisée par son union avec le principe vital, intermédiaire entre l'esprit et la matière, qui a sa source dans le fluide universel.

On a donné à la goutte gélatineuse le nom de protoplasma qui, au point de vue physiologique, serait le point de départ de l'échelle des êtres. Son développement la font passer successivement par les zoophytes, les mollusques, les poissons, les reptiles, les quadrupèdes, les mammifères et, après des transformations sans nombre, à travers la série incalculable des espèces animales qui peuplent la terre, elle serait arrivée à l'être humain avec ses organes et ses facultés.

De tout ce laborieux travail où l'instinct devient peu à peu sensibilité, intelligence, conscience, raison, est sorti l'homme avec ses facultés puissantes, mais aussi avec ses penchants vils et ses bas instincts, qui le rivent en quelque sorte à la chaîne animale où il a vécu, sans avoir pu encore rejeter, comme des scories inutiles et déshonorantes, les passions brutales qui seraient comme le sceau de son origine.

Ils sont nos aïeux, nos ancêtres, quelque répugnance que nous puissions avoir à saluer, dans les gorilles par exemple, des frères de l'homme. Nos pères, les singes, si nous avons passé par eux, n'étaient pas si bêtes que nous croyons, quand on étudie leur frugalité et certains traits de sagesse de leur vie. Peut-être nous considèrent-ils comme des fils dégénérés.

Quand on voit, comme dit Léon Denis, dans *la Grande Enigme*, l'état rudimentaire de certaines races sauvages, et même tel retour de bestialité chez l'homme civilisé, on serait en droit de croire que l'animalité a été la préface vivante du genre humain.

L'esprit qui habite le corps d'un carnassier est parfois assez développé pour passer dans l'humanité, où il apporte malgré lui, pendant encore plusieurs incarnations, la soif du sang. Il en résulte que, souvent des animaux, ayant trop tôt abordé l'humanité, n'ont produit que des monstres.

On ne peut contester le droit à l'évolution de l'âme des animaux, s'incarnant dans l'homme, après une longue préparation dans le règne animal. Bien que l'intolérance religieuse lui refuse une âme, il en a une puisqu'il est animé. Constitué comme nous, à part quelques différences dans sa forme et son anatomie, il est fait des mêmes principes constitutifs vitaux, il a nos besoins et nos maladies, nos qualités et nos défauts. Il n'a pas notre développement moral et intellectuel, parce que, n'ayant pas découvert l'usage des articulations qui ont formé les mots et le langage, il n'a pu progresser. Si l'homme en avait fait autant, il serait resté, comme lui, à l'état sauvage, sans plus avancer que lui. L'animal se perfectionne cependant au contact de l'homme; son intelligence se développe et il sait s'en servir. Il a un cerveau qui agit, un cœur qui lui dicte des sentiments de fidélité, de dévouement, d'affection. La différence en somme n'est pas grande, il y a la barrière de la langue et une simple infériorité constitutive.

Nous avons vu d'ailleurs que, dans des mondes plus avancés, comme Jupiter, ils ont les rudiments de la parole et viennent parmi nos races humaines inférieures, en quittant leur planète, pour se dégrossir avant d'y retourner à l'état d'habitants. L'évolution ici de l'animalité à l'humanité est évidente.

Sur quoi pourrait-on alors s'appuyer pour affirmer que l'homme a une âme et que l'animal n'en a pas ?

L'instinct n'est qu'une préparation à la raison et n'a absolument rien à faire avec le principe de vie.

Comprend-on bien quelle épouvantable injustice ce serait si l'animal n'avait pas d'âme et ne vivait qu'une fois, exploité, maltraité, torturé, sans raison et sans compensation ? A commencer par en bas, on met impitoyablement le pied sur tout insecte qu'on rencontre. N'a-t-il donc pas droit, comme nous, à la vie qui lui a été donnée ? Est-ce sa faute s'il est comme il est ? Disposer de sa vie, sans motif, dépasse nos droits et constitue une atteinte criminelle aux desseins de la Providence. La science cherche tous les moyens possibles de les détruire. Encore est-elle dans le cas de légitime défense. Ils sont nuisibles assurément. Ils doivent en penser autant de nous, qui sommes leurs pires ennemis. Nous pourrions au moins épargner ceux qui sont inoffensifs.

Puissions-nous imiter les bramines qui se détournent de leur chemin pour ne pas les écraser.

Pythagore croyait qu'on ne faisait pas un moindre crime en tuant une mouche, un ciron ou quelque autre insecte, qu'en tuant un homme, puisque c'étaient les mêmes âmes pour toutes les choses vivantes.

Voyez comme on traite la plupart des animaux en retour des services qu'ils nous rendent ; les ânes, les chevaux, les chiens toutes ces pauvres bêtes si dévouées, si obéissantes, sont des martyrs (1).

Or, si l'homme et l'animal ont tous deux une âme, peut-on admettre qu'il y ait deux sortes, deux qualités d'âme, deux souffles de vie différents ? L'âme, étant puisée dans le fluide de vie universel, ne peut différer chez personne. C'est comme si l'on demandait deux qualités de pensée, de conscience. Ce serait une fabrication spéciale à l'usage d'êtres qui diffèrent à peine de nous. Ce serait rendre la Création grotesque, partiale et injuste, car l'animal pourrait dire : « Pourquoi m'avez-vous fait naître animal et pas homme, moi qui, comme vous, vis, pense et souffre. Ai-je fait quelque chose pour mériter cette infériorité ? Et alors, c'eût forcément été avant de naître, pour avoir pu être condamné à pareille destinée. Existai-je donc avant de naître, pour avoir commis, à mon insu, le méfait qui m'aurait valu cette condamnation ? » Ce raisonnement nous mènerait tout simplement à l'absurde.

Si, au contraire, ils ont une âme comme nous, toute cette injustice apparente disparait et ne devient plus qu'une épreuve, dont les souffrances s'inscrivent à leur avoir, sur leur chemin vers l'humanité.

Dieu, en les créant, en les mettant sur un monde inférieur comme le nôtre, savait bien, considérant la cruauté de l'homme, que ces pauvres créatures y achèteraient, par les mauvais traitements auxquels ils sont exposés, le droit à un échelon en avant dans son évolution. Sans doute, sur des mondes encore inférieurs au nôtre, doivent-ils être exposés à de plus grandes tortures encore, mais, en s'élevant dans l'échelle des mondes ils doivent y trouver plus d'humanité et de justice.

Cette question, à elle seule, explique et justifie, chez eux, l'évolution comme chez nous.

(1) H. CONSTANT en a exposé un tableau navrant dans *Christ et Christianisme*, dans les notes des pages 362 et 363.

Et, s'il a une âme comme nous, pourquoi cette âme resterait-elle à jamais enfermée dans un corps inférieur, sans qu'il lui soit permis, comme à la nôtre, de progresser ? Inégalité qui créerait, de nouveau, un injustifiable privilège en faveur d'une certaine catégorie d'âmes.

Il faut donc, logiquement, supposer que cette âme est de la même essence et, par conséquent, se comporte comme la nôtre. Alors, si celle-ci a besoin du périsprit pour pouvoir se souder à la matière, pourquoi donc celle de l'animal échapperait-elle à la même loi ? Nous avons vu, d'ailleurs, au chapitre précédent ainsi qu'aux chapitres du périsprit et de l'enfant, la preuve de l'existence du périsprit chez les animaux.

Si l'une des raisons les plus puissantes en faveur de la survie est dans l'inégalité des aptitudes des hommes, il en est de même pour les animaux. Sans parler de l'inégalité d'intelligence entre les individus de la même espèce, il en est qui naissent doux, d'autres féroces.

La perversité de certains d'entre eux, dit M. de Rochas, est due à une tendance personnelle et inconnue aux autres individus et, en général, il y en a bien peu qui négligent ou tuent leurs petits. On semble y retrouver la même proportion de perversité que dans l'espèce humaine. Il y en a, comme chez l'homme, qui ont la vie heureuse, d'autres malheureuse. Ne faut-il pas y voir, là encore, la conséquence de vies antérieures, ce qui prouve, comme nous l'avons vu, que les animaux ont, comme nous, une conscience.

Ainsi constitué, il n'y a pas de raison pour que l'animal ne se réincarne pas. Mort, il conserve son individualité, mais la vie intelligente reste à l'état latent. Ils progressent, non par leur volonté, mais par la force des choses. C'est pourquoi il n'y a pas, pour eux, d'expiation. Bien entendu leur petite âme subit une transformation, une préparation, une adaptation avant d'être admise à son passage dans l'humanité. Son admission y est certaine, à un certain moment qui reste le secret de la Création. Elle pourra alors, dans son degré le plus avancé, s'incarner dans l'échelle inférieure des êtres, comme le sauvage, le cafre, le hottentot, les hommes encore les plus près de l'animalité, puis le nègre où commence la vie intellectuelle.

La meilleur preuve que nous avons passé par la vie animale, c'est que nous l'avons encore en nous. Nous y avons puisé toutes les faiblesses de la chair, les tentations de la matière, les instincts brutaux, les sentiments inhumains de vengeance, d'envie, de haine. Il n'est pas glorieux d'avoir à lutter avec les stigmates d'un atavisme bestial, mais, de vie en vie, nous purgeons le sauvage qui est en nous et nous avons probablement déjà dégrossi considérablement cet atavisme.

Ne retrouve-t-on pas aussi, chez l'homme, la fidélité, le courage, le dévouement du chien, la docilité, l'affection du cheval, la fierté du lion, l'orgueil du paon, l'activité industrieuse de la fourmi et de l'abeille, la férocité du fauve, l'agilité et la faculté d'imitation du singe, le rampement des reptiles, le regard de l'aigle, les voluptés et les câlineries hypocrites du chat, l'abjection du porc ?

Voici, au sujet de l'accession de l'animal dans l'humanité, des extraits d'intéressantes communications faites à Rufina Noeggerath.

Généralement les dernières incarnations des animaux, avant d'arriver à l'humanité, se passent dans des corps d'animaux domestiques. Quand l'être finit son évolution sur l'échelle animale et qu'il arrive à l'humanité, il est éclairé d'une lumière qui lui est inconnue. Des voiles se détachent de son périsprit, l'humanité lui apparait dans cette lumière nouvelle et cette vue lui fait comprendre des choses qu'il ne soupçonnait pas. Il avait le principe de l'amour, il avait des facultés, tous les instincts nécessaires dans son ordre social. A présent il voit le chemin qu'il a à suivre pour être ce qu'est l'homme. Il comprend cet organisme nouveau et il pressent les trésors dont sa jeune intelligence pourra s'enrichir ; mais il faut que son périsprit, grâce au travail des guides, devienne semblable à celui de l'homme, pour pouvoir s'unir à un corps humain dans le sein d'une femme.

A cet effet, les guides puisent dans les forces de la nature, dans leurs forces à eux, les fluides nouveaux nécessaires à la transformation du périsprit animal en un périsprit humain, et leur travail apporte un nouvel élu à l'humanité. C'est un périsprit bien imparfait sans doute, mais qui donnera désormais à l'être, la force de s'incarner parmi les hommes ; il ne pourra plus retourner à l'état précédent et ne pourra plus être qu'un esprit humain. La tâche de ces guides est bien méritoire ; c'est en eux, si pleins d'amour et de pitié, que ces pauvres êtres trouvent toute la sollicitude délicate d'une mère pour son chérubin.

Ces guides vont à la recherche d'âmes d'animaux aptes à entrer dans l'humanité ; ils les développent, les conduisent, les installent pour ainsi dire. Leur mission ne finit pas là ; ils indiquent aussi la route aux âmes encore troublées et trop près de l'animalité pour pouvoir se reconnaître. Ils vivent dans leurs maisons, dans les campagnes, partout où il est besoin d'eux. Ce ne sont pas de brillantes Intelligences, mais ce sont des vaillants pionniers, des missionnaires qui ont charge d'âmes.

LIANA.

Michelet dit, en parlant des oiseaux : « Que sont-ils ? Des âmes ébauchées, des âmes spécialisées encore dans telles fonctions de l'existence, des candidats à la vie plus générale, plus vastement harmonique où est arrivée l'âme humaine. »

Elian, grand prêtre de l'Inde antique, s'exprime ainsi au sujet des poissons : un jour viendra où l'homme pourra pénétrer dans le fond des mers et détruire les monstres qui les peuplent.

Les poissons ont une âme, rudimentaire encore, mais qui, un jour, émergera des ondes et viendra briller dans l'homme après de nombreuses évolutions intermédiaires. Les habitants des mers ont une intelligence relativement aussi grande que celle des animaux qui vivent sur la terre.

Quant aux animaux de degré inférieur, par exemple les reptiles et tout ce qui est rampant, ils sont réincarnés immédiatement, sans connaître les régions de l'espace où vont les éléments psychiques d'animaux supérieurs.

Les poissons se réincarnent, passant d'un système à un autre sans quitter l'océan. Ces élémentaires gravitent dans leur milieu et ils ne quittent le sein des eaux qu'au dernier échelon, où la transformation s'opèrera par l'état d'amphibie. C'est alors qu'ils prennent, comme un parfum, une aspiration de cette terre où ils viendront vivre un jour.

En vertu des lois de l'évolution, vous avez passé par le fond des mers, avant de planer, oiseau, dans les airs ; vous avez appris à voyager dans les eaux beaucoup plus que vous ne voyagerez sur la surface de la terre.

Dans la vie spirituelle, on retrouve son chien, l'animal préféré, car l'âme plus avancée est toujours en communication avec l'âme qui gravite sur l'échelon plus bas, et c'est souvent l'ancien maître qui lui indique le mode divin pour se transformer et devenir homme, après avoir été chien. En voici un exemple touchant (1).

« Nous étions tous deux au printemps de nos ans. Elle était mon ange adoré, elle était ma bien-aimée, ma fiancée. Elle s'envola vers la vie inconnue et je rentrai seul dans la vie solitaire au milieu du monde, m'attachant à son souvenir et ne vivant que de lui. Je la voyais toujours sur son lit blanc, vêtue en fiancée et couverte de fleurs.

Black, mon chien fidèle, ah! comme elle l'aimait! Je l'avais fait entrer dans la chambre mortuaire. Il la vit immobile, rigide, glacée. Il l'appela, sauta autour du lit funèbre, il se soulevait pour la caresser encore... Le pauvre chien comprit qu'elle était morte. Il s'étendit tristement au pied de la couche de ma bien-aimée et il eut des sanglots.

Rien ne pouvait me consoler. Je parcourais les sentiers fleuris où elle jouait enfant. Ah! que de joies disparues! J'allai avec mon chien fidèle jusqu'au massif des rosiers où chaque matin je faisais pour elle une riche moisson. Je les regardai tristement et m'éloignai, des sanglots dans la gorge, des larmes dans les yeux.

Tout à coup, Black me quitta et courut au massif des rosiers. Il revint, bientôt après, portant des roses dans sa gueule ensanglantée. Il était joyeux, il sautait, gambadait autour de moi, puis il vint poser son trésor sur mes mains mouillées de larmes. Black avait eu un trait de génie! Il avait cru rappeler mon sourire en m'apportant des roses comme il m'en voyait autrefois offrir à ma bien-aimée.

J'avais voulu garder mon mal, j'en mourus. Black me resta fidèle; le jour où je quittai la terre il disparut aussi. Sa petite âme meurtrie par le chagrin s'était envolée.

Il revint bientôt me retrouver dans les champs d'azur où j'avais rejoint ma belle fiancée et nous préparons notre Black à la réincarnation dans un charmant enfant qui vivra près du massif des rosiers. »

---

(1) Communication d'Émile à RUFINA NOEGGERATH. *La Survie*.

LA PSYCHOMÉTRIE

> Partout où nous avons passé,
> Quelque chose de nous demeure.

La Psychométrie, dont la découverte est due à l'Américain Buchanan, est un phénomène inattendu à ajouter à la liste inépuisable des mystères de la création et qui doit probablement jouer, à notre insu, un rôle considérable dans notre vie. Il consiste en une propriété qu'ont les objets de retenir et de transmettre toutes les impressions qu'ils reçoivent. C'est entre les choses inanimées une espèce de télépathie.

Rien n'est inerte et inactif dans la nature ; ce point mort, sorte de néant, n'existe pas. Tout vibre et rayonne, même les objets les plus passifs en apparence. Tout émet plus ou moins de vibrations, qui vont frapper les obstacles environnants, lesquels en arrêtent le rayonnement et en conservent l'empreinte.

Une ombre n'est pas projetée sur un mur, nous dit Draper, sans y laisser une trace durable. Sur les murs de notre chambre, là où nous croyons que nul n'a pu pénétrer et que notre retraite est à l'abri de toute profanation indirecte, il y a des vestiges de toutes nos actions, des silhouettes de toutes nos attitudes. Tous nos mouvements sont écrits.

Il ajoute : « Il y a quelques expériences très simples qui servent à faire comprendre ce que peuvent être les vestiges des impressions ganglionnaires. Si l'on met sur un métal froid et poli, par exemple sur une lame neuve de rasoir, un pain à cacheter et qu'après avoir soufflé sur le métal on enlève le pain à cacheter, aucune inspection si minutieuse qu'elle soit ne pourra faire découvrir la moindre trace d'une marque quelconque sur l'acier poli, mais si l'on souffle de nouveau sur le métal après qu'on a enlevé le pain à cacheter, la marque, image spectrale, réapparaîtra, et cela, aussi souvent qu'on voudra recommencer, même plusieurs mois après l'expérience. » (1)

Tout miroir conserve l'impression des visages qui s'y sont reflétés. Tout tableau muni d'une glace, fixe d'une manière indélébile, sur cette glace, la reproduction du tableau.

Möser, dans une communication à l'Académie des Sciences, dit que deux corps quelconques impriment constamment leur image l'un sur l'autre, même dans une obscurité complète. Ainsi, les gravures encadrées laissent sur le verre, tout comme les tableaux, une reproduction de ce qu'elles représentent. Projetez le souffle humain ou un peu de vapeur d'eau sur le verre et l'image apparaît.

Des expériences du comte de Rochas et de beaucoup d'autres, il résulte qu'on reste confondu de la quantité d'actions subtiles, insaisissables que nous devons à chaque instant exercer sur tous les objets qui nous entourent et, vraisemblablement aussi, sur nos semblables, ou que nous devons en concevoir, et qui nous restent absolument inconnues, insoupçonnées, faute de révélateurs appropriés.

Aussi, Berthelot dit qu'il serait peut-être encore possible, à l'heure où nous sommes, de retrouver et de photographier l'image d'Alexandre sous quelque roche où il aura dormi quelques instants, pendant son expédition à travers l'Asie.

Toute pièce où il y a eu un décès en garde l'empreinte.

Il en résulte que l'objet matériel a, pourrait-on dire, une mémoire, s'imprègne des événements dont il est témoin et en conserve le souvenir.

Léon Denis vous dit à ce sujet : « Une manifestation des sens intimes est la lecture des événements enregistrés, photographiés en quelque sorte, dans l'ambiance d'un objet, antique ou moderne. Par exemple, un débris d'arme, une médaille, un fragment de sarcophage, une pierre provenant d'une ruine, évoqueront, dans l'âme du voyant, toute une suite d'images se rattachant aux temps et aux lieux auxquels ces objets ont appartenu. » (2)

(1) Draper, les Conflits de la Science et de la Religion, page 95.
(2) Léon Denis. Le Problème de l'Être et de la Destinée, page 416.

Quelle immense source d'exploration et de révélations pour nos égyptologues, nos archéologues et tous ceux qui voudraient glaner, dans ce champ encore vierge, la reconstitution de tout un passé historique.

« La psychométrie est une faculté en connexion avec la conscience organique, dit Joseph Maxwell. Il y a une analogie des impressions psychométriques avec les messages télépathiques. Y a-t-il un fluide particulier qui émane de chacun de nous, qui est ce véhicule et comme le prolongement de nous-mêmes, et qui teint de notre couleur propre les objets ayant été en contact avec nous ? »
Non seulement ils ont une faculté mnémonique mécanique, mais, par une sorte de loi de réfraction, les empreintes reçues pouvant s'extérioriser en effluves magnétiques.

Papus dans son livre « *L'Occultisme et le Spiritisme* (1) prouve que chaque objet porte son histoire écrite invisiblement autour de lui. Si on se le place sur le front, il peut raconter les faits les plus importants auxquels il a assisté, en provoquant en nous la vision d'événements divers auxquels l'objet a été mêlé.

Il en donne un exemple curieux, relaté par des expérimentateurs au-dessus de toute supercherie, et qui fera de suite saisir ce phénomène, lequel, après tout, ne présente rien de surnaturel et dont la lecture n'est qu'une des manifestations du sixième sens.

On remit à quelqu'un une montre qu'il porta à son front et, après quelques instants, il eut la sensation des visions successives que voici :

1° Il lui sembla voir une cour genre Louis XV, des gentilshommes et des duchesses ;

2° Puis une scène de la Révolution française, dans laquelle une vieille femme monte sur l'échafaud et est guillotinée ;

3° Et enfin une scène d'opération chirurgicale dans un hôpital moderne.

En effet, cette montre avait appartenu à un ancêtre tué en duel sous Louis XV, puis à une aïeule guillotinée sous la Révolution, et avait fini par tomber dans les mains de la femme de celui à qui elle appartenait et qu'elle portait le jour où elle subit une opération dans un hôpital.

(1) Alcan, éditeur.

On voit d'ici le parti qu'on pourrait en tirer dans la criminalité, les vols, et toutes les circonstances où de pareils indices pourraient éclairer la justice.

En voici un second exemple, dans lequel une montre a également servi de véhicule aux faits, qui se sont présentés en une série de tableaux (1).

L'expérimentateur voit successivement :

1° Une salle de gymnastique avec trapèze installé, un jeune garçon d'une douzaine d'années. Il vient de faire une chute. Une porte s'ouvre, une femme (sa mère ou sa tante) vient s'assurer qu'il n'est pas grièvement blessé (une description suit).

2° Une sorte de grand magasin ; sur la gauche, une petite porte. Description d'une visite à ce magasin ;

3° Tribune de courses, avec description ;

4° Une pièce dans une maison bourgeoise (description d'une séparation) ;

5° Une forêt de pins (description d'une recherche faite dans cette forêt) ;

6° La montre tombe de sa chaîne (description de sa perte puis de sa découverte).

C'est une véritable cinématographie, dont les détails ont d'ailleurs été identifiés.

Miss Harper, dans son livre sur Stead, raconte que, deux ans après le naufrage du *Titanic* où il avait trouvé la mort, elle rencontra par hasard en Cornwall une clairvoyante qui, remarquant un médaillon qu'elle portait, lui demanda à le voir, ajoutant : « Je ne sais pourquoi, mais il attire mon attention. »

C'était un cadeau de M. Stead, avec son portrait à l'intérieur, mais il n'était visible que lorsqu'on ouvrait le médaillon.

Miss Harper le lui remit, et, à l'instant, sans l'ouvrir, la clairvoyante lui dit : « Il me donne l'impression de quelqu'un qui se serait noyé. » Puis elle se mit à décrire la victime, mentionna des papiers qu'il tenait à la main au moment du naufrage et s'écria : « J'entends tout le temps le nom de *Brownie*. Comprenez-vous le sens de cela ? »

— Oui, répondit miss Harper, en lui exprimant sa satisfaction, mais sans lui révéler qui elle était et sans lui dire que c'est de Mr. Stead

(1) EDMOND DUCHATEL. *Enquête sur des cas de psychométrie*. Leymarie, 42, rue Saint-Jacques, Paris.

qu'il s'agissait. Mais elle fût très impressionnée de l'exactitude de tous ces détails.

Lorsque Mr. Stead dirigeait à Londres le « Bureau de Julia », il reçut des Indes un petit porteplume qui, dit l'expéditeur, avait servi à son fils. Mr. King, son médium, qui n'avait pas connaissance de la correspondance et ignorait la provenance de l'objet, décrivit le jeune garçon, donna sur lui des détails bien précis, et, mentionnant son âge apparent, il ajouta : « Je sens une couleur locale orientale et j'entends répéter plusieurs fois le mot *shanti*. »

Lorsque ces résultats furent communiqués au père, celui-ci répondit, avec reconnaissance, que l'âge et l'apparence avaient été correctement décrits et il ajouta que le mot *shanti* signifiait, « Allez en paix » ou « la paix soit avec vous. » et que son fils avait l'habitude de le saluer de ces mots tous les matins. (1)

Mais il ne faudrait pas en conclure (s'il n'y a pas eu autre chose) que le fils soit intervenu dans ce message, qui était tout entier contenu dans les empreintes communiquées au porteplume. Il faut donc se tenir en garde contre des indications qui n'émanent nullement des Esprits, tout ce qui relève de la psychométrie étant du domaine physique et n'ayant aucun rapport avec l'autre monde. Si donc on désire être mis en communication avec un cher disparu, il ne faut pas s'en tenir aux révélations produites par un objet lui ayant appartenu et qui ne feraient que donner des indications psychométriques. Il faut les évoquer directement par les moyens habituels.

La simple manipulation de certains objets peut exercer son influence magnétique par la provocation d'un sommeil inattendu et le remplir de rêves peuplés des souvenirs retenus dans cet objet.

Beaucoup de nos rêves sont ainsi imprégnés des ondes d'empreintes émises par ce qui nous est passé par les mains dans le courant de la journée, par des frôlements, des rapprochements, des attouchements de certaines personnes ou même d'animaux, par les aliments que nous avons touchés ou absorbés, par le lit, ou toutes les choses avec lesquelles nous avons été en contact. La moindre influence peut se faire sentir aux natures délicates, accessibles aux effluves subtils.

(1) STEAD, *The Man.*

En voici un exemple (1) : un docteur de Philadelphie qui avait été témoin de la mort violente d'un nègre, due à un accident sur la glace, avait eu, le soir, à préparer des pilules pour une malade et pendant qu'il était occupé à les composer, il relata à des personnes présentes tous les détails de la mort du nègre.

Lorsqu'il revit le lendemain sa malade, à qui il les avait envoyées, elle lui raconta qu'elle avait fait un singulier rêve où elle se voyait sur la glace et avait été témoin d'un accident qui coûta la vie à un noir. Ce rêve, qu'elle détailla, était, point par point, la narration exacte que le docteur en avait faite en préparant les pilules.

Le fait donc de les avoir roulées entre ses doigts et d'avoir été avalées ensuite par la malade, avait suffi pour actionner l'influence psychométrique (2).

Tous les jours des actions de notre vie obéissent inconsciemment à des influences ou des projections émanées secrètement de sources ou d'ambiances magnétiques qui nous entourent de toutes parts. Tout ce qui nous paraît fantaisiste ou inexplicable est motivé par des causes de cette nature qui nous échappent. Tout ce que nous touchons nous dit quelque chose.

Toute poignée de main peut nous apporter des faits cueillis on ne sait où. La circulation d'une pièce de monnaie peut propager Dieu sait quelle impression. La télépathie aidant, nous sommes comme des girouettes, jouets de vent de partout, subis sans contrôle, sans savoir d'où.

Cette espèce de magnétisme latent qui laisse son empreinte sur tout ce qu'il touche, a parfois des effets inattendus. Il imprègne les locaux où il se produit d'influences bienfaisantes ou de stigmates, qui peuvent avoir une action inconsciente et mystérieuse sur ceux qui les hantent par la suite. Il est étrange assurément qu'à notre insu, certains intérieurs, où nous ne voyons que des murs nus, aient, sur nous et sur l'usage auquel nous les destinons, des influences insoupçonnées. Ils conservent bien l'empreinte et même les germes de certaines maladies, tuberculoses, can-

---

(1) Voir un livre de M. Denton et sa femme intitulé *Les Secrets de la Nature* (*Nature's Secrets*).

(2) Relaté par l'*American Phrenological Journal*.

cers, etc.; pourquoi limiterions-nous leur pouvoir d'absorption physique, ou même fluidique et occulte ? Et savons-nous quelles autres propriétés, encore cachées, ils ne possèdent peut-être pas ?

Quand nous disons familièrement : *les murs ont des oreilles*, qui nous dit qu'ils ne conservent pas les sons, comme les images et qu'un Édison ne trouvera pas une espèce de phonographe nouveau pour leur faire révéler ce qu'ils ont entendu et emmagasiné ? Ne venons-nous pas de voir qu'à l'examen psychométrique du jeune Hindou, le clairvoyant entendait répéter le mot *Shanti* ? C'est donc que l'objet transmettait des sons aussi bien que des images.

Ne trouvera-t-on pas quelque jour le moyen de matérialiser ces images, de les capter, de les reproduire, de les projeter sur un écran, de les fixer par quelque procédé, comme dans les plaques photographiques ? Elles formeront autant de souvenirs, de renseignements, de preuves.

La psychométrie se fera psychographie.

On y retrouvera sans doute également les sons, les odeurs et Dieu sait quel autre genre d'empreinte que nous ne soupçonnons pas.

C'est le grand livre où tout s'inscrit, ce sont des témoins muets, inlassables et implacables.

C'est elle qui meuble notre mémoire en y gravant l'empreinte de tout ce qui frappe nos sens. Les éclosions de notre pensée même exercent sur elle une action psychométrique. Les mots eux-mêmes, par leur attache cérébrale laissent une empreinte les uns sur les autres. Un mot accouplé à un autre nous fait retrouver un mot oublié. La mnémotechnie est de son domaine, par les empreintes que des similitudes exercent et qui font revivre dans la mémoire les mots cherchés ; un mot, par une parenté avec une idée, peut nous rappeler tout le cours de cette idée.

Comme exemple des influences murales, je citerai, parmi tous ceux que j'ai sous les yeux, le cas d'un groupe psychique ayant loué un local comme lieu de réunion et ne pouvant y obtenir de manifestation spirite. L'Esprit familier d'un médium lui en révéla la raison, en lui expliquant que les tares qu'y avaient laissées les occupations antérieures, ne permettaient pas aux bons Esprits de s'y manifester, les fluides étant corrompus.

Les murs, comme je le disais plus haut, retiennent donc également les fluides.

Un autre local au contraire, tranquille, recueilli, n'ayant jamais servi qu'à des occupations légitimes fut loué par le groupe, afin d'y créer un centre d'expériences et d'études spirites. La première fois qu'y pénétra le locataire, une apparition, qui semblait l'y attendre, se manifesta à lui avec des signes approbatifs, comme pour lui souhaiter la bienvenue, comme pour lui dire : « Marchez, je vous aiderai. » et tint parole.

Il suffit d'une lettre, d'un objet quelconque, pour reconstituer le caractère de la personne qui a écrit cette lettre ou touché cet objet. La trace de nos idées, de nos joies, de nos douleurs s'attache à nos vêtements, à nos bijoux, à nos photographies. Le psychomètre peut éprouver, dans des lieux qui ont été témoins d'une scène tragique, certaine angoisse spéciale qui lui décèle l'existence d'un drame oublié, en sorte que, comme dit Myers (1), Virgile ne se trompait pas quand il affirmait que, deux mille ans après lui, nous pourrions répéter que le *Sunt lacrymæ rerum* de l'Énéide, reste l'expression, immortelle autant que littérale, de la sensation confuse qui nous étreint, en face des témoins muets de nos douleurs humaines.

Pourquoi, quand nous oublions une chose, la mémoire nous la rapporte-t-elle si nous retournons à l'endroit où la pensée nous en était venue ? N'est-ce pas que nous en avons imprégné l'entourage et créé une ambiance qui la fait revivre en nous.

De même, la fleur laisse son parfum là où elle a passé.

Pour cette même raison, certains endroits conservent le souvenir de crimes et exerce comme une suggestion télépathique. C'est ainsi qu'un suicide en un certain lieu, en entraine souvent

---

(1) Myers, *La Personnalité humaine*.

plusieurs semblables, comme ç'a été le cas pour des sentinelles.

On cite par exemple une grange où un fermier s'étant pendu, plusieurs pendaisons similaires s'y succédèrent, sans motif apparent.

Schumann, un jour, en train d'exécuter au piano, avec un ami, une marche de Schubert, s'arrêta tout court, voyant, dit-il, se profiler devant ses yeux, à mesure qu'il jouait, une étrange vision.

— Moi de même, répliqua l'ami.

Cette vision qui les reportait un siècle en arrière, déroulait, dans une des promenades de Séville, une scène où ils entrevoyaient une noble réunion de Dons et de Donnas en costume du temps, le poignard à la ceinture. Le morceau avait provoqué chez tous deux une impression identique.

C'était comme le mirage d'une influence qu'aurait subie l'auteur quand il écrivit cette marche, mirage jaillissant d'une empreinte psychométrique et projeté télépathiquement devant leurs yeux.

Voilà donc la musique pouvant enregistrer des reflets de choses extérieures, de scènes vécues, d'impressions captées comme par un phonographe, et pouvant les reproduire par le déploiement d'une image sur la vue, à mesure qu'elle-même agit sur l'ouïe. Ainsi, des notes qui font une apparition fugitive, dont elles laissent néanmoins sur l'environnement une empreinte psychométrique, s'emparent, dans leur court passage, de tous les souvenirs ambiants, de sorte qu'il y a réciprocité d'empreintes, et quand ces notes reparaîtront un jour, elles rappelleront à l'esprit ce que les mêmes sons, leurs devanciers, ont emmagasiné. C'est comme des étincelles qui s'éteignent et sont remplacées par d'autres qui se font solidaires des premières.

Il y a là une mine profonde à explorer.

Parmi les cas nombreux de psychométrie que cite M. Duchatel, je mentionnerai le suivant pour donner la note.

Une dame désirait se renseigner sur la valeur morale d'une étrangère qui lui faisait des protestations d'amitié. Ayant reçu d'elle un mot qu'elle soumit à un psychologue, celui-ci répondit : « Cette femme adore qu'on lui fasse des confidences ; est apte à en tirer parti elle-même ; très contente de rendre un léger service pour avoir le droit d'en demander un plus grand ensuite ; et quand, par malheur, on l'admet trop dans son intimité, on le regrette toujours, car elle agit avec un grand sans-gêne et une grande indiscrétion. Quand on se brouille avec elle, elle devient dangereuse. »

Tout ceci s'est peu à peu vérifié très exactement.

On voit déjà, rien que par ce seul exemple, les services que peut rendre la psychométrie.

Myers dit à ce sujet : « Je considère comme une grande vérité que l'esprit humain est essentiellement capable d'éprouver des perceptions plus profondes que les perceptions sensorielles, d'acquérir une connaissance directe de faits dépassant la portée de nos organes différenciés et de nos vues terrestres. »

Puis aussi : « Pourquoi ne pas supposer qu'il existe encore autour de nous d'autres milieux, d'autres énergies que nous ne soupçonnons pas, que nous arriverons à découvrir un jour, mais qui, néanmoins, agissent sur nous et sur les autres êtres vivants, provoquent même des réactions de notre part, dont nous ne nous rendons pas compte, parce qu'elles n'ont pas encore franchi le seuil de notre subconscient. Qu'est-ce qui nous empêche d'admettre que les actions télépathiques, ou les influences que les esprits exercent à distance sur d'autres esprits, font encore partie de ces énergies non découvertes, existantes néanmoins et toujours actives ; que nous vivons dans un milieu inconcevable et sans limites, monde de pensée ou univers spirituel chargé de vie et dépassant tous les esprits humains, ce que les uns appellent l'âme du monde, les autres Dieu ? »

Où le mystère de la psychométrie devient déconcertant, c'est lorsque, ne s'en tenant pas au seul passé, il plonge aussi dans l'avenir. En voici un exemple, que me fournit encore M. Myers (1).

Mme Mac Alpine était assise par une belle journée d'été au bord

(1) MYERS, *La Personnalité humaine*.

du lac de Castleblancy, lorsqu'elle se sentit, tout d'un coup, prise d'un frisson et d'une raideur dans les jambes, au point qu'elle ne put se lever de sa place et sentit ses regards fixés, par une force extérieure, sur la surface du lac. Elle vit ensuite apparaître un nuage noir, au milieu duquel se trouvait un homme de grande taille, qui tomba dans le lac et disparut. A quelques jours de là, elle apprit qu'un Mr. Espy, homme d'une haute stature, et qui, d'après la description, portait un costume absolument identique à celui dans lequel le vit Mme Mac Alpine, venait de se noyer dans ce lac et cela, quelques jours *après* qu'elle avait eu la vision de son suicide. Il paraît que Mr. Espy avait depuis longtemps conçu l'idée de se suicider en se jetant dans le lac de Castleblancy, et l'idée avait suffi pour laisser une empreinte qui avait agi sur le cerveau de Mme Mac Alpine.

C'était donc, malgré la cause qui l'avait produite, une vision dramatique d'un événement futur, et M. Duchatel en donne divers exemples, dans son livre *Enquête sur des cas de psychométrie* (1).

« Pourquoi ce fait, qui a une grande analogie avec la télépathie est-il rattaché à la psychométrie ? Celle-ci n'est pas seule, dit encore M. Duchatel, à poser des questions redoutables et la télépathie en fait autant. Le passé, le présent, le futur ont l'air de ne former qu'un seul et même temps, comme si l esprit humain, dans cet état spécial, participait à l'ubiquité dans le temps, que les théologiens appliquent à l'Esprit Suprême. La matérialité de la prévision de l'avenir, la description exacte du fait à venir, ne nous paraît ni très rare ni très difficile à obtenir avec un psychomètre bien doué. »

Faut-il voir là une entente entre la psychométrie et la télépathie ? En tout cas, c'est une science troublante, dont à peine un coin du voile a été soulevé et qui cache un horizon immense à explorer. Je m'arrête sur le seuil de ce nouveau mystère, n'osant m'aventurer plus avant.

« Elle sera, dit M. Duchatel dont le livre vaut la peine d'être étudié, le privilège de la race à venir. Nous serions heureux, ajoute-t-il, d'encourager une vaste enquête sur cette faculté mystérieuse, passionnante, et dont les applications ouvrent un champ illimité aux recherches de

(1) Leymarie, éditeur, 42, rue Saint-Jacques.

la psychologie scientifique, ainsi qu'aux spéculations de la plus haute philosophie naturelle. »

Enfin je terminerai par un fait d'une plus grande envergure encore. De même que tout être ou tout objet projette une ombre quand il est dans la lumière, de même aussi projetons-nous sur l'astral un reflet, non pas fugitif comme une ombre, mais indélébile, qui, lorsque nous aurons disparu, aura laissé notre image précise au moment de notre disparition, image qui sera peut-être le point de départ de perfectionnements futurs, et que l'astral, miroir fidèle, conservera dans ses archives comme un document indestructible (2).

Il en sera de même de tous les faits qui se passent sur la terre. Aussi, de là, la possibilité d'y lire toute l'histoire du passé, d'y voir toutes les couches de l'humanité.

(1) D¹ ENCAUSSE. *L'Occultisme et le Spiritisme*, page 57.

CONCLUSION

Que penser d'un voyageur qui entreprendrait, en pays inconnu, une longue pérégrination dont il ne pourrait prévoir la durée, en traînant laborieusement, sans pouvoir ouvrir, un bagage rempli d'objets qu'il ignore, mais dont beaucoup, précieux pour lui, lui permettraient de découvrir le secret de son voyage et d'en alléger les difficultés.

Comme ce voyageur, nous traînons un corps complexe que nous ne connaissons, en réalité, ni physiologiquement, ni moralement, ni psychologiquement, malgré les flots d'encre qu'ont fait couler les études à ce sujet.

Il renferme, entassés, sans se mêler, des matériaux constitutifs enchevêtrés, qui seraient hideux à voir dans leur état sanguinolent, si le Créateur n'avait pris soin de les couvrir d'une mince enveloppe rosée qui change sa hideur en beauté, beauté à fleur de peau, séduction des yeux, aussi longtemps que le scalpel investigateur n'en détruit pas le charme illusoire.

Physiologiquement, le secret nous échappe du ressort qui fait mouvoir les fonctions organiques suivant la manière dont elles actionnent nos sens, comme la couleur pour l'œil, e son pour l'oreille, etc. Toutes sont produites par une même cause et seraient peut-être identiques, n'en formant qu'une, à vibrations égales, si elles s'adressaient à un organe unique pouvant remplir le rôle de tous les autres réunis.

Puis viennent des échappées de forces secrètes comme le somnambulisme, l'hypnotisme, les changements de personalité, qui ouvrent à notre conception un fonds de réserves inconnues, cachées dans les profondeurs de nous-mêmes.

Malgré l'anatomie et la physiologie, nous ne sommes jamais maîtres des secrets du fonctionnement de notre être.

Moralement, le domaine de l'inconnu s'élargit. Nous ignorons la cause des passions, des états d'âme, ainsi que les fluides (visibles pour certains clairvoyants) qui les accompagnent ou les produisent, et cet autre fluide qui porte aux Esprits dans l'Au-delà notre moindre appel.

Et plus subtiles encore, la pensée, la mémoire, la conscience, ne sont que des instruments dont l'Invisible tient les fils, dont le jeu défie toutes nos conceptions. La meilleure preuve en est que les philosophes, pas plus que les métaphysiciens, n'ont jamais pu se mettre d'accord à leur sujet.

Ce n'est pas tout encore, car si tout cela forme notre partie consciente, nous dépendons encore de la partie inconnue de nous-mêmes, qui ne déverse dans la partie consciente que juste ce qu'il lui faut pour son voyage terrestre.

Nous pouvons être un idiot dans cette vie et avoir cependant en nous des connaissances multiples, ramassées et emmagasinées au cours de nos existences. Le génie lui-même est-il autre chose que la faculté de pouvoir puiser dans ce fonds acquis, car nous avons infiniment plus de facultés que celles qu'il nous a été nécessaire d'apporter dans cette vie, et que ne font qu'utiliser les inventeurs, les savants, les jeunes prodiges ?

Nous sommes très fiers de ces dons, qui ne sont probablement que relatifs et bien minces comparés à ceux d'êtres supérieurs. Comme nous, les animaux ont aussi, parmi eux, des congénères qui peuvent leur paraître des animaux de génie. Nous croyons être quelqu'un et quelque chose, alors que nous ne connaissons pas le premier mot des mystères de la création, grand livre dont nous sommes à la préface. L'infini de ces mystères n'a d'écho que dans l'infini de notre sottise et de notre orgueil. Nos connaissances sont à peine comme celles d'un enfant à côté de celles d'un homme. Nous nous servons, comme nos frères des règnes inférieurs, des organes dont Dieu nous a doués, sans soupçonner la puissance que nous donneraient ceux que nous n'avons pas.

Le mystère des luttes qui se livrent dans notre être moral est, pour nous, aussi insaisissable que les combats héroïques des microorganismes dans notre sang. Nous servons, malgré nous, de champ de bataille matériel et moral à des myriades d'hôtes inconnus qui nous envahissent, s'installent en nous à notre insu, et que nous devons subir.

Lorsque l'écriture automatique produit des messages, parfois élevés sous le crayon de médiums d'une éducation inférieure, ne connaissant ni l'orthographe, ni la grammaire, ceux-ci en concluent à une intervention spirituelle évidente, alors qu'ils ne font souvent qu'obéir, à leur insu, à une dictée puisée dans ce stock d'acquis, dont il ne leur a pas été donné de s'encombrer dans cette vie pour ne pas la distraire de sa mission, pour ne pas l'entraver d'un bagage inutile à son épreuve terrestre.

Cet acquis, ce patrimoine est enfoui dans notre subconscient, sosie récalcitrant de notre moi conscient, d'autant plus impitoyable qu'il garde vis-à-vis de nous son indépendance et ne nous dit pas son secret. Il semble parfois, comme dans l'auto-suggestion, se jouer de nous avec une cruelle perfidie. Nous n'avons malheureusement, à notre connaissance, aucun droit sur lui, alors que sur nous il les a tous ; et cela devrait lui imposer un devoir de charité envers notre infériorité, mais il agit probablement avec une sagesse que nous jugeons mal. L'homme apparent n'est peut-être qu'une immergence de l'homme caché.

Un crétin, un idiot peuvent avoir des dictées géniales, dont le seul mérite revient aux trésors accumulés en eux, leur état transitoire dans cette vie étant une expiation.

Nous pourrions avoir été les plus grands hommes de l'histoire, de puissants souverains ; nous n'en savons rien. Nous pourrions les évoquer, ignorant que c'est une de nos personnalités que nous évoquons, et recevoir une réponse de notre subconscient, qui a conservé toute la vie de cette personnalité dans ses archives.

Où finit l'intervention des Esprits et où commence l'intrusion de l'auto-suggestion, tout le problème est là.

Nous ne nous connaissons donc que bien superficiellement ! On n'a pas encore inventé le miroir qui nous permettra de nous voir tels que nous sommes, le miroir de l'âme, comme nous avons le miroir des yeux. Jamais un égoïste ne se reconnaîtra comme tel. Il en est de même de tous nos travers ; il n'y a de pires aveugles que nous-mêmes quand il s'agit de toucher à nos imperfections. Nous ne nous jugeons jamais comme les autres nous voient et, encore, ne peuvent-ils saisir que notre être apparent, et à travers le sentiment critique de leurs préconceptions. Ils ignorent, comme nous, ce qu'il y a sous cette surface, masque trompeur qui cache indifféremment la laideur ou la beauté.

Notre corps est un boulet qu'il faut traîner, nos sens des œillères qui nous aveuglent, nos facultés morales des guides incertains, livrés sans contrôle aux illusions, aux compromis de la conscience, aux insinuations de nos désirs et de nos intérêts. Comment secouer tout cela pour vivre la vie pure qui conduit aux réhabilitations spirituelles ? Notre vie est pleine à notre insu de fautes souvent involontaires. Mais chaque bonne pensée, chaque bonne intention, chaque action charitable n'est-elle pas une réparation qui efface une de ces fautes ?

Si nous ne connaissons pas notre propre maison, la chose dont nous usons tous les jours, avec laquelle nous vivons et sommes intimement liés, que savons-nous alors de tout ce qui existe en dehors de nous ?

Il y a d'abord l'Univers matériel. Or, comme le dit Sir Oliver Lodge, si, par suite de la densité de notre atmosphère, nous ne pouvions pas voir les étoiles, nous ne soupçonnerions pas leur existence. Quelle conception alors aurions-nous de l'Univers ? Nous pourrions le croire limité à notre soleil, notre terre et son satellite, à la grande joie de l'intransigeance orthodoxe.

De l'espace illimité qui, suivant la pittoresque expression de Grimard, n'a d'autres bornes que celles que nous impose le vertige de l'incommensurable, que connaissions-nous avant que nos télescopes nous aient permis de pénétrer dans l'infiniment grand, comme nos microscopes dans l'infiniment petit ? Et que nous ont-ils révélé au milieu de cet infini, dont le centre, dit Pascal, est partout et la circonférence nulle part ? Des soleils avec leur cour de planètes et de satellites. Mais supposez qu'il y ait encore, comme il y a les étoiles qui nous l'ont appris, d'autres choses semblables que nous ne voyons pas. Qui nous dit alors que tout ce que nous connaissons, au lieu de constituer l'Univers, tel que nous le concevons, n'est pas simplement un Univers relatif, un commencement, un premier jalon, un élément seulement de l'Univers réel (car le mot Infini renferme toutes les possibilités) ; que l'infériorité de nos sens et de nos instruments ne nous cache pas, de même que nous aurions pu ne pas voir les étoiles, nombre d'autres merveilles qui changeraient complètement et élargiraient notre connaissance du véritable Univers ?

Qui nous dit que les formes humaines, les animaux, le monde végétal, les terres du ciel ne peuvent varier à l'infini ?

Nous pensions connaître toutes les couleurs jusqu'au jour où Crooke nous a démontré qu'il y en a d'autres, que nous ne soupçonnons pas, dans le spectre solaire. Et les couleurs elles-mêmes ne sont pas, paraît-il, des propriétés des corps, mais une parure factice due à un subterfuge physique.

Chaque fois qu'il se produit une grande découverte, comme l'état radiant, qui oriente la science dans des voies nouvelles, elle renverse, en changeant le cours de nos connaissances, toutes les limites dans lesquelles nos prétentions la circonscrivaient.

Outre les couleurs, il y a des lumières, des parfums, des sons, des formes et mille autres choses, qui n'ont pas de nom pour nous, parce que nous en ignorons l'existence. Nos sens ne sont pas accordés à un diapason qui nous permette la perception des choses en dehors de nous, qui ne sont pas nécessaires à notre vie terrestre, comme, ainsi que nous l'avons vu, nous ne lui apportons, de notre bagage spirituel, qu'une petite valise des choses essentielles à notre voyage sur la Terre.

Dieu nous a permis de connaître tout ce qui est nécessaire au but de notre existence ; le reste nous est sagement caché. De même, ne concevons-nous que les sens que nous avons, mais il paraît qu'il y en a bien d'autres, que la Création donne aux êtres suivant leurs besoins.

Les forces de la nature qui nous sont connues relèvent du domaine matériel, mais avons-nous seulement effleuré le domaine des forces occultes, créatrices ? Telle par exemple, la *cause première* que l'on pourrait appeler le véritable atome de ces forces morales, qui ont engendré les forces physiques et l'existence des mondes.

Les arts, chez nous, ne sont qu'à l'état de lueur et nous connaissons à peine les plus élémentaires. Leur épanouissement semble une floraison des enthousiasmes et des idéales visions du cœur, comme la science, fille de l'observation et de la froide analyse, procède du cerveau. Il est comme le secret et le langage de l'autre monde, mais notre idéalisme est trop circonscrit par la lutte matérielle, pour que Dieu ait pu nous concéder autre chose que de nous laisser entrevoir ses griseries, ses suavités.

De même n'a-t-il doué nos cœurs que d'un pâle reflet de l'amour du ciel, cet amour infini qui forme la gradation des êtres vers la divinité. Ne pourrait-il être cette *cause première* cachée, cet atome initial de génèse universelle ? Levier qui décuple, qui centuple nos forces, en exaltant notre volonté, quelle ne doit pas être sa puissance à mesure que, escaladant les sphères célestes, on arrive à sa source pure.

Quel est aussi le mystère de la communication du fluide vital à la matière et de l'harmonie de leur union ? Nous créons une imitation de l'embryon originel, fait d'une petite cellule albumineuse ou gélatineuse. Nous la constituons chimiquement comme l'albumine vivante, mais nous n'avons jamais pu lui donner ce qui reste le secret de Dieu : le souffle de vie. La terre produit les corps, mais ne peut produire les âmes.

De l'autre monde, au contraire, partent continuellement de nouvelles âmes pour le pélerinage des existences, à mesure que d'autres réintègrent le grand Tout dont elles sont sorties. Elles sont, ainsi que nous l'avons vu, comme l'océan dont le soleil pompe d'innombrables gouttelettes, qu'il lui restitue, après leurs transformations successives et passagères en vésicules, nuages, sources, ruisseaux et rivières.

C'est le cycle des âmes, l'infini de la vie, puisque nous sortons de l'infini créateur pour y rentrer. C'est ce qui a fait dire que nous avons Dieu en nous, que nous n'en sommes qu'une étincelle.

Si nous ne retournions dans ce grand Tout, de combien d'êtres évolués l'autre monde n'arriverait-il pas à la longue à être encombré, éternels et inutiles jouisseurs de la félicité suprême ?

La méditation, qui nous permet de sonder en nous des profondeurs cachées, nous ouvre bien des portes sur l'inconnu. Alors, au lieu d'attribuer directement à Dieu l'intervention individuelle dans toutes les existences sans nombre de son immense Univers, ce seul mot « nous avons Dieu en nous », vieux comme les Védas, ne nous révélerait-il peut-être pas le mécanisme de notre être ? C'est ce « Dieu en nous » cette parcelle du Créateur, qui forme probablement notre ego supérieur et dirige notre vie. C'est elle qui se constitue notre ange protecteur, qui répond à nos prières, car Dieu lui a confié en petit, par cette étincelle, toutes les prérogatives de son essence divine, de sorte que chaque être porte en lui son Dieu, son juge, son protecteur, son guide, et ce puissant auxiliaire qui, sous le nom de subconscient, contient tout le secret et les fils de notre existence.

Quelque chose nous échappe cependant dans l'organisation sidérale de l'immensité et le tourbillon des âmes à travers toutes les phases de la vie, c'est le but et le secret de cette création.

Nous devons accepter sans comprendre ; nous sommes comme un appareil télégraphique récepteur, qui reçoit des impressions sans savoir d'où vient l'onde qui les porte.

Nous sommes fiers de nos inventions, nous en étions fiers, il y a deux siècles, avant toutes les découvertes modernes. Que sont-elles à côté des nouvelles surprises qui nous attendent, et que sont celles-ci à côté de toutes celles qui sont possibles en dehors de notre monde ?

Quand une pêche se recouvre de moisissure, c'est-à-dire du travail de la vie, si nous l'examinons à l'aide d'un puissant microscope, nous y découvrons des forêts et des montagnes, des volcans et des ravins, des populations microscopiques, pour qui cette pêche est un monde tout aussi complet que notre globe. Notre végétation terrestre est comme la moisissure de cette pêche. Quelle différence ces deux mondes peuvent-ils avoir aux yeux du Créateur ? Et pour d'autres mondes, d'une colossale grandeur par rapport au nôtre, comme nous en connaissons dans le ciel, ne sommes-nous pas, nous, terre minuscule, comme est cette pêche par rapport à nous ?

Et que sommes-nous, nous animal orgueilleux que cet inconnu étreint mais ne dérange pas, parce que notre pensée ne s'est pas élevée jusqu'à lui, parce que, étouffés dans l'éteignoir de la matière, nous continuons machinalement à vivre de cette vie matérielle ? Nos actions sont-elles réfléchies ? Rarement. Elles sont plutôt impulsives, car, la plupart du temps, nous ne savons pas pourquoi nous faisons une chose plutôt qu'une autre.

Nous disons pompeusement : « L'animal a l'instinct, nous avons la raison. » Cette seule affirmation prouve combien peu nous en faisons usage, car nous ne savons pas nous en servir. On enseigne a tout le monde à lire, mais on n'enseigne pas à raisonner. Aussi, que d'existences fourvoyées par les erreurs de jugement tombées du champ inculte de cerveaux en friche. C'est une aveugle jachère morale qui agit, comme une matérialisation, sur la pensée même. L'habitude en est si enracinée que, lorsqu'on veut établir une comparaison, c'est toujours dans le monde matériel qu'on va la chercher ; monde de ténèbres profondes que n'arrivent pas à pénétrer les lumières de l'âme.

Le matérialisme, qui conduit aux égoïsmes suprêmes, est la fosse commune, sans lendemain, des intelligences qui s'éteignent. Il envoie les bons comme les mauvais, les criminels, les martyrs, les bourreaux et leurs victimes, dans la promiscuité d'un sépulcre sourd à toute justice. Tous, pêle-mêle, sans égard pour les différences de niveau moral, sont appelés, à l'égal des bêtes immondes, à servir de pâture aux rongeurs chargés d'achever l'œuvre du fossoyeur. C'est pour le matérialiste, la fin de l'homme. L'âme, comme nous l'avons dit, n'est pour lui qu'une fiction poétique.

Ne sentons-nous pas dans le fond de notre cœur, de notre conscience, un sentiment de justice et d'idéal se révolter contre cet enlisement de l'âme dans le bourbier du néantisme ?

Dans quel inconnu ne plongeons-nous pas quand, du monde visible que nous ne connaissons pas, nous avons la prétention de vouloir pénétrer dans l'infini spirituel, monde occulte, monde d'amour, où nos sens, nos seuls guides, ne trouvent plus de boussole pour nous orienter ?

Un seul mot accuse leur faiblesse. Si nous levons les yeux vers le ciel, nous ne voyons que ce vide apparent rempli de la pureté de l'azur ; et cependant, là, pullule un monde d'infusoires, de bacilles, de germes de végétation et de vie ; un entrecroisement de toutes les forces de la nature, de tous les rayons émanés de foyers de lumière ; des cohues de pensées, d'idées, de messages qu'y déverse la télépathie ; des forces inconnues mues par des fluides inconnus ; et, enfin, le monde, bien plus important que le nôtre, des Invisibles.

Nous ne voyons pas cet autre monde autour de nous, parce que notre foyer oculaire n'est réglé que pour voir les choses matérielles du nôtre. Mais les habitants de ce monde que nous ne considérons actuellement que comme des apparitions, sont là tout le temps. Si nous pouvions régler le foyer de notre œil à volonté, nous pourrions les apercevoir, avec la multitude d'autres choses qui nous échappent, comme à l'aide d'appareils qui suppléent l'impuissance de notre vue, nous avons pénétré dans le monde des soleils et des bacilles. Nous avons trouvé également des verres à adapter à nos yeux pour en corriger les déformations. Trouverons-nous un appareil visuel qui nous dévoilera l'invisible et nous permettra, à tous, d'y apercevoir nos bien-aimés disparus ? Est-ce un rêve ? Peut-être !

Plus subtil encore est l'astral, cette immensité infinie d'archives qui constitue le grand livre des comptes de l'humanité, des mouvements de son évolution et de son histoire, où tout se reflète et s'imprime, où tout se trouve de ce qui s'est passé à travers les âges.

De même, notre oreille y saisirait l'ineffable harmonie des sphères, la troublante musique sidérale.

Nous vivons dans un monde de mirages dont nous sommes dupes. Nous nous agitons dans un rêve d'illusions. Nous sommes des hypnotisés, mus par un ressort inconnu. Notre être matériel ne nous permet pas d'aller jamais jusqu'au fond de notre pensée. Il en arrête l'effort et la limite à des affleurements, quand elle pourrait suivre les filons qui la conduiraient aux veines profondes. Quels trésors alors ne trouverions-nous pas dans ces gisements vierges, qui contiennent tout, sans que nous ayons conscience de nos richesses ! Qui nous dit également que nous ne trouverions pas, au fond, quelque porte dérobée donnant accès dans notre subconscient ?

Alors, peut-être, comprendrions-nous ce qu'est capable d'enregistrer la plaque photographique de notre cerveau et par quel mystérieux mécanisme il communique avec notre fonds de réserve, pour y classer les connaissances acquises et celles qui sont glanées chaque jour.

Peut-être aussi découvririons-nous que les fils qui nous font mouvoir sont tenus par deux ouvriers infatigables, notre moi supérieur toujours en travail, et l'ambiance de pensées, nourriture morale de notre cerveau, créée par le lien infini de la télépathie, à laquelle le fluide universel sert de véhicule entre les mondes.

La pensée déborde la plume, et l'on s'arrête devant l'ampleur des visions que l'on entrevoit et qui devancent considérablement tout ce qui a été écrit, car les sciences psychiques ne sont que dans la phase de réveil, où elles épellent l'alphabet des révélations de l'avenir.

Je sens planer sur les ténèbres de nos connaissances, dans

l'inconnu où nous errons, d'écrasants mystères qui dérouteraient tout notre échafaudage humain, une puissance vertigineuse qui nous dicte sa volonté, une main formidable qui nous meut comme des pantins. Nous sommes les esclaves inconscients d'un prodigieux invisible qui nous étreint et dont nous ne savons rien.

Cela résonne comme le glas de la fatalité, mais, en dehors des deux pôles de la vie, la naissance et la mort, la naissance qui nous plonge dans la captivité de la matière et la mort qui est l'ascension vers la lumière, on nous dit que nous avons notre libre arbitre. N'est-ce pas là une poétique et consolante illusion ?

La pensée n'ose pas franchir le seuil de ce palais magique, Nirvana où nous attendent les féeries de l'inconnu.

Je me fais l'effet de quelqu'un qui, n'ayant jamais vu que des ruisseaux, se trouverait tout d'un coup transporté au bord de l'océan.

Ce serait un nouveau livre à *oser* sur des conceptions beaucoup plus vastes, mais encore incertaines. A quoi bon d'ailleurs, puisque les vérités d'aujourd'hui ne sont déjà pas comprises, car la grande masse des êtres marche à ras de terre et nous regarde avec un sourire de pitié, comme si nous étions des visionnaires, des illuminés.

Aussi devons-nous enfouir dans les joies de notre âme ces consolantes vérités, mais en les faisant rayonner, par nos actions, sur nos pauvres frères incrédules, comme une fécondante rosée spirituelle, comme une initiation occulte.

Et puisque j'ai parlé de l'océan, disons qu'il est pour nous, au figuré, comme une matérialisation des problèmes de l'infini. Tout ce que nous en savons s'arrête à sa surface, immense rideau qui nous cache des mondes inconnus et des mystères insoupçonnés ; qui recèle d'effarantes révélations !

Que reste-t-il à l'actif de nos connaissances ? Que notre monde n'est qu'une triste prison d'épreuves et d'expiation, antichambre de la vraie patrie ; que notre geôle terrestre n'est qu'une des multiples étapes qui forment l'évolution de l'âme immortelle dans le chapelet de ses destinées ; que nos bienheureux disparus, sans cesse en relation avec nous, suivent avec sollicitude et amour, pour changer nos pleurs en sourires, les exilés restés ici-bas ; et qu'une sagesse infinie préside à toutes les merveilles dont celles de la terre ne sont qu'un imperceptible reflet.

En dehors de cela, tant que nous tâtonnons à travers l'obscurité de nos sens, avec le seul guide des flottantes conceptions de notre ego inférieur, nous piétinons dans des conjectures, et ne savons pas le premier mot des lois qui régissent le tissu de mystères dont nous sommes enveloppés.

FIN

TABLE DES MATIÈRES

I.	Néant ou survivance	1
II.	Que devenons-nous quand sonne l'heure de la mort ?	4
III.	Le matérialisme	5
IV.	La survivance au point de vue du Catholicisme	14
V.	La pluralité des existences	19
VI.	L'oubli des vies passées	32
VII.	La régression de la mémoire	40
VIII.	Les preuves de la réincarnation	50
IX.	Le choix du sexe dans la réincarnation	70
X.	Le périsprit ou corps astral	75
XI.	La mort	82
XII.	Le réveil dans l'autre monde	93
XIII.	La vie dans l'Au-delà	98
XIV.	Les influences qui nous entourent	112
XV.	Le bureau de Julia	118
XVI.	Nos deux mondes	121
XVII.	Entre nos deux mondes	139
XVIII.	La légende du Ciel et de l'Enfer	146
XIX.	Dieu	158
XX.	La prière	166
XXI.	L'amour	169
XXII.	L'infini	176
XXIII.	La puissance de la pensée	181
XXIV.	Circonstances atténuantes	189
XXV.	Une page d'histoire	194
XXVI.	La vie est un songe	200
XXVII.	La poste interplanétaire	212
XXVIII.	Le subconscient	219
XXIX.	La subconscience dans ses rapports avec les manifestations	228

XXX.	— La télépathie	239
XXXI.	— Le spiritisme	247
XXXII.	— L'écriture médianimique ou automatique	255
XXXIII.	— Le télégraphe psychique	259
XXXIV.	— Les prémonitions	265
XXXV.	— Le sommeil et les rêves	270
XXXVI.	— Rêves prophétiques, prémonitoires et télépatiques	276
XXXVII.	— L'enfant	286
XXXVIII.	— Les animaux et leurs droits à l'humanité	290
XXXIX.	— L'évolution	304
XL.	— Psychométrie	317
XLI.	— Conclusion	320

IMP. DUBREUIL, FRÈREBEAU & CIE, 18, RUE CLAUZEL. - PARIS — 6100

www.ingramcontent.com/pod-product-compliance
Lightning Source LLC
Chambersburg PA
CBHW050756170426
43202CB00013B/2454